能源管理研究丛书

能源管理体制比较与研究

林卫斌 方 敏 著

2013年·北京

图书在版编目(CIP)数据

能源管理体制比较与研究 / 林卫斌，方敏著 . —北京：商务印书馆，2013
（能源管理研究丛书）
ISBN 978-7-100-10508-8

I.①能… II.①林… ②方… III.①能源管理—管理体制—对比研究—中国 IV.① F206

中国版本图书馆 CIP 数据核字（2013）第 298595 号

所有权利保留。
未经许可,不得以任何方式使用。

能源管理研究丛书
能源管理体制比较与研究
林卫斌　方　敏　著

商 务 印 书 馆 出 版
（北京王府井大街36号　邮政编码100710）
商 务 印 书 馆 发 行
三河市尚艺印装有限公司印刷
ISBN 978-7-100-10508-8

2013年12月第1版　　开本710×1000 1/16
2013年12月北京第1次印刷　印张15 1/2
定价：50.00元

序

能源产业是关系国计民生的命脉之一。能源活动的重要性及其特殊性决定了单纯依靠市场机制，难以保证能源的生产与消费符合最有利于社会长期发展的目标（如效率与公平）。因此，虽然世界各国在资源禀赋、发展阶段、政府体制等方面存在差异，但是各国政府在实践中都不约而同地采取了能源管理措施，以实现能源安全供给、保持经济长期增长、保证经济高效运行、维护社会公平等一系列目标。能源管理已经成为当今世界各国政府在经济活动中发挥必要作用的重要领域。当然，由于国情差异，各国政府管理能源的具体方式和采取的相应职能机构设置有所不同。

我国经过三十多年的改革开放，已经初步建立了社会主义市场经济体制，但是能源领域的市场化改革起步晚、进程慢，当前仍然处于市场化转型的阶段，在管理体制、政府职能和管理方式等方面，既保留了一部分带有计划体制色彩的成分，又引入了带有越来越多市场经济特征的成分。这一体制的特殊性、复杂性及其转型特征决定了我国能源管理体制的改革与完善，一方面要借鉴成熟市场经济国家的能源管理经验，充分发挥市场经济的作用；另一方面又要考虑我国所处的发展阶段，按照渐进转型的需要，逐步完善和健全与社会主义市场经济体制相适应的能源管理体制。

在有关我国能源管理体制的众多研究成果中，《能源管理体制比较与研究》一书的主要特色在于建立了一个形式规范的、便于对能源管理体制进行分析和比较的基本框架，并从中提炼出能源管理职能的基本类型，进而围绕目标、职能、机构设置等能源管理活动的核心问题，对美国等八个有代表性国家的能源管理模式进行了比较分析。在此基础上，探讨了我国能源管理体制的改革方向和可行的政策措施。书中的某些观点和结论与新一轮国务院机构改革有关能源管理机构改革的内容不谋而合。更重要的是，正如作者指出的，我国能源管理体制改革仍然还有很大的空间，政府职能及其管理方式有待进一步转变，机构调整尚未完全到位。如何使能源领域的"改革红利"最大化，仍然是需要进一步研究的重大课题。本书提出的理论框架、比较分析和政策建议，有助于我们更好地理解政府从事能源管理活动的本质，为改革和完善我国的能源管理体制提供有价值的参考。

2013 年 8 月 5 日

前　言

本书是"国家能源专家咨询委员会"委托课题"中国能源管理体制改革研究"的主要成果。

能源在当代经济社会生活中的重要性不言而喻，但是综观世界各国政府在管理能源活动的目标和方式等方面却不尽相同，各国的能源管理体制、职能以及相应的机构设置因此呈现较大的差别。在中国三十多年的改革开放历程中，能源管理体制经历了不断地调整，但是与社会主义市场经济的要求相比，还需采取进一步的深入改革。

为了分析能源管理体制以及对各国能源管理体制进行比较，我们首先需要建立一个形式规范的理论分析框架。该分析框架必须涵盖能源管理活动中的三个基本问题：为什么管？怎么管？谁来管？"为什么管"的答案比较清楚，在能源领域存在多种形式的市场失灵，包括正负外部性、自然垄断以及效率与公平之间的权衡等，这些因素决定了政府必须发挥"看得见的手"的作用，以解决市场失灵问题，实现特定的经济社会政策目标，促进能源行业健康发展。本书梳理了政府从事能源管理的若干基本目标。

"怎么管"是能源管理体制的核心问题，它决定了政府在能源管理中应该承担的主要职能。本研究的一个主要创新点在于：结合哈佛大学施莱弗（Shleifer）教授等人提出的比较经济学分析框架和诺贝尔经济学奖得主斯蒂格利茨（Stiglitz）教授提出的关于监管（regulation）的分析框架，提炼出政府从事能源管理的职能和手段。包括四种基本类型：（1）提供公共服务；（2）通过税收、补贴政策引导企业行为；（3）通过监管规范企业行为；（4）资源管理。其中,(1)、(2)主要涉及公共财政问题以及各种能源政策与项目(policy and program);监管是政府在市场经济条件下对企业行为采取的直接经济干预;资源管理则主要涉及资源公共所有权的行使问题。根据管理手段的不同类型,我们就可以把政府在市场经济条件下进行能源管理的职能划分为三类:一是提供公共服务和税收、补贴的政策职能;二是规范市场主体行为和维持市场秩序的监管职能;三是行使公共所有权的资源管理职能。

"谁来管"的问题涉及能源管理机构如何设置,如何实现各种能源管理职能的排列组合。理论上可以归纳出五种基本模式,即:政策职能、监管职能和资源管理职能都集中到一个部门,或者分属不同的部门,或者采取三种职能中的两两合一。

根据本书第一篇提出的分析框架,我们具体比较和分析了美国、英国、法国、德国、日本、俄罗斯、印度和巴西等八个有代表性国家的能源管理体制。在理论分析和国际比较的基础上,我们试图结合中国能源管理体制的形成、沿革和调整,分析未来的改革方向和可行性措施。中国的能源行业不同于其他市场经济国家,最突出的特征在于:我们仍然处于转型阶段,从而具有"半计划、半市场"的性质。一方面,在能源领域国有企业仍占据主导地位;另一方面,政府在能源管理活动中仍然保留了一部分带有计划经济色彩的管理方式,特别是价格与投资方面的行政审批。因此,中国当前的能源管理体制除了包含市场经济条件下的政策、监管和资源管理三大职能外,还包含了行使国有资产所有权的国资管理职能和推进能源管理方式变革的体制改革职能。结合这五个方面的职能及其对应的机构设置情况,在新一轮国务院机构改革之前,我们提出的政策建议是:使资源管理和国资管理独立,把政策职能、监管职能和改革职能集中到一个部门,并成立能源部统一加强管理。我们提出的政策建议有两点,与2013年的国务院机构改革不谋而合:一是合并国家能源局和国家电监会,重组国家能源局,采取"政监合一"的管理模式;二是新组建的国家能源局的三大核心职能与我们的研究结论完全一致。

但是,基于能源管理体制的理论分析和国际经验,我们认为本轮能源管理机构调整仍没有到位。一方面,除了国家能源局外,多个部门仍然拥有不同程度的政策职能和监管职能，仍有可能出现政出多门、职能重叠、力量分散、相互掣肘等诸多矛盾；另一方面，国家能源局仍属国家发展改革委员会管理，这在很大程度上会阻碍其体制改革职能的实施，不利于推进能源市场化改革和管理方式转变，仍然可能存在把价格和投资审批作为宏观调控手段等职能错位的问题。总之，中国能源管理体制仍需进一步改革，改革的目标一是坚持能源市场化改革方向，逐步推进政府能源管理职能和管理方式的转变；二是确保政府提供的公共服务、政策引导和市场监管到位。为了实现这两个目标，我们仍然坚持研究中提出的我国能源管理体制改革的大方向在于统一能源管理的三大职能。结合本轮国务院机构改革的实际情况，我们认为此轮重组国家能源局应作为过渡，应该通过进一步的体制改革和机构调整，加强政府提供公共服务、政策引导和市场监管的职能，并适时组建国家能源部。

本研究得到了多位专家的指导和帮助，他们是：国家能源专家咨询委员会副主任周大地、国家行政学院教授汪玉凯、北京师范大学学术委员会副主任李晓西、国家能源局发展规划司司长俞燕山、国家能源局综合司司长王思强、工信部信息化推进司司长秦海、中编办司长张雅林、中国煤炭工业协会副会长田会、国务院发展研究中心产业经济部部长冯飞、国务院发展研究中心资环所所长高世楫、国家发改委经济研究所所长刘树杰、世界银行高级能源经济学家彭喜明、能源基金会电力与可再生能源部主任王万兴，等等。他们都是该领域的资深专家和部门领导，本研究吸收了他们的真知灼见，在此特向他们致以深深的谢意。

本书还吸收了大量国内外研究成果，这些成果尽量在参考文献和注释中注明，但仍可能存在疏漏，我们在此表示歉意和感谢。书稿虽几经修改，但限于作者的水平和问题的复杂性，观点或论据定有不妥之处，恳请批评指正。

林卫斌　方　敏
2013 年 7 月 27 日

目　　录

第一篇　能源管理体制分析框架

第一章　能源管理的目标、职能与机构 ………………………………… 3
第一节　为什么管——能源管理的必要性及其目标 …………………… 4
第二节　怎么管——能源管理的手段与职能 …………………………… 10
第三节　谁来管——能源管理的机构设置 ……………………………… 19

第二篇　代表性国家能源管理体制

第二章　美国能源管理体制 ……………………………………………… 23
第一节　美国能源发展概况与管理目标侧重点 ………………………… 23
第二节　美国能源产业组织结构 ………………………………………… 29
第三节　美国能源管理机构设置与职能分配 …………………………… 33
第四节　美国能源管理政策体系 ………………………………………… 45
第五节　美国能源管理体制特征与启示 ………………………………… 50

第三章　英国能源管理体制 ……………………………………………… 54
第一节　英国能源发展概况与管理目标侧重点 ………………………… 54
第二节　英国能源产业组织结构 ………………………………………… 59
第三节　英国能源管理机构设置与职能分配 …………………………… 63
第四节　英国能源管理政策体系 ………………………………………… 72
第五节　英国能源管理体制特征与启示 ………………………………… 73

第四章 法国能源管理体制 ... 76
第一节 法国能源发展概况与管理目标侧重点 ... 76
第二节 法国能源产业组织结构 ... 82
第三节 法国能源管理机构设置与职能分配 ... 85
第四节 法国能源管理政策体系 ... 88
第五节 法国能源管理体制特征与启示 ... 92

第五章 德国能源管理体制 ... 95
第一节 德国能源发展概况与管理目标侧重点 ... 95
第二节 德国能源产业组织结构 ... 102
第三节 德国能源管理机构设置与职能分配 ... 109
第四节 德国能源管理政策体系 ... 113
第五节 德国能源管理体制特征与启示 ... 119

第六章 日本能源管理体制 ... 122
第一节 日本能源发展概况与管理目标侧重点 ... 122
第二节 日本能源产业组织结构 ... 125
第三节 日本能源管理机构设置与职能分配 ... 129
第四节 日本能源管理政策体系 ... 134
第五节 日本能源管理体制特征与启示 ... 139

第七章 俄罗斯能源管理体制 ... 142
第一节 俄罗斯能源发展概况与管理目标侧重点 ... 142
第二节 俄罗斯能源产业组织结构 ... 147
第三节 俄罗斯能源管理机构设置与职能分配 ... 151
第四节 俄罗斯能源管理政策体系 ... 152
第五节 俄罗斯能源管理体制特征与启示 ... 155

第八章 印度能源管理体制 ... 158
第一节 印度能源发展概况与管理目标侧重点 ... 158
第二节 印度能源产业组织结构 ... 163
第三节 印度能源管理机构设置与职能分配 ... 165

| 第四节 印度能源管理政策体系 | 169 |
| 第五节 印度能源管理体制特征与启示 | 171 |

第九章 巴西能源管理体制 174
第一节 巴西能源发展概况与管理目标侧重点	174
第二节 巴西能源产业组织结构	179
第三节 巴西能源管理机构设置与职能分配	180
第四节 巴西能源管理政策体系	182
第五节 巴西能源管理体制特征与启示	185

第三篇 中国能源管理体制：历史、现状与改革方向

第十章 中国能源管理体制的历史沿革 189
| 第一节 计划经济时期的能源管理体制 | 189 |
| 第二节 伴随市场化改革进程的能源管理体制演变 | 195 |

第十一章 中国能源管理体制现状与问题 207
| 第一节 现行能源管理机构与职能 | 207 |
| 第二节 现行能源管理体制存在的主要问题 | 219 |

第十二章 健全与完善能源管理体制的基本思路和政策建议 225
第一节 健全与完善能源管理体制的基本原则	225
第二节 健全与完善能源管理体制的基本思路	227
第三节 健全与完善能源管理体制的政策建议	232

参考文献 236

第一篇　能源管理体制分析框架

　　本篇从目标、手段和机构三个方面建立能源管理体制的分析框架，从理论上回答能源管理涉及的三个基本问题：为什么管？怎么管？谁来管？

　　从目标来看，能源管理要求保证能源的开发有序、供需平衡、价格合理、运行高效、技术进步、结构优化、资源节约、环境友好、健康安全、供应安全、社会公平、服务国家战略等。当然，各国由于存在着发展阶段、资源禀赋和制度环境等方面的差异，其能源管理目标的侧重点会有所不同。

　　从手段来看，能源管理可以采取提供公共服务、税收补贴、监管和资源管理等多种方式。根据管理手段的不同，能源管理的职能可以划分为政策职能、监管职能和资源管理职能三大类。

　　从机构设置来看，执行不同能源管理职能的机构存在着不同的组合和划分，大体上可以分为五种基本模式。

第一章　能源管理的目标、职能与机构

本章从能源管理的目标、职能与机构设置三个方面解析"能源管理体制",并从理论上集中回答涉及能源管理的三个基本问题(见图 1-1):第一,为什么管。在能源领域单纯依靠市场机制难以实现理想的经济社会目标,因此要求政府积极发挥作用。第二,怎么管。能源管理手段包括公共服务、税收补贴、监管和资源管理等多种方式。根据管理手段的不同,可以把能源管理职能划分为政策职能、监管职能和资源管理职能三大类。第三,谁来管。能源管理体制必须采取合理的机构设置,按照能源管理目标的要求,有效地实施能源管理职能。

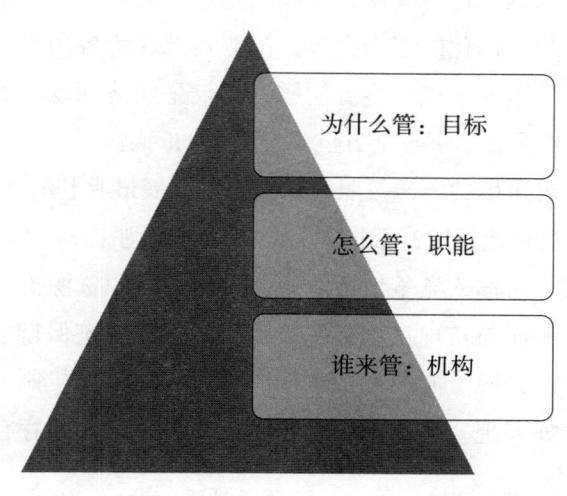

图 1-1　能源管理体制的三个基本问题

第一节 为什么管
——能源管理的必要性及其目标

能源是国民经济的命脉之一,事关社会发展全局。能源的有效供应是现代国民经济生产和城乡居民生活的基本保障。理想的能源经济系统应当保证实现一系列目标,包括:资源开发有序、供需总体平稳、价格合理、企业经营高效、技术进步、结构优化、资源节约、环境友好、健康安全、供应保障、社会公平、服务国家战略,等等。由于能源行业具有特殊的经济技术属性,上述这些目标在单纯依靠市场机制的条件下难以完全实现,因此要求政府积极介入,发挥能源管理职能,解决市场失灵问题,保证能源的生产和消费符合最有利于经济社会发展长远目标的要求。简而言之,政府的作用在能源领域不可或缺。

一、保证稀缺资源的合理开发利用

煤炭、石油、天然气等能源资源都是不可再生的、可耗竭的稀缺资源,如何保证稀缺资源的合理、有序开发利用是各国共同面临的重大课题。特别是在全球经济日趋一体化的当今世界,能源资源成为各国在经济、政治领域进行博弈和争夺的重大焦点,能源问题不仅仅是经济问题,更是一个涉及国家战略、安全、外交、军事等全方位和全局性的问题。

如何保证不可再生的资源按照对社会长期发展最有利的速度开采和利用、避免资源被过度消耗或开发?根据著名的霍特林法则(Hotelling Rule)[①],在一个产权明晰、信息对称的竞争性市场中,理想的能源资源价格是按照市场利率以复利增长,从而与实现社会福利最大化的价格轨迹保持一致。在满足这些条件的情况下,能源资源的开发利用固然可以由市场机制决定。但是,该法则同时意味着如果现实中的市场机制不满足上述条件,存在着下列典型情

[①] 参见 Harold Hotelling, "The Economics of Exhaustible Resources", *The Journal of Political Economy*, Vol.39, No.2(Apr. 1931), pp.137—175。

况，资源的开发利用就很可能偏离社会最优目标：第一，如果资源的开采权具有垄断性，企业就会放慢开采，以维持较高的能源价格；第二，如果资源的开采权受有限期限制，企业为了在该期限内实现自身利润最大化，就会对资源进行过度开采；第三，如果资源储量不明，而人们对于未来发现新储量过于乐观，或开采企业为了谋取短期利益而虚夸储量，也会导致资源过快、过度开采和利用；第四，如果资源价格不能反映其真实的经济价值，人们就会对资源产生不合理的需求和消费行为。

因此，尽管从理论上讲完美的市场机制可以保证稀缺资源的合理开发利用，但是在现实中，资源所有权的界定和行使往往存在一定的模糊性和有限性，市场信息具有不完全和不对称性，市场结构普遍存在一定程度的非竞争性。在这种情况下，如果完全依赖市场机制，就会导致能源资源的开采偏离社会最优路径，出现掠夺式的过度开采或者开采不足的可能。政府采取适当的能源管理以保证资源的开发利用符合经济社会的长远利益和国家利益就是必要的。实际上我们在现实中也可以清楚地看到，大部分国家的能源资源的所有权都归属国家。[①] 资源管理因此成为各国政府发挥经济职能的一项必要内容。

二、保障能源供应，调控能源总量平衡

能源是国民经济生产和生活必不可少的重要保障，一旦能源供应出现问题，势必阻碍经济增长，影响生产，引发失业，影响人们正常的生活，从而引发一系列社会矛盾，扰乱经济社会正常的运行秩序。

能源在经济社会发展中的基础性、全局性和命脉性地位要求政府在能源领域发挥作用，调控能源总量平衡，防止市场大起大落。调控能源总量平衡可以从供给和需求两方面入手。一方面，应当在供给侧保障能源的有效供应；另一方面，应当在需求侧引导合理的能源消费，促进节能降耗，提高能源利用效率。

---

① 即使是在市场经济高度发达的美国，根据法律，煤炭、石油、天然气等地下资源的所有权归属于土地所有者，离岸的矿产资源则是州或联邦所有。而美国80%以上的可开采油气资源都蕴藏在联邦所有的土地或者海域里，另外联邦政府还拥有西部地区大量的煤矿。

三、维护国家能源安全

由于自然资源分布的不平衡,各国能源禀赋条件差异很大。如果本国的能源生产无法满足本国的能源需求,需要开展能源的对外贸易,国家在整体层面上就不得不面对一个由复杂的国际社会秩序和多变的世界市场带来的能源安全供给问题。从广义来讲,能源安全涉及国际经济秩序、地缘政治乃至军事力量对比等多个方面的因素。从狭义来讲,能源安全是指能够以可承受的价格获得充足、稳定的能源供给。

在日益复杂的国际形势下,能源安全问题可能表现为一种极端情况,即能源(如石油)的外部供应中断。这时,能源贸易所依赖的市场机制彻底失灵。或者由于外部环境发生变化,一个国家出现能源短缺或者价格飙升,也会产生能源安全问题,对经济造成直接的"供给冲击"。在这种情况下,一方面,受冲击的国家必须花费更多的资源或产品用于对外能源交换,从而影响本国的经济增长;另一方面,能源投入生产成本的上升传导到下游产品,势必改变社会的投资与消费决策,使国民收入水平下降、通货膨胀与失业率上升。20世纪70年代在西方国家发生的"石油危机"就是一个代表性事件,导致西方发达国家出现了"滞涨"。

当今世界,能源进出口份额日趋增加,能源资源争夺和贸易摩擦日趋激烈,能源问题日趋全球化,能源对外依存度高的国家面临着日趋严峻的能源安全形势。这就要求政府在国家战略层面上,从全球视野出发,进行长远规划和合理布局,建立预防机制(如石油战略储备),降低本国经济对能源投入的依赖以及能源需求对外的依赖,保障能源安全,最大限度地防止或减轻能源外部供应中断或价格飙升对本国造成的"供给冲击"。

四、鼓励能源技术创新

能源技术创新是缓解能源资源约束、实现资源与经济社会协调发展的具有根本性和长效性的机制。技术创新能够提高能源利用效率,从而达到节约能源的目的,技术创新还有助于发展新能源与可再生能源,从而优化能源结构。

但是,技术创新在很多情况下具有典型的"正的外部性",或"外溢"效应。

如果新产品或新技术得不到有效的保护，模仿者可以以低成本甚至无成本地采用新技术并享受其带来的好处，而创新者却无法实现技术创新带来的全部利润或租金，社会就会缺乏技术创新的激励，导致技术进步动力不足。如果市场机制无法解决技术进步产生的"外部性"问题，政府就有必要对技术创新行为予以保护和鼓励，推动新能源技术的研发，鼓励发展可再生能源。

五、协调能源与环境、安全、健康等社会问题

能源活动与环境的关系密不可分。一方面，矿产等资源的开采本身就意味着人类对自然环境的改造。另一方面，资源的开采、加工和消费等各个环节都会与环境发生作用，可能造成对空气、水源的破坏和污染。比如，原油和煤炭的开采会破坏土壤、植被与物种，影响当地的地质条件及生态环境。原油的提炼、煤炭的燃烧会产生二氧化硫和一氧化碳，并释放大量的二氧化碳等温室气体，影响地区或全球气候。这些负面的、破坏性的影响所带来的社会、经济问题，不仅会产生横向的影响，还会产生纵向的效果——既影响当代，又影响后代，直接关系到人类的生存基础。

能源活动对环境的负面影响是一种典型的"负的外部性"，即能源的生产者和消费者在决策或行动时没有充分考虑其能源活动产生的负面影响，没有承担相应的全部成本，使他人或后代付出了相当的代价。导致这种情况产生的原因包括：长期以来，人们没有认识到环境本身是一种有价值的经济资源；环境（尤其是空气和自然水源等）作为一种公共品，没有得到像私人财产一样的有效保护。在这种情况下，企业在市场条件下的自利行为就会导致过度的生态破坏与环境污染。如果市场机制难以解决能源活动对环境制造的"负的外部性"，通过政府征收"排污税"或者引入"碳交易"机制等办法对能源活动进行管理就是必要的。

除了环境问题之外，能源所涉及的社会问题还包括健康、安全等。在这些领域，能源活动同样可能制造"负的外部性"，因此同样要求政府对能源活动采取社会性监管，规范企业行为，促进能源与环境、社会协调发展，实现社会福利的最大化。

六、解决自然垄断问题

与其他产品或产业相比,能源产业和能源市场的垄断特征较为突出,甚至可以说是其"天然的"属性。比如能源行业中的输配电网、石油天然气管网就具有典型的自然垄断性质。

人们对于垄断的无效率问题早已在理论上和实践中取得了广泛的共识。如果市场上只存在一家或数家以利润最大化为目标进行生产的垄断企业,其总产量就会低于竞争条件下的合理水平,价格则会高于市场竞争价格,从而造成社会福利的净损失。而在自然垄断的情况下,由于生产技术存在明显的规模经济,一家企业就可以满足全部市场需求,如果引入其他企业,虽然竞争增强了,但是全行业的平均成本则会比只有一家企业进行生产的时候还要高,同样会造成社会福利的损失。

实践中政府解决自然垄断问题通常有两种可供选择的方式:一是授予私人企业特许经营权,并对其进行包括价格、市场准入、投资、成本和产品质量等各方面在内的经济管制;另一种方式是进行国有化,由政府直接经营自然垄断企业或行业。发达市场经济国家大都倾向于尽可能地引入市场竞争,对于确实无法引入竞争的领域则采取加强政府管制的方式。

七、促进社会公平

维护社会公平是政府干预市场经济的另一个重要目标。由于能源产品属于居民生活中的"必需品",为居民的能源消费提供基本保障和"普遍服务"就成为政府进行能源管理的一项重要职能。所谓"普遍服务",是指政府为了维护全体公民的基本权利,缩小贫富差距,通过制定和实施相关的政策法规,促使企业向全体具有现实或潜在需要的消费者,以可承受的、无歧视的价格提供基本的能源服务。

按照提供能源"普遍服务"的要求,无论是发达地区还是偏远落后地区的公民,无论高收入者还是低收入者,都有权利以可承受的、无歧视的价格获得基本的能源供应。但是对企业而言,这却有可能意味着无利可图甚至亏损经营。比如，政府应该向农村和偏远地区的居民提供电力的"普遍服务"。但是，在这些地区建设电网并进行日常运营和维护的费用往往高于城市和发达地区。而与此同时，这些地区的用电量则比城市要少很多。因此，向这些地区的居民提供"普遍服务"的供电企业很可能亏损。除此之外还有一种情况需要政府提供能源的"普遍服务"。在市场经济条件下，无论市场是垄断的还是竞争的，能源产品的市场价格都可能超出一部分低收入者的支付能力。例如英国就把一个家庭在各种燃料上的花费超过其收入10%的情况确定为"燃料贫困"（Fuel Poverty）。

不论是因为企业缺乏生产方面的激励，还是因为消费者缺乏足够的购买能力，单纯依靠市场机制和私人企业显然无法实现能源"普遍服务"的社会目标。为了保证居民公平享受能源服务的社会权利，保障一部分弱势群体或低收入家庭获得必需数量的能源产品，政府采取经济激励、价格与质量管制等措施干预市场就是有必要的。

八、服务国家战略，提升国家竞争力

能源是国民经济生产不可或缺的投入要素。随着资源约束日趋紧张，能源资源和技术已经成为构成国家竞争力的重要因素，成为一国参与国际经济、政治事务交往的重要筹码。能源资源丰富的国家往往围绕能源资源制定国家战略，以充分利用其资源优势谋求最大的经济效益和地缘政治利益；而能源资源稀缺的国家则尽量规避其资源劣势，提高能源利用效率，保障国家能源安全，确保国家竞争力。在此意义上，不管是发挥资源优势还是规避资源劣势，显然都已经超出了微观企业和市场的微观层面而上升为宏观的国家战略，成为一国政府重要的政治经济职能。

综上所述，政府从事能源管理既是提高能源活动效率的要求，又是实现能源服务社会公平的要求；既是促进市场繁荣竞争的要求，又是弥补或解决市场失灵的要求；既是微观层面的经济管制和社会管理的要求，又是宏观层面的国家战略和国家安全的要求。具体来说，其基本目标包括：（1）开发有

序；（2）供需平衡；（3）价格合理；（4）运行高效；（5）技术进步；（6）结构优化；（7）资源节约；（8）环境友好；（9）健康安全；（10）供应保障；（11）社会公平；（12）服务战略；等等。这些目标如果单纯通过市场机制难以完全实现，就需要政府的介入并发挥作用。当然，不同国家由于存在着发展阶段、资源禀赋和制度环境等方面的差异，其能源管理目标的侧重点也会有所不同。

第二节　怎么管
——能源管理的手段与职能

保证资源的合理开发利用、保障能源供应与能源安全、推动能源技术创新、协调能源与环境问题、解决自然垄断问题、促进社会公平和服务国家战略等是政府进行能源管理的基本目标。这些目标无法完全通过市场机制实现，政府的干预就显得尤为必要。但是，这并不意味着政府与市场在能源活动中就是截然对立的两面。在现实中，能源管理不是简单地用政府取代市场，而是通过政府采取各种灵活的手段，发挥合理的职能，使"看得见的手"与"看不见的手"有效地结合起来，共同实现能源管理的多重目标。

一、政府管理经济的基本方式

政府管理经济社会活动、解决市场失灵问题、实现特定政策目标的方式是灵活多样的。Djankove（2003）、Shleifer（2005）等把政府干预和控制经济社会活动的方式归纳为四种纯粹的模式：国有化、监管、法律和完全的自由化。在一个极端即完全的自由化世界里，政府不施加任何干预，甚至没有法律，完全依靠私人秩序，这种模式的制度成本在于可能发生弱肉强食等"失序"（disorder）现象，包括通常所说的"市场失灵"问题。在另一个极端即完全的国有化世界里，政府包揽一切，没有市场和竞争，这种模式虽然避免了"失序"的制度成本，但是引发了另外一种重要的制度成本——"独裁"（dictatorship），包括通常所说的"政府失灵"问题。介于上述两个极端之间，法律模式具有更大程度的市场失灵，而监管模式具有更大程度的政府失灵。在此基础上，Djankove 和 Shleifer 等人提出了制度可行性曲线的概念。

此外，除了上述四种模式，在实践中政府管理经济活动还有一种介于市场和监管之间的被广泛采用的模式，即税收与补贴。在这种情况下，政府并不采取立法或管制的方式直接干预企业行为，而是通过税收或者补贴的方式间接影响企业行为，以实现理想的政策目标。据此，对 Djankove 等（2003）的制度可行性曲线可作如下解释[①]：

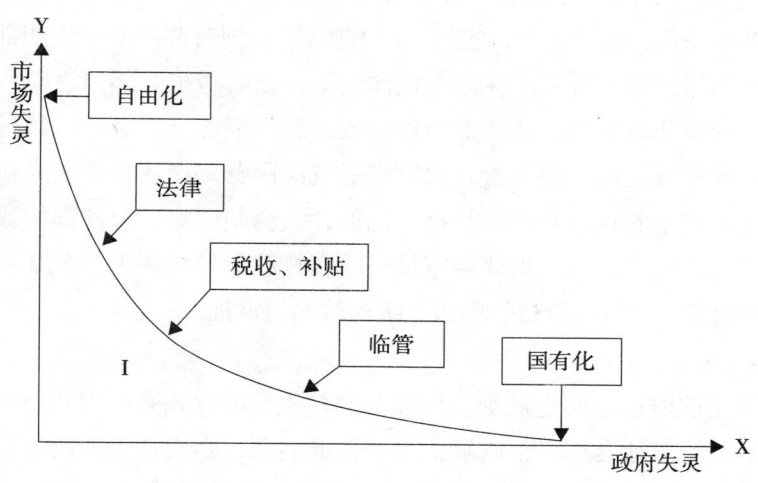

图 1-2　政府管理的制度可行性曲线

注：Y 轴代表由于市场失灵造成的制度成本，X 轴代表由于政府失灵造成的制度成本。曲线 I 为市场失灵与政府失灵的成本组合，即 Djankove 等（2003）提出的制度可行性曲线。

如图 1-2 所示，完全的自由化和完全的国有化是两种极端的方式，介于二者之间的还包括法律、税收补贴、监管等多种方式。选择不同的方式具有不同的制度成本，即不同程度的市场失灵与政府失灵的组合。制度成本曲线就构成了政府管理经济的制度可行性曲线 I。针对某一特定领域，如果采用完全自由化的方式，则具有较高程度的市场失灵，但是规避了政府失灵；如果沿着制度可行性曲线选择其他各种管理方式，市场失灵程度逐步降低，但是政府失灵程度则逐步提高；直至政府管理方式的另一个极端，在完全国有化

---

① 这里用"政府失灵"替代 Djankove 等所谓的"独裁"，用"市场失灵"替代"失序"。

的管理方式下，政府失灵程度较高，但是规避了市场失灵。

制度可行性曲线从左到右表示政府对经济活动的控制程度逐步增强。下面按照政府控制程度的大小，分别简要分析各种政府管理方式的特点及其区别与联系。

（一）国有化

国有化代表了程度最高的政府控制力，即政府成立专门的部门或者国有企业，直接经营、包揽一切，实行"国有国营"。国有部门既是生产部门又是政府管理部门，政企合一。在国有化体制下，政府与国有部门之间的协调机制是行政的而非市场的。公共部门作为政府的组成部分，对上一级行政主管机构负责或者对立法机构负责，政府则通过向国营部门或者企业直接下达行政指令的方式来实现各种管理目标。比如，议会制国家的公共部门或国营企业的投资、产量和价格等由议会审批；而在行政主导体制下，公共部门或国营企业的投资、产量和价格等则由上级行政部门审批。

（二）监管

监管是政府通过制定规则、标准并监督执行的方式来约束企业与个人行为，规范市场与社会秩序，以解决市场失灵问题，实现特定的政策目标。换言之，监管是政府为实现理想的经济社会目标，规定微观经济主体应该做什么、不应该做什么。在接受监管的范畴内，企业缺乏相应的自主权。

监管与国有化的主要区别在于：在监管体制下，政企分开，企业作为市场经济的微观主体，专司生产经营职能，政府则负责制定公共的规章制度规范企业行为，矫正市场失灵。在国有化体制下，政企合一，公共部门或者国有企业既承担生产经营职能，又承担政府职能，政府实现政策目标的方式是直接协调和控制国营企业或者公共部门的行为。

由此可见，虽然在监管体制下和国有化体制下，政府都会直接干预企业行为，但二者是有本质区别的。监管的对象是按照市场经济规律办事的真正的商业化企业，监管机构与企业具有显著不同的目标函数。企业追求利润最大化，监管机构则旨在抑制企业的市场势力、解决市场失灵、规范市场秩序。而在国有化体制下政府对企业行为的直接干预则是一种内部协调机制。国营企业往往不以追求利润最大化为目标，其行为在很大程度上体现着政府的政策意图（当然也会存在特定的部门利益）。管理机构和国营企业之间的关系是行政上下级的关系或者部门间（或被形象地称为"兄弟间"）的关系，而不是监管与被监管的关系。比如，美国的田纳西等水电管理局就直属能源部，而不受监管机构监管。而在中国过去的计划经济体制下，国营部门政企合一，国家计委作为综合协调部门主管价格和投资，计委与各国营部门之间的关系是一种内部协调而不是监管与被监管的关系。

（三）税收与补贴

税收和补贴是政府为了应对市场失灵、实现特定经济社会目标而经常采取的另一种主要的政策工具。比如，针对温室气体排放问题，政府既可以通过监管的方式设定排放标准，监督企业执行；也可以通过对排放征税的方式，间接影响并调节企业的排放水平。斯蒂格利茨（Stiglitz, 2009）把监管看成是一种数量干预方式，把税收和补贴看成是一种价格干预方式，二者的制度成本不同。在监管体制下，企业必须按照政府设定的排放标准进行排放，缺乏相应的自主权；在税收政策下，企业可以根据排放的边际收益和边际成本自主决定排放量。监管明确规定了企业能做什么、不能做什么，具有较强的控制力，但是发生政府失灵的可能性也较大，在许多情境下也被认为具有更高的制度成本；而税收和补贴政策则更多地是以市场为基础的间接干预方式，其前提条件是市场可以有效发挥作用，否则发生市场失灵的可能性比较大。

（四）法律

完全依靠市场秩序（market discipline）的自由化世界会存在大量的失序行为而导致过高的制度成本，因此需要通过法律来维持市场秩序。成熟的市场经济需要完善的法制基础，许多不完全的合约关系需要通过普通法来调整。以市场自由竞争为主导、以法制维持市场秩序，是当今世界经济领域实行的主流的治理模式。但是，依靠法律进行治理的问题主要在于立法、司法以及法律的执行都颇费成本，变革的时间比较缓慢，难以迅速反映和适应新的经济情况。在某些情况下，监管能为市场提供一个比普通法成本更低的规则基础。与司法、执法的成本相比，监管所提供的规则不但能降低成本，而且能带来更有效的资源配置。特别是在法制基础比较薄弱的国家和地区，监管可以在规范市场秩序方面发挥更大的作用。

二、能源管理的方式选择

前面的分析表明,能源管理的目标是多元的,政府管理能源活动的方式也是多样的。在这种情况下,为了实现特定的政策目标,政府应该如何选择或采用什么样的管理方式呢?从理论上讲,任何一种管理方式都有其制度成本,即由于市场失灵和政府失灵造成的损失。最优的管理方式选择试图最小化制度成本,即制度可行性曲线最接近原点的管理方式。根据优化原理,在一般情况下,制度可行性曲线上成本最小化的点为制度可行曲线与斜45°线[①]相切的点[②](如图1-3所示)。

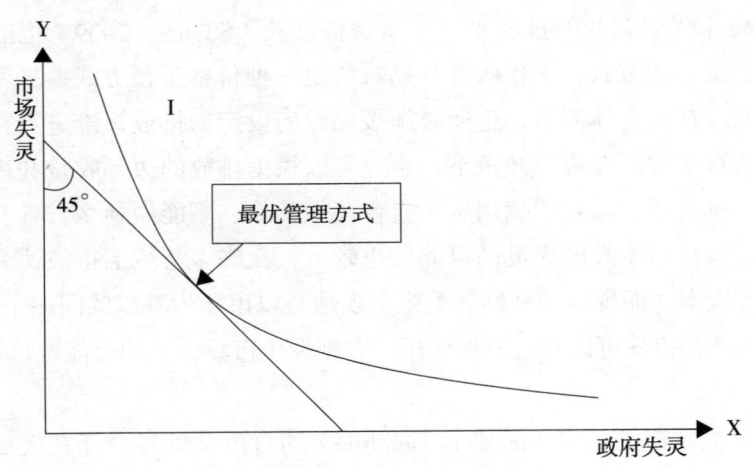

图1-3 政府管理方式选择的优化原理

注:最优制度安排的优化问题为:Min($x+y$),s.t. $y=f(x)$,其中 $y=f(x)$ 为制度可行性曲线Ⅰ。根据优化原理,最优的政府干预方式即制度可行性曲线上市场失灵与政府失灵所造成的制度成本之和最小化的点,该点为曲线1与斜45°线相切的点。

由图1-3中的优化原理可知,为了实现特定的能源管理目标,政府应该采取什么样的管理方式取决于制度可行性曲线的位置。不同的政府性质和不

---

① 即直线 $x+y=c$,其中 c 为常数。
② 该优化问题为:Min($x+y$),s.t.$y=f(x)$,其中 $y=f(x)$ 为制度可行性曲线。

同的能源管理目标具有不同性质和不同形状的制度可行性曲线，因而也就具有该政府为实现特定管理目标而应该采取的最优管理方式。对于某些目标而言，如果其制度可行性曲线为图1-4所示的I_1，尽管存在一定程度的市场失灵，但是如果引入政府干预，政府失灵所导致的制度成本可能会更高。在这种条件下，政府进行能源管理的最好方式就是充分发挥价格机制的作用和企业的自主性，即在能源领域积极推进市场化改革，促进市场充分竞争，促进企业改善经营管理、合理投资、提高运行效率；同时通过市场价格机制的作用调节供给和需求，确保供需平衡。考虑到能源行业特定的经济技术属性，某些目标单纯依靠市场机制会产生严重的市场失灵，因此需要政府进行干预。如图1-4所示，如果制度可行性曲线为I_2，制度成本最小化的能源管理方式是采用税收补贴政策。这种情况主要包括：通过补贴鼓励能源企业进行技术创新，鼓励企业发展清洁能源、优化能源结构；通过补贴促使能源企业提供能源普遍服务，促进社会公平；通过税收限制能源企业环境污染物排放，实现环境友好的目标；通过资源税促进企业节约资源、有序开发等等。

此外，在制度可行性曲线为I_3的情况下，最优的能源管理方式是实施监管。监管主要解决三个方面的问题。一是解决能源领域的自然垄断问题，包括对输配电网络和油气管道的监管，监管的内容包括对价格、成本、投资、产品质量等方面的经济性监管；二是通过社会性监管规范企业行为，解决环境、安全等负外部性问题，促进能源与环境、社会协调发展，实现理想的社会效益；三是对市场交易的监管，通过监管的方式提供市场交易的规则基础，特别是要明确运输网络公共基础设施的使用规则（如电网并网规则），并确保各交易主体的公平竞争。

最后，在某些情况下最优的能源管理方式是国有化，即由政府直接经营或提供公共服务（如图中的I_4），具体包括：政府提供能源基础信息研究、制定能源战略、进行能源基础技术研发、提供能源储备、确保能源供应安全等。除了政府直接提供产品或者服务外，国有化的另一种方式是国有但非国营，比如许多国家的煤炭、油气等矿产资源都是国有的，但政府并不直接参与开采和生产，而是把采矿权出租给商业化企业经营。另外，在有些国家和地区，政府还拥有能源企业资产的所有权或者持股能源企业。

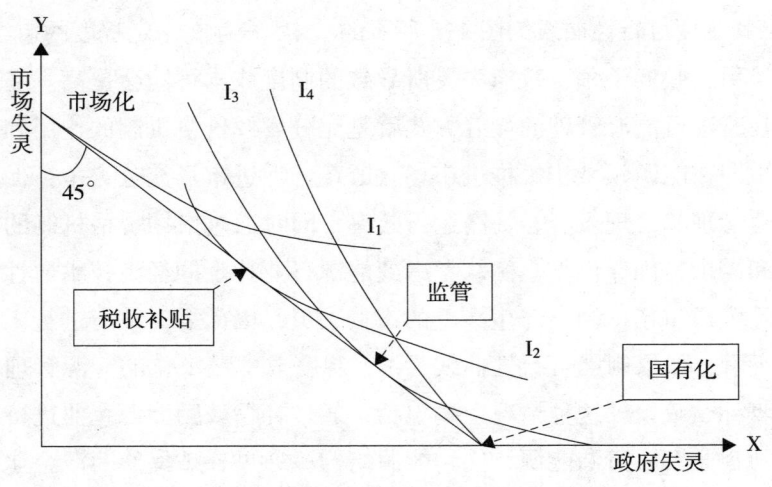

图 1-4　能源管理的方式选择

由以上分析可见，政府进行能源管理的方式选择并不是绝对的、唯一的。到底采用什么样的方式和手段取决于为实现特定政策目标采取不同手段的制度成本。考虑到不同国家资源禀赋的差异、政府性质和职能的差别、能源管理目标及其重点的不同，以及即使是在同一个国家或者地区的不同时期情况也会有所变化，能源管理的方式和手段往往都不可能单纯地依靠政府或者依靠市场，而是采取政策组合的方式，采用多种手段，多管齐下，使"看得见的手"与"看不见的手"有效地结合起来，共同实现能源管理的多重目标。比如，针对环境问题，政府既需要通过补贴的方式鼓励清洁能源发展，又需要通过监管手段限制企业排放。

三、能源管理的职能

上面的分析表明，实现特定的能源管理目标需要采用不同的管理方式和手段。由于能源管理目标是多元的，这就决定了政府从事能源管理的具体职能——目标和具体手段的结合——主要包括以下四个方面：第一，政府需要提供公共服务。即由政府来做那些企业不愿意做或者无法做到的涉及整个行业层面的事情，主要包括具有公共品性质和正的外部性的事务，比如，能源信息统计与分析、能源战略与规划、能源国际合作等行业甚至国家层面上的事务难以由企业来承担，需要政府提供公共服务。另外，政府也可以直接进行研发以推动能源技术创新。甚至在某些极端情况下，政府需要直接经营能源企业。第二，政府需要制定并实施税收与补贴政策。通过税收和补贴间接影响企业行为，以实现特定的能源管理目标。比如，通过税收影响资源开发速度、促进资源节约和保护环境等；通过补贴发展新能源与可再生能源、优化能源结构，推动能源技术进步、促进社会公平等。第三，政府需要监管能源企业，以解决自然垄断、环境、安全等问题。第四，政府需要进行**资源管理**。即公共所有权的行使，其核心是国有矿产资源的处置与管理。有些国家和地区，由于政府拥有能源企业的资产和股份，还需要进行国有资产管理。

表 1-1 列出了政府能源管理的目标与采取的手段。①

表 1-1 能源管理的目标与手段

目标＼手段	公共服务	税收补贴	监管	资源管理
开发有序		√	√	√
供需平衡	√			
价格合理			√	
运行高效			√	
技术进步	√	√		
结构优化	√	√	√	
资源节约		√		
环境友好		√		
健康安全			√	
供应安全	√	√		
社会公平	√	√		
服务战略	√		√	√

① 这里所列的实现不同管理目标的手段和政策工具并不是绝对的。

如表1-1所示，能源管理的目标是多重的，手段是多样的。通过特定的能源管理方式和手段实现能源管理目标就是政府承担的能源管理职能。其中，公共服务与税收补贴都涉及公共财政问题，涉及各种能源政策与项目（policy and program）；监管手段是对企业行为的直接干预；资源管理主要是行使公共所有权的问题。据此，我们可以把政府能源管理职能分为三大类：一是负责公共服务和税收补贴的政策职能；二是负责规范市场主体行为和市场秩序的监管职能；三是负责行使公共所有权的资源管理职能。

（一）政策职能

政策职能主要包括制定能源战略、规划和政策，调控能源总量平衡，保障能源安全，调整能源结构，推行能源节约，进行国际能源合作，管理能源信息的统计发布及预测预警，支持能源技术进步、促进能源普遍服务与社会公平等。政府制定并实施能源政策的核心目标是保障能源供应，政策职能突出服务功能，服务国家战略、服务企业发展等。政府实施政策职能的主要方式是财政、税收手段，无须直接干预企业的生产经营活动。

（二）监管职能

监管职能旨在矫正市场失灵，主要包括由于垄断、信息不对称和负的外部性等原因造成的市场失灵。政府通过制定规章制度并监督企业执行来干预或者影响企业的行为，使其满足经济效益和社会效益的目标。监管又可以划分为两种类型：一类是经济性监管（economic regulation），即对企业的定价、市场进入和退出、服务标准等进行监管，其范围包括存在市场垄断、自然垄断和信息严重不对称的领域，目的是使企业行为满足理想的经济效益；另一类是社会性监管（social regulation），即为了达到某个既定的社会目标而进行的监管，范围包括保护环境、消费者的健康和安全等。

（三）资源管理职能

资源管理职能的核心是国有矿产资源的处置与管理，包括矿产资源的整体开发战略、规划，资源勘查，探矿权和采矿权的设置与管理，管理矿产资源开发，监管资源勘查、开采活动等。

第三节　谁来管
——能源管理的机构设置

能源管理需要解决的第三个问题是"谁来管",即政府部门如何进行合理的机构设置来实施能源管理职能。总的来说,机构设置是政府职能的外在表现,由政府承担的具体职能决定。由于各国政府的能源管理职能不尽相同,因此能源管理的机构设置也有所不同。但是,即使是采取相同的能源管理方式(比如监管),也会因为各国在资源禀赋、经济发展水平、政治制度等方面存在的差异,在能源管理机构的设置上有所区别。

在完全国有化的管理方式下,由于政府承担了直接从事生产经营活动或提供产品和服务的职能,因此政府的能源管理机构通常是按照能源品种(煤炭、石油、天然气、电力)成立的专门的公共管理部门或经营能源工业的国有企业,其特点是:政企合一,管理部门或国有企业既承担生产经营功能,又承担政策性职能,二者交织在一起;管理高度集中,往往一个部门就构成一个行业。同时,这些国有化的能源部门或企业在项目投资、产量和价格等方面的权限还会受政府其他部门的制约。通常议会制国家的公共部门(企业)的投资、产量和价格等由议会审批;而在行政主导体制下,公共部门(企业)的投资、产量和价格等则由上级行政部门审批。

在市场化条件下,如前所述,政府的能源管理职能总体上可以分为政策职能、监管职能和资源管理职能三大类,实施这些职能的具体机构设置在不同国家因政治体制等原因有所区别。从理论上,我们可以把能源管理机构设置归纳为五种基本模式(见下页表1-2):一是政、监、资合一,即政策职能、监管职能和资源管理职能都集中到一个部门;二是政、监、资分开,即政策职能、监管职能和资源管理职能分属不同的部门;三是政、监合一,资源管理职能独立;四是政、资合一,监管独立;五是监、资合一,政策职能独立。从本书第二篇分析的代表性国家的能源管理体制可以看到,不同国家在管理机构设置方面也不尽相同。

表 1-2　能源管理机构设置的五种基本模式

	政策	监管	资源管理
模式一	政、监、资合一		
模式二	政	监	资
模式三	政、监合一		资
模式四	政、资合一	监	政资合一
模式五	政	监、资合一	

第二篇　代表性国家能源管理体制

根据第一篇建立的分析框架，本篇分别考察了美国、英国、法国、德国、日本、俄罗斯、印度和巴西等代表性国家的能源管理体制。分析内容包括五个方面：一是结合各国能源发展概况分析其能源管理目标的侧重点；二是结合各国能源产业组织结构分析其能源管理的对象；三是分析各国能源管理机构设置及职能分配；四是通过各国能源政策体系分析其能源管理的基本做法；五是分析和总结各国能源管理体制的主要特征。

对代表性国家能源管理体制的分析表明：

第一，政府在能源管理中的公共服务职能和政策引导职能通常都集中于一个部门，并且在机构设置上存在专设能源部和由综合经济管理部门负责两种模式。有些国家专设能源部统一制定并协调实施能源政策，如美国的能源部、英国的能源与气候变化部、俄罗斯的能源部、巴西的矿产能源部；有些国家则由综合经济管理部门负责能源政策职能，如德国联邦经济技术部下设能源政策部、日本经济产业省下设资源能源厅，统一制定能源政策。从总体趋势看上，专设能源部以加强能源政策职能，符合发展潮流。

第二，社会性监管职能独立，经济性监管职能集中到一个部门，并且在机构设置上存在"政监分离"和"政监合一"两种模式。社会性监管主要解决环境、健康、安全等问题。从国际发展趋势看，社会性监管通常都由各种专业性社会性监管机构负责，并且其职能不断得到加强。经济性监管主要解决垄断问题、市场交易秩序问题和实现特定政策目标。在机构设置上，既有政策机构与监管机构分设的"政监分离"的机构设置模式，如美国、英国、法国、德国、俄罗斯等；也有政策职能和监管职能集中到一个部门的"政监合一"的模式，如日本、巴西。

第三，国土面积大、资源丰富的国家多采用独立资源管理模式。国际上矿产资源管理体制主要分为三种模式：一是独立资源管理模式，如美国、俄罗斯（国土面积大、资源丰富国家）；二是矿产能源部门管理模式，如英国、巴西；三是产业经济部门管理模式，如德国、日本。国土面积大、矿产资源丰富的国家主要采用自然资源部门管理模式。

第二章 美国能源管理体制

作为全球第一和第二大经济体，美国和中国都是能源消费大国、资源大国、生产大国和进口大国，二者在能源管理目标上也具有一定程度的相似性，特别是在节能、环保与保障能源供应安全等方面。因此，美国实现这些目标的能源管理方式、手段和机构设置等对完善中国能源管理体制具有重要的借鉴意义。本章第一节概述美国能源发展状况，分析能源管理目标的侧重点；第二节分析美国能源产业组织结构，明确美国能源管理的对象；第三节分析美国能源管理机构设置与职能分配；第四节总结美国能源管理体制特征及其启示。

第一节 美国能源发展概况与管理目标侧重点

一、美国能源发展概况

（一）能源消费

根据BP统计数据（见图2-1）[①]，2010年以前美国一直是世界上第一大能源消费国。1966年美国能源消费量为13.6亿吨标准油，占当年世界能源消费总量（39.7亿吨标准油）的34.3%，是同期中国能源消费量（1.4亿吨标准油）的9.7倍。1969年美国能源消费量突破15亿吨标准油，1993年突破20亿吨标准油，从15亿到20亿吨标准油历时24年；而中国能源消费量于2004年突破15亿吨标准油，到2008年就突破20亿吨标准油，只历时4年。1965年

---

① 如果没有特别说明，第二篇涉及各国能源发展概况的数据统一来自于BP世界能源统计数据。

以后美国能源消费的绝对量三次出现下降：第一次是1973年石油危机后的1971、1975年；第二次是1979年石油危机后的1980、1981、1982、1983年；第三次是2007年国际金融危机后的2008、2009年。前两次为供给冲击，第三次为需求冲击。2010年随着全球经济的复苏，美国能源消费量止跌回升，但中国能源消费量超过美国成为世界上第一大能源消费国。作为全球最大的发展中国家与发达国家，2010年中、美两国能源消费量占世界能源消费总量的比重分别为20.26%和19.04%。

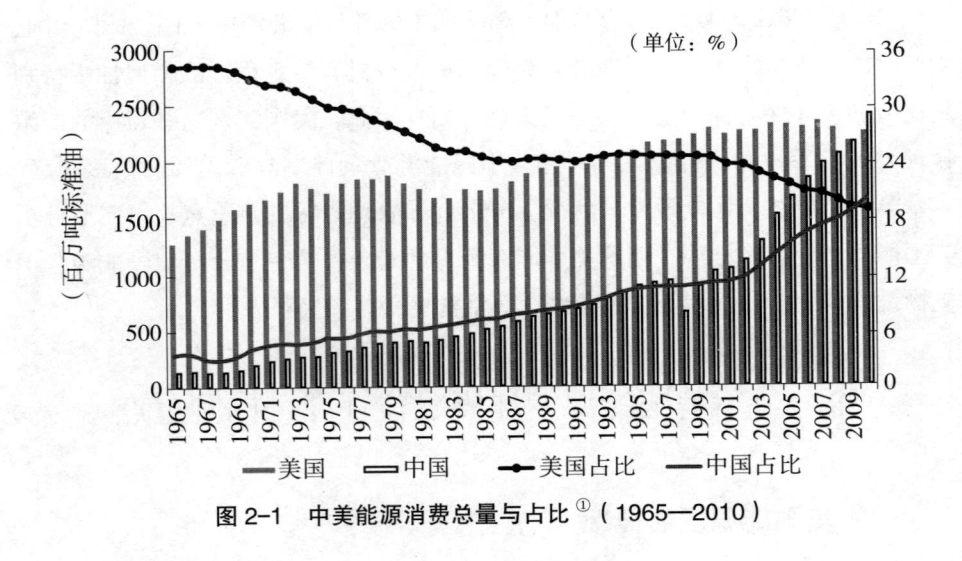

图2-1 中美能源消费总量与占比[①]（1965—2010）

分品种看，2010年美国石油消费量为8.5亿吨，占全世界石油消费总量的21.1%，位居世界第一，接近中国的2倍；天然气消费量为6834亿立方米，相当于6.21亿吨标准油，占世界天然气消费总量的21.7%，位居世界第一，是中国的6.3倍；煤炭消费5.25亿吨标准油，占世界煤炭消费总量的14.8%，位居世界第二，是中国的30.1%；非化石能源消费量为2.9亿吨标准油，是中国的1.6倍。

---

① 数据来源：BP Statistical Review of World Energy 2011。

从能源消费结构看（见图 2-2），美国各种能源消费比重的大小依次为石油、天然气、煤炭、核电、水电与其他可再生能源，2010 年其消费比重分别为 37.19%、27.17%、22.95%、8.41%、2.57% 和 1.71%，而同期中国能源消费比重分别为 17.62%、4.03%、70.45%、0.7%、6.71% 和 0.5%。从纵向上看，1965 年以来，油气消费比重一直占据主导地位，但核电与可再生能源比重逐步提高。近年来，石油、煤炭与水电的消费比重有所下降，而天然气、核电与可再生能源的消费比重则有所提高。

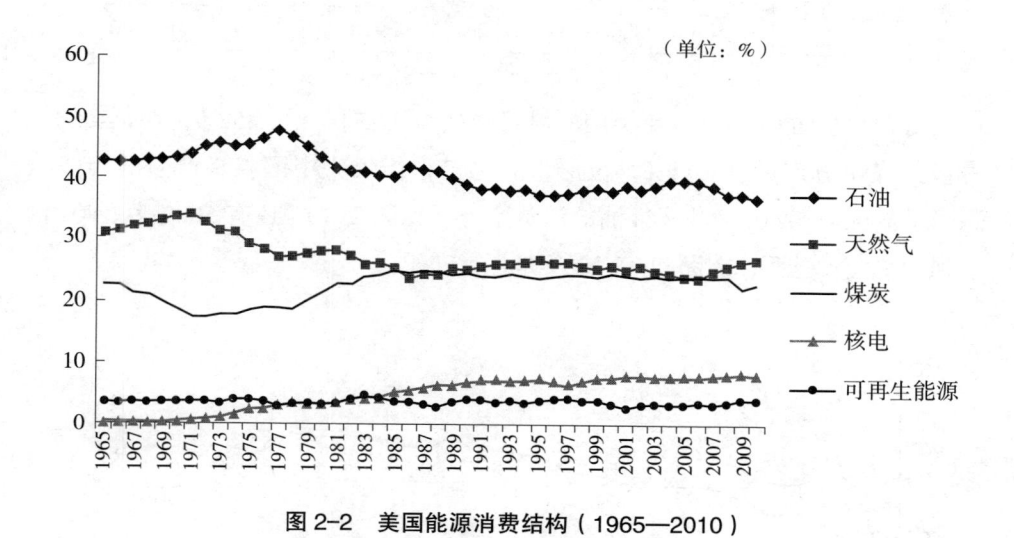

图 2-2 美国能源消费结构（1965—2010）

（二）能源供应

从本土资源看，美国的能源资源特征与中国类似，呈现出相对的"多煤、缺油、少气"的特点。据表 2-1 显示，2010 年美国煤炭储量为 2373 亿吨，占世界煤炭总储量的 27.6%，位居世界第 1，是中国的 2 倍多；原油储量 37 亿吨，占世界石油总储量的 2.2%，位居世界第 12，是中国石油储量的 1.85 倍；天然气储量 7.7 万亿立方米，占世界天然气总储量的 4.1%，位居世界第 4，是中国天然气储量的 2.75 倍。

表 2-1　2010 年中美能源储量、产量比较

		储量		生产		储采比
		绝对值	占比（%）	绝对值	占比（%）	
煤炭（亿吨）	美国	2372.95	27.6	9.846	14.8	241
	中国	1145	13.3	32.4	48.3	35
石油（亿吨）	美国	37	2.2	3.391	8.7	11.3
	中国	20.2	1.1	2.03	5.2	9.9
天然气（亿立方米）	美国	77000	4.1	6110	19.3	12.6
	中国	28000	1.5	968	3	29

煤炭供应方面，2010 年美国的煤炭产量为 9.85 亿吨（5.52 亿吨标准油），占世界煤炭总产量的 14.8%，位居世界第二，但仅为中国煤炭产量的 30%。除了供应国内 5.246 亿吨标准油的消费量外（见图 2-3），还有 5000 多万吨出口到加拿大、巴西、欧洲和东南亚等地区。

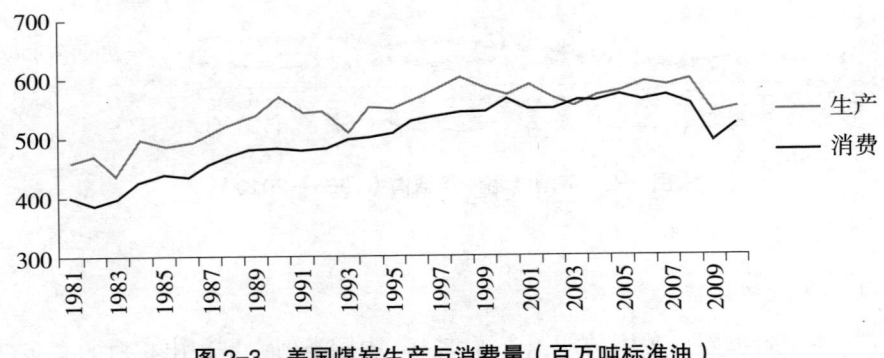

图 2-3　美国煤炭生产与消费量（百万吨标准油）

石油方面，2010 年美国原油产量 3.39 亿吨（见图 2-4），占世界原油总产量的 8.7%，位居世界第 3，是中国原油产量的 1.67 倍。美国本土石油产量仅为国内石油消费量的 40% 左右。2010 年美国石油进口量为 5.77 亿吨，占世界石油贸易量的 21.9%，是中国石油进口量的 2.1 倍；出口量为 1.031 亿吨，主要是

成品油出口到美洲与欧洲；石油净进口量为4.74亿吨，对外依存度为58.3%。

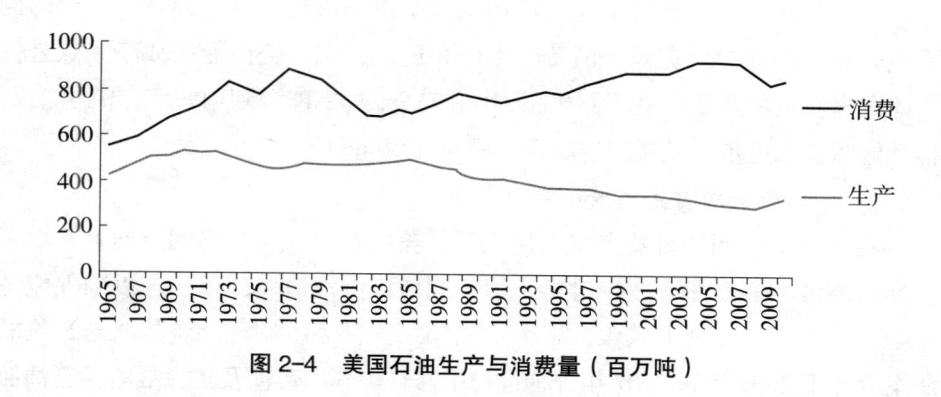

图2-4 美国石油生产与消费量（百万吨）

天然气方面，2010年美国天然气产量6110亿立方米（见图2-5），占世界天然气总产量的19.3%，位居世界第1，是中国天然气产量的6.3倍。天然气进口量为1054.8亿立方米，占世界天然气贸易量的10.8%，是中国天然气进口量的6.45倍；天然气出口量为319.8亿立方米，净进口735亿立方米，对外依存度为10.7%。

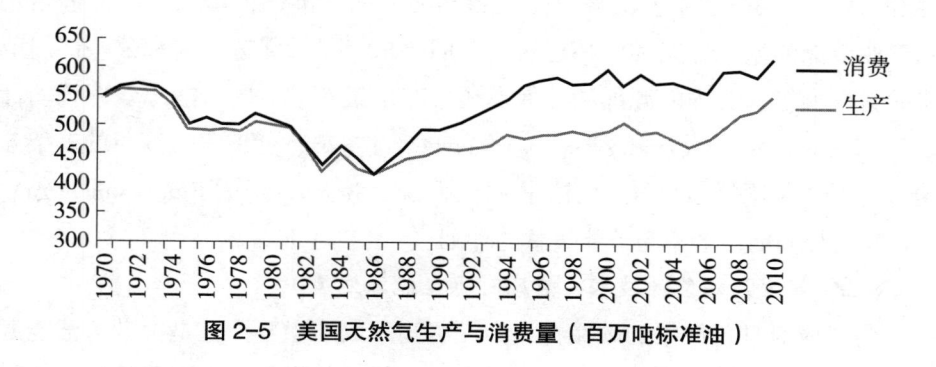

图2-5 美国天然气生产与消费量（百万吨标准油）

二次能源方面，发电量为43259亿千瓦时，占世界总发电量20.3%，位居世界第1，比中国发电量多1194亿千瓦时。不过，2011年中国发电量超过4.7万亿千瓦时，首次超过美国成为全球第一大电力生产国。

二、美国能源管理目标侧重点

一个国家的能源资源储量、能源供求基本面决定了其能源管理目标的侧重点。作为全球能源资源、消费、生产和进口大国，美国能源战略重点是促进能源多元化和能源自主，维护能源供应安全，提高能源利用效率，节约能源，推动能源技术进步，发展清洁能源以应对环境问题等。

（一）实行能源自主，确保能源安全

在能源安全问题日益突出的情况下，美国在宏观与战略的层面上提出了推动能源供给多元化，减少对某个国家或地区能源进口的依赖，以确保能源安全。1992 年的《能源政策法案》是美国第一部系统阐述能源战略与政策的法案，并于 2005 年和 2007 年分别进行了修订。其内容涉及扩大战略性石油储备（Strategic Petroleum Reserve）、实施能源替代与多样化的能源供给（Diversify energy supply）等。2007 年的《能源自主与安全法案》（Energy Independence and Security Act）明确提出其目的是要"走向更大的能源自主和安全的美国"。

（二）提高能源利用效率，加强需求侧的能源节约

1992 年的《能源政策法案》提出了提高清洁能源使用率和提高能源效率的目标，提出了对建筑节能的激励措施以及创建电器的能效标准。2007 年的《能源独立与安全法案》又修订了设备与照明的标准，提出了新的促进建筑和工业节能的激励方案和联邦建筑的照明要求，以及促进政府和公共部门节能的新标准等。美国能源部和环保局还发布了最新的"国家能源效率行动计划"（National Action Plan for Energy Efficiency）：《2025 年愿景：变革的框架》。2009 年的《美国复苏与再投资法案》（American Recovery and Reinvestment Act）也含有为提高能源效率与节能拨款的计划。

（三）研发清洁能源技术，鼓励可再生能源发展

为了应对日益严峻的碳减排压力，美国采取的主要措施是推动清洁能源技术的发展，包括碳捕捉与封存（CCS）、二代生物燃料、第四代核电、太阳能发电等技术。2009 年的《美国复苏与再投资法案》用于清洁能源和相关运输方案的直接支出和税收抵免高达 700 亿美元，是历史上美国联邦政府对可再生能源、先进交通以及节能倡议的最大承诺。奥巴马政府还提出了一个积

极的能源政策改革方案，包括利用排污权交易（cap and trade）鼓励更多清洁可再生能源的发展。

（四）促进有效竞争，弥补市场失灵

作为其传统治理模式的基本理念，美国对能源和其他经济领域的主要管理目标是最大限度地促进市场有效竞争，实现资源的最优配置与生产的最优绩效。19世纪末的反垄断措施以及20世纪80年代实行的产业重组、引入竞争、放松管制等都是这一理念和目标的具体体现。对于某些确实无法引入或加强竞争的领域（如自然垄断），美国采取的做法是授予私人企业特许经营权，同时对其进行经济管制。

第二节　美国能源产业组织结构

作为典型的实行私有制和市场经济的国家，美国的能源企业以民营为主体。根据美国的法律，煤炭、石油、天然气等地下资源的所有权归属于土地所有者[①]，离岸的矿产资源则属于州或联邦政府。能源生产企业可以从所有者手里租得采矿权，对矿产资源进行勘探、开发和利用。除了州或联邦拥有的一部分公共企业，石油、煤炭、天然气等主要能源市场都是以私人企业为主，大部分市场份额也都由私人公司占有。石油、天然气、电力等行业经过20世纪80年代的放松管制（deregulation）以后，总体趋势是市场变得更加开放和具有竞争性。

一、煤炭

在当前美国的一次能源生产结构中，煤炭所占的比重接近三分之一，90%以上的煤炭供给电厂，全美近50%的发电量来自燃煤电厂。美国的煤炭生产主体都是私人企业，即使是美国西部由联邦所有的煤矿也都出租给私人企业进行开采，政府不直接参与煤炭生产。

从市场结构看，20世纪70年代以前，煤炭市场的集中度不断提高。1969年，

---

① 在普通法制度下，不动产（real property）所有者拥有"从地下到天上"（from the depths to the heavens）的权利，即不动产（real estate）的所有权包含了所有水、油气和其他矿产资源的所有权。

前四家煤炭企业的市场份额（CR_4）为 28.2%，前八家煤炭企业的市场份额（CR_8）为 38.7%。石油危机以后，煤炭市场的集中度持续下降。20 世纪 80 年代，CR_4 维持在 20% 上下，CR_8 维持在 30% 上下。20 世纪 90 年代，经历了兼并重组以后，煤炭产业市场集中度持续攀高，市场结构逐步由竞争型转向寡占型。2000 年 CR_4 达到 41%，CR_8 达到 63%。最近 10 年，市场集中度稳中有升，形成了"三超多强"的寡头市场结构。2008 年前三家煤炭企业皮博迪能源公司、力拓能源美国公司和阿奇煤炭公司的产量占比为 40.5%，CR_4 达到 45% 以上，CR_8 则维持在 60% 以上[1]。

二、石油

美国 80% 以上的可开采的油气资源都蕴藏在联邦所有的土地或者海域里，但是美国政府并不直接参与生产，而是全部交给私人企业经营。全美从事油气勘探与生产的经营主体超过 15000 家，前 20 家石油生产企业的产量占比超过 60%。

在炼油板块，1990 年以后美国炼油企业的数量持续减少，而炼油能力则不断增加，说明炼油业务的市场结构趋于集中（见表 2-2）。2010 年美国的炼油企业数量为 148 家，比 1990 年下降了 31%，而日炼油能力为 1758 万桶，比 1990 年增加了 13%。

表 2-2　美国炼油能力变化趋势[2]

	1990 年	2000 年	2010 年	2010/1990 年
企业数（家）				
运营	205	158	137	−33%
闲置	11	3	11	0%
总计	216	161	148	−31%
炼油能力（千桶/天）				
运营	15063	16512	16850	12%
闲置	560	197	734	31%
总计	15623	16709	17584	13%

---

[1] 岳福斌：《中国煤炭工业发展报告 2009》，社会科学文献出版社 2009 年版，第 57 页。

[2] 数据来源：EIA, Annual Refinery Report。

在配售方面,石油的配售网络由一般运输工具、管道、轮船和储存装置等构成,配售业务都由私人企业自主经营。虽然某些州有权制定价格上限,但并没有实际使用这一工具。

三、天然气

在 20 世纪 80 年代实行放松管制和管运剥离（pipeline unbundling）以前,美国天然气行业的市场结构非常简单,供应商仅有少数几家。大型勘探和生产企业在井口将产品出售给具有垄断地位的大型输气管道公司（价格受联邦管制）,由管道公司再出售给地方性的公用配售公司,最后由后者将产品配售给最终消费者。由于缺乏市场竞争,企业改善服务的积极性和创新的激励明显不足,并直接导致天然气供应在 70 年代的短缺和 80 年代的过剩。20 世纪 80 年代以来,美国对天然气产业逐步进行重组,放松了对天然气生产价格的管制。终端用户可以直接从生产商或地方配售公司购买天然气。州际传输管道仅负责在联邦管制下提供运输服务。经过 20 多年的改革,美国的天然气行业发生了巨大变化,变得更加开放并具有高度的竞争性。

在生产环节,根据 EIA 的数据,2007 年美国共有超过 6300 家的天然气生产企业,既包括一体化的大型跨国公司,也包括由个人经营或仅享有某个气井部分收益权的小型公司。其中,大型生产企业有 21 家,其市场份额超过 55%。另外还有超过 530 家的天然气加工企业。在传输方面,截至 2006 年,美国拥有长度为 30 万英里（48 万公里）、有 200 多家公司参与经营的州际天然气传输管道。在配售方面,共有 1400 家地方天然气配售公司和 950 个左右的公共天然气配售系统。在存储方面,123 家天然气存储企业拥有大约 400 家地下存储设施,存储能力为 40590 亿立方英尺,平均每天的供应能力为 850 亿立方英尺。

20 世纪 80 年代实行放松管制和管运剥离的市场化改革以来,美国的天然气市场变得更加开放,众多生产企业形成了相互竞争的格局,纵向一体化的程度很低,大部分企业只负责单一的生产或传输或配售,只有少数大型配售公司拥有自己的传输管道。在产权结构方面，除了在配售环节有少量的公有企业，美国的天然气行业大部分是私有的，占终端销售份额的93%左右。

美国的天然气市场既有现货市场又有期货市场。在零售市场上，1992年以来，许多州逐步放开零售准入，出现了许多独立的天然气经销商。天然气经销商作为生产者与消费者之间的中介，其主要功能是为提供购买和销售天然气的便利，如传输服务、测量、计费等。截至2006年，这类企业的数量达250家左右。

四、电力

与天然气行业一样，美国的电力行业也经历了产业重组与放松管制的过程。改革前，美国电力产业的四分之三是由200家独立的民营电力上市公司组成的，只有四分之一是由联邦、州、市政各级政府拥有的公共电力公司以及由用户拥有的电力合作社组成的。联邦电力管理局的发电量占美国总发电量的8%，是美国最大的电力生产者。它还拥有自己的输电线路，其输电容量占全国总输电容量的25%。除了联邦电力局以外，公共电力公司还包括2000多家州属和市属的市政电力公司。电力合作社约有1000家。

为了在电力行业中引入竞争，美国从20世纪90年代开始推动电力产业重组。重组的基本原则是把输电网络及系统从纵向一体化的传统电力公司中剥离出来，组建区域输电组织（RTO）和独立系统运营商（ISOs），并从电力公司中剥离发电资产，形成独立的发电企业（IPPs）。21世纪的头几年是美国电力产业重组的高峰时期，近年来改革进程有所放缓。

经过改革的美国电力市场变得更加分散，私营电力公司（investor-owned utilities, IOUs）占美国供电市场三分之二的份额，其中一半以上的私营电力公司只经营配售电业务，不经营输电环节。公共电力公司和电力合作社也有75%以上只经营配售业务。其中，合作性质的公用电力公司共有883家，拥有4%

的发电能力和发电量、10%的市场份额；州、市所有的市政电力公司共有2009家，拥有全国9%的发电能力、8%的发电、12%的输电和22%的配电设施、15%的销售份额；联邦政府拥有的6个电力（水电）管理局，拥有7%的发电能力、1%的电力生产和8%的输电设施以及不到1%的销售份额。[①]另外，美国还有一些非公用性质的电力生产商（non-utility power producers），包括自备电厂、热电联产电厂以及独立的电力生产商等。其中独立的电力生产商在2006年的发电量占发电总量的31%。

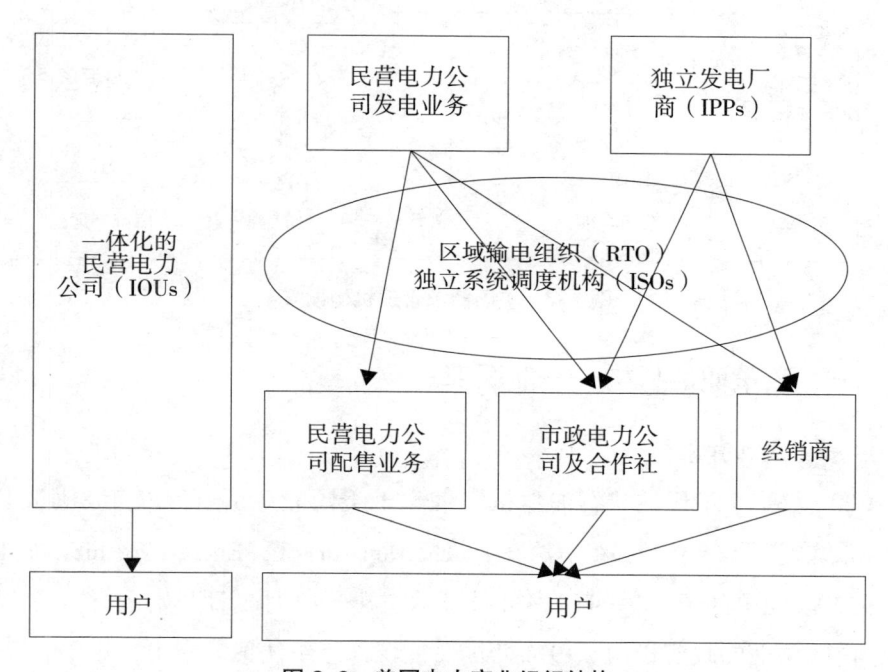

图2-6 美国电力产业组织结构

第三节 美国能源管理机构设置与职能分配

美国采取政、监、资分开的能源管理机构设置模式，能源部负责能源政策、

---

① 参见俞燕山"美国电力监管"，根据EIA: Electric Power Industry Review 2007更新了部分数据。

规划与公共服务职能，能源监管委员会负责能源经济性监管职能，环保署等机构负责专业的社会性监管职能，内政部下属的矿产管理局负责能源资源管理职能。此外，专设隶属于国务院的能源资源局，主导能源外交。

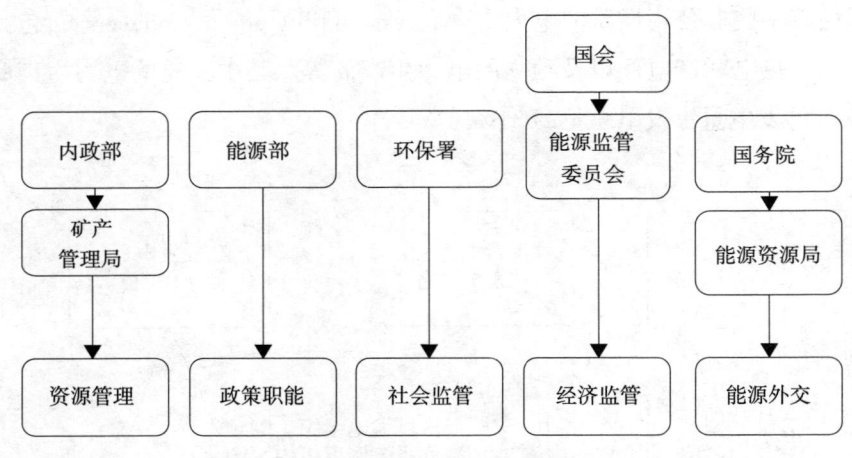

图 2-7　美国能源管理机构设置

一、政策职能机构——能源部

（一）成立背景

20 世纪 70 年代的"石油危机"催生了美国能源部。1977 年 8 月 4 日，卡特总统签署了《能源部组织法案》（The Department of Energy Organization Act of 1977）。能源部于 1977 年 8 月 8 日开始组建，10 月 1 日开始运行，是一个属于内阁层面的政府机构。1977 年的《能源部组织法案》指出，建立能源部的必要性在于美国面临着日益严重的资源短缺和能源进口依赖问题，必须采取强有力的能源计划，以适应当前和未来符合美国经济、环境与社会目标的能源需求。为此就需要把以前分散的能源管理职能集中起来，实现能源供给、能源保护、能源节约等方面的全面、高效、统一的协调。

（二）主要职能

新组建的能源部获得了原属于联邦能源管理局（Federal Energy Administration）、能源研究与发展管理局（Energy Research and Development Administration）、联邦电力委员会（Federal Power Commission）以及其他机构和组织的职责，把过去分散在内政部、交通部、住房与城市发展部、商务部、海军部等部门的能源相关职能也集中在一起，成为美国联邦政府能源管理的主导部门。能源部的资金来源主要是国会财政拨款，此外也包括借款、捐赠、项目收入等。2010 财政年度，能源部获得国会 264 亿美元拨款。根据 2009 年《美国复苏与再投资法案》的规定，能源部在 2009 和 2010 财政年度还获得了国会 383 亿美元的财政补贴。能源部的职能是负责统一制定、实施和协调国家的能源战略与政策，具体职责包括：收集、分析和研究能源信息，制定能源发展与能源安全的战略与政策方案，研究开发安全、环保和有竞争力的能源新产品，管理核武器、核设施及消除核污染，负责石油战略储备和石油天然气进出口，对油气资源的开发、储运、加工、环境治理等方面进行监管分析、经济分析和市场分析等。

（三）机构设置

能源部设有部长和常务副部长各 1 名，副部长 3 名，助理部长 8 名，均由总统直接任命。部长负责领导和监督能源部的工作，常务副部长协助部长组织日常工作并在部长缺席期间履行部长职能。部长将自己的一部分法定职能委托给副部长和助理部长，后者代表部长处理特定领域的事务。能源部有 1 万多名政府雇员，机构设置具有扁平化的特点，图 2-8 列出了美国能源机构设置总体情况。

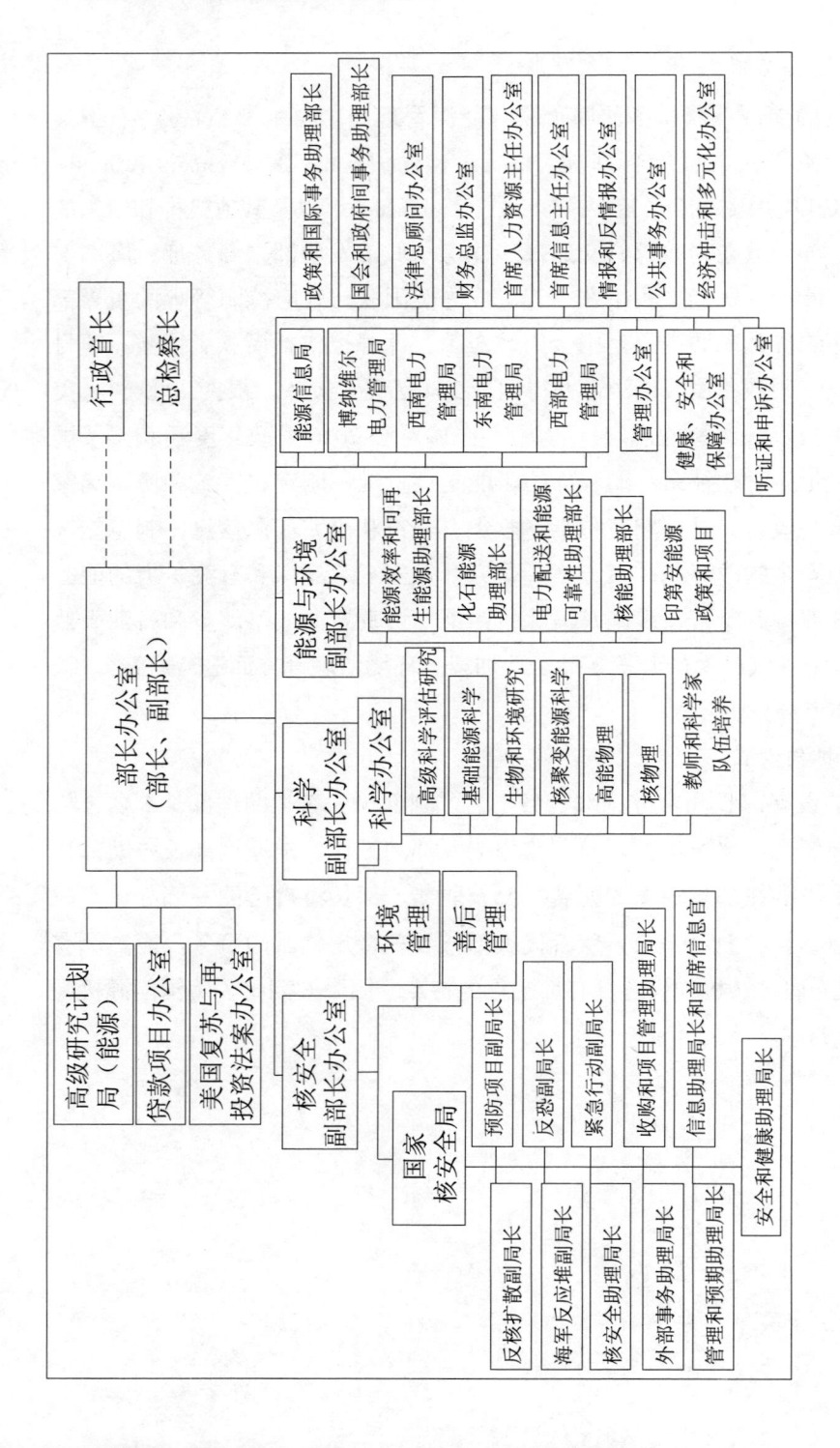

图 2-8 美国能源部机构设置

如图 2-8 所示，美国能源部的组成部分包括五大类：

1. 能源与环境事务，由一位副部长负责，下设能源效率和可再生能源办公室、化石能源办公室、电力传输和能源可靠性办公室、核能与科技办公室、印第安能源政策和项目办公室。

2. 科学事务，由一位副部长负责，能源部的研究和发展项目，负责就国家实验室的管理和监督状态、能源部的教育和培训、研究项目的组织协调和资金支持等方面向部长提议。

3. 核安全事务，由一位副部长负责，下设国家核安全局、环境管理办公室与善后管理办公室。

4. 相对独立的管理局，包括能源信息局、博纳维尔电力管理局、西南电力管理局、东南电力管理局、西部电力管理局。

5. 综合管理事务办公室，包括监察长办公室、高级研究项目管理机构、贷款项目办公室、政策和国际事务办公室、国会和政府间事务办公室、法律总顾问办公室、财务总监办公室、首席人力资源主任办公室、首席信息官办公室、情报和反情报办公室、公共事务办公室、经济冲击和多元化办公室、管理办公室、健康安全和保障办公室、听证和申诉办公室。

表 2-3 给出了各级管理机构的主要职能分配。

表 2-3 美国能源部机构设置与职能

能源部部长（Secretary of Energy）：由总统直接任命，领导并监督能源部的工作。	能源与环境副部长（Under Secretary of Energy for Energy and Environment）负责能源部关于能源和环境的项目，包括核武器的环境治理、核废料的管理和应用能源的研究与发展等。	能源效率和可再生能源办公室（Office of Energy Efficiency and Renewable Energy）发展清洁能源技术，保护环境，降低美国对石油进口的依赖。
		化石能源办公室（Office of Fossil Energy）：保障传统化石能源资源能够持续提供清洁、廉价的能源，同时致力于无污染火力发电厂、高产油气田和充足的石油储备等项目。

续表

能源部副部长（Deputy of Secretary of Energy）：由总统直接任命，协助部长组织能源部的日常工作，并在部长缺席期间履行部长职能。		电力传输和能源可靠性办公室（Office of Electricity Delivery and Energy Reliability）：建立现代化的电网，提高基础设施的安全性和可靠性，缩短能源供应中断的恢复时间。
		核能和科技办公室（Office of Nuclear Energy）：克服技术、成本、安全、辐射等方面的障碍，将核能发展为一种能够满足国家能源、环境和安全需求的资源。
		印第安能源政策和项目办公室（Office of Indian Energy Policy and Programs）：指导、扶持、协调和执行能源计划、能源教育和能源管理，协助印第安部落促进能源发展、扩大能源容量、建设基础设施。
	科学副部长（Under Secretary of Energy for Science）：负责能源部的研究和发展项目，负责就国家实验室的管理和监督状态、能源部的教育和培训、研究项目的组织和协调和资金支持等方面向部长提议。	科学办公室（Office of Science）：资助物理科学基础研究项目，是美国该领域最大的支持者，提供这一领域40%以上的科研经费。
	核安全副部长（Under Secretary of Energy for Nuclear Security）：国家核安全局的行政长官，负责为美国军方设计、生产和维护安全、稳定和可靠的核武器，提供安全高效的军用核舰艇，促进国际核安全和禁止核扩散。	国家核安全局（National Nuclear Security Administration）：负责核武器的管理和安全、核扩散的禁止、军用核舰艇反应堆项目等，并对国内外核泄漏、核武器及其组件和核材料的安全运输做出反应。
		环境管理办公室（Office of Environmental Management）：对环境中由于核武器的发展和政府主持的核能研究导致的残留物进行安全清理。
		遗产管理办公室（Office of Legacy Management）：执行项目的善后工作，管理和监护项目遗留的土地、设施、仪器等，保障人类的健康和环境的安全。

续表

监察长办公室（Office of Inspector General）：通过审计、检查、调查和其他途径促进能源部项目高效且经济地进行。
高级研究项目管理机构（Advanced Research Projects Agency-Energy）：资助可能实现重大飞跃的技术发展，包括降低美国对于能源进口的依赖、降低美国温室气体等的排放、提高美国能源利用效率、保证美国发展和利用先进能源技术的领导地位。
贷款项目办公室（Loan Programs Office）：扶持国内创新型清洁能源技术的商业化以有效地实现国家清洁能源目标。
政策和国际事务办公室（Office of Policy and International Affairs）：基于翔实的数据和分析向能源部领导层提供关于能源现在及未来趋势的中立建议，并且负责国际能源事务，包括国际紧急事务的处理、国家安全的保障以及科技领域的国际合作。
国会和政府间事务办公室（Office of Congressional and Intergovernmental Affairs）：通过在国会、州、部落、城市、地方政府以及联邦的其他主体、相关利益者、公众之间进行沟通、交流、协调和互动促进能源部的政策、项目和倡议。
法律总顾问办公室（Office of the General Counsel）：直接接受能源部部长的领导，界定能源部的法律地位，并向能源部领导层提供法律方面的建议、咨询以及支持，促进能源部职能的履行。
财务总监办公室（Office of the Chief Financial Officer）：在预算管理、项目分析评价、财务会计、内部监控、财务系统、战略规划等领域通过制定和执行政策并监督实行状况，确保能源部项目、活动和资源有效运作和资金充裕。
首席人力资源主任办公室（Office of the Chief Human Capital Officer）：通过有效的人力资源政策和项目根据职责合理调配人力资源，建议并协助能源部领导层雇用、发展、培训和管理一个高技能、高生产率且多样化的管理队伍。
首席信息官办公室（Office of the Chief Information Officer）：通过信息和技术来平衡各个项目的风险以促进能源部在能源、科学和核安全方面的职能的完成。
能源信息局（Energy Information Administration）：收集、分析和传播独立且中立的能源信息，从而促进政策的制定、市场的有效、公众关于能源的理解以及能源和经济、环境的互动。

续表

	博纳维尔电力管理局（Bonneville Power Administration）、东南电力管理局（Southeastern Power Administration）、西南电力管理局（Southeastern Power Administration）、西部电力管理局（Western Area Power Administration）：面向美国各个地区市场化销售电能，建立一个稳定可靠的电力传输系统，提供充分、高效和经济的能源供给。
	管理办公室（Office of Management）：为能源部提供中央计划和全方位监督。
	情报和反情报办公室（Office of Intelligence and Counter-intelligence）：充分利用能源部的资源收集情报，提供外国核武器项目的评估，为能源部核高层政策制定者提供信息。
	健康、安全和保障办公室（Office of Health, Safety and Security）：负责健康、环境、人身安全和信息安全，提供企业层面的领导和战略视野以协调和整合这些重要项目。
	公共事务办公室（Office of Public Affairs）：面向媒体、公众和能源部工作人员就能源部的工作进行及时准确的信息沟通。
	听证和申诉办公室（Office of Hearings and Appeal）：是能源部的一个准司法组织，其职能是举行听证和代表能源部部长处理涉及广泛法律问题的事务。
	经济冲击和多元化办公室（Office of Economic Impact and Diversity）：制定和实施涉及全部门的政策，实现关于公平就业、中小企业、少数群体教育和弱势群体的多元化目标，开拓能够保障弱势群体公平参与能源部项目的途径。

二、监管职能机构
——联邦能源监管委员会与州公用事业委员会

美国的能源监管权分属联邦政府与州政府。各州的公用事业委员会（Public Utility Commission，PUCs）负责州一级的能源监管，如监管电力和天然气的零售业务，批准发电、输配电项目的建设，监管市政电力系统，发放州水质证书，监管地方天然气配送管道等。涉及跨州层面的能源监管则统一由联邦能源监管委员会负责。

（一）历史沿革

美国联邦能源监管委员会的前身是 1920 年成立的联邦电力委员会（Federal Power Commission，FPC），成立之初共有 31 人，主要负责非联邦政府拥有的水电项目及水电站大坝安全的监管。1935 年，美国国会通过了联邦电力法，赋予联邦电力委员会三项新的职能：监管跨州的输电及电力批发市场价格，建立电力工业统一的会计核算体系，监督公用电力公司（Public Utilities）的交易记录。监管人数随之扩大到 732 人。1938 年的《天然气法案》赋予了 FPC 对州际天然气管道和天然气批发价格的监管权。1942 年新增加审批和发放天然气设施建设许可证的职权。1954 年最高法院赋予 FPC 管辖所有跨州井口天然气贸易的职权。1977 年，美国国会颁布了《能源组织法案》，成立了美国能源部，并将联邦电力委员会更名为联邦能源监管委员会（Federal Energy Regulation Commission，FERC）。

（二）主要职能

1978 年，美国国会颁布了《公用事业监管政策法案》（Public Utilities Regulatory Policy Act），要求公用电力公司必须收购独立发电商和合格电力设施生产者（Quality Facility，通常指垃圾等清洁发电、热电联产、余热发电等企业）所生产的电力，必须为在其专营区域以外的用户及供电公司提供无歧视的输电服务，并授权 FERC 负责监管。1992 年，美国通过了《能源政策法案》（Energy Policies Act 1992），规定所有的电力公司必须提供输电服务，并赋予 FERC 对电力趸售的监管权（Wheeling Authority）。1996 年，美国电力工业开始大规模的市场重组，为适应这一新的形势，联邦能源监管委员会先后颁布了 888、889、592 和 2000 号监管命令，规定了电网开放的详细程序，要求调度交易机构必须与电网进行分离，积极推动成立区域输电组织 RTO（Regional Transmission Organization），进一步明确和细化了 FERC 对电力行业的监管职能，增加了强制性开放输电网和审批电力批发市场设置的职能，大大扩展了 FERC 的实际监管权。

在 2005 年的《能源政策法案》之前，FERC 的职能主要包括：监管水电与州际电力，管辖州际天然气管道和天然气批发价，审批发放天然气设施建设许可证，管辖所有州际井口天然气交易，监管跨州的石油管道等。2005年的《能源政策法案》（Energy Policy Act，2005）授权FERC对主干传输系统实施强制的可靠性标准，对操控电力和天然气市场的实体罚款，监管用于跨州转售贸易的天然气的传输和销售，监管跨州贸易中的石油管道运输，监管跨州贸易中的电力传输和批发，私营、市和州的水电项目的许可和核查，批准跨州天然气管道和储备设施的选址和废弃，保证LNG（液化天然气）接收站的安全运行和可靠，确保跨州的高压输电系统的可靠性，监控和调查能源市场，对于违反FERC能源法规的能源实体和个人处以民事惩罚，监督与天然气和水电项目有关的环境事务以及重要的电力政策倡议，管理受监管公司的会计、财务报告和行为等。对于民事惩罚，将处罚金额从原来每起违规案例5000美元提高到每起案例每天最高可罚款100万美元。

目前，FERC的能源监管职能主要有：

❖ 监管跨州输电价格和服务；
❖ 监管电力批发市场，包括价格、服务和输电网的开放；
❖ 监管电力企业的兼并、重组、转让和证券发行；
❖ 监管电力企业会计标准和电网可靠性标准；
❖ 发放非联邦政府拥有的水电项目许可证，监管水电站大坝的安全；
❖ 负责组织实施联邦电力法、联邦天然气法和相关的能源政策法案；
❖ 监管州际天然气、石油管道和天然气批发价格；
❖ 审批发放天然气设施建设；
❖ 监管所有跨州天然气交易；
❖ 批准跨州天然气管道和储备设施的选择和废弃，保证LNG接收站的安全运行和可靠；
❖ 监管企业会计、财务报告和行为，对违反FERC能源法规的能源企业和个人处以民事惩罚。

（三）机构设置

FERC是美国独立的能源监管机构，其所有决定都是由联邦法院审议的，而不是由总统和国会审议。能源部只能像其他部门一样，依法介入FERC的法律程序。FERC 通过向被监管企业收取年费的方式实现自筹自支。

FERC 的主席由总统提名，国会批准，任期 5 年。委员会共有 5 名委员，下设 6 个专业监管办公室，总计有各类专业人员 1000 多名（均属联邦公务员）。主要机构及相应职责如下：

- 行政法官办公室：通过公正听证或协商来解决有争议的案件；
- 行政诉讼办公室：提起诉讼或以其他方式解决聆讯的案件，并寻求诉讼或解决的成果与监管委员会的政策一致；
- 电力可靠性办公室：监督、审查强制可靠性和安全性标准的执行，确保有关各方对强制性标准的遵守；
- 能源管制办公室：处理涉及有关电力、天然气、石油管道设施和服务的市场价格与其他市场行为；
- 能源政策与创新办公室：颁布、协调并发展能源改革政策，以解决对批发和州际能源市场有影响的问题，包括气候变化、可再生资源的整合、需求响应、智能电网等先进技术领域；
- 能源项目办公室：通过水电项目和天然气许可证的审批，促进国家经济和环保；
- 执行办公室：引导能源市场运行符合公众利益，及时解决市场中的问题，确保条例与管制法规的遵守；
- 外事办公室：负责与媒体和公众的关系，负责对能源部价格裁定的上诉予以听证、举行所有有关能源部的公开听证会。

除能源项目办公室在亚特兰大、芝加哥、纽约、波特兰大、旧金山 5 个城市设有分支机构（每个分支机构 20 多人）对所在地的水电项目和水电大坝安全进行监管外，FERC 在全美没有分支机构。项目申请、业务办理都由华盛顿总部进行处理。

（四）州能源监管机构及其职能

美国各州的公用事业委员会（Public Utility Commission, PUCs）负责州一级的能源监管，监管电力和天然气的零售业务，批准发电、输配电项目的建设，监管市政电力系统，发放州水质证书，监管地方天然气配送管道等。

以加州为例，负责能源监管的机构主要是加州公用事业监管委员会。加州能源委员会（主要负责发放火电厂建设许可证和电力应急管理），自然资源委员会（负责火电厂温室气体排放监管），加州独立系统调度机构 ISO（负责批发市场现场监控）也参与部分电力监管。

CPUC 现有员工 937 人（均属加州公务员），其中从事能源监管的有 450 多人，分属 9 个业务部门，其中与能源监管相关的有 7 个部门：办公室、能源处、法律处、行政法官办公室、消费者保护与安全监管处、消费者服务与信息处、纳税人保护处。CPUC 总部位于旧金山，另外在洛杉矶、圣地亚哥设有 2 个分支机构（各有 40 多人）。2006 年，CPUC 的总预算为 2.72 亿美元，另外管理着 10 多亿美元的能效和需求侧管理等项目。CPUC 的能源监管职能主要有：

- ❖ 监管配电业务及电力、天然气零售市场的价格及服务；
- ❖ 颁发输电设施建设和地方天然气配送管道许可证；
- ❖ 监管购售电合同和天然气零售业务；
- ❖ 监管电力普遍服务；
- ❖ 监管可再生电力的收购；
- ❖ 监管加州能源法案及能源政策的实施；
- ❖ 组织实施能源效率和需求侧管理项目。

尽管美国联邦和州两级监管机构的监管职能有明确的划分，但在实际操作过程中，也存在一些交叉重复。通常联邦监管机构只有在州监管机构不作为时才具体介入（例如输电许可证的颁发）。当联邦和州监管机构对某个问题发生意见分歧时，联邦政府具有管理优先权。实际上，FERC 与 CPUC 常就一些电力政策问题产生矛盾，比如对电力批发市场建设就有不同看法，但最终基本上是联邦政府的意见占据主导地位。在通常情况下，协调联邦能源监管委员会与州公用事业监管委员会意见的具体办法：一是划清联邦和州的管理界限，明确分工；二是请求法院就某个具体有分歧的事务进行听证和判决。

三、其他职能机构

（一）资源管理职能——内政部矿产管理局

内政部负责管理石油天然气的税费，以及发展油页岩等新资源的环境影响评估。

（二）社会性监管职能——环保署等

根据国会颁布的法律，环保署作为独立的管理机构负责环境管制。因此，与环境保护相关的能源政策都会涉及环保署。此外，为了在各部门间协调环境政策与方案，1969 年的《国家环境政策法案》还建立了白宫环境质量委员会（CEQ）。

（三）政策职能——国务院能源资源局

2011 年 10 月下旬，美国国务院正式成立能源资源局。国务院国际能源事务协调员卡洛斯·帕斯卡尔表示，能源资源局作为美国国务院最新成立的机构，旨在于新的国际格局中从外交角度确立美国全球能源政策，利用美国外交资源确保其在便利范围内获得安全、可靠和更为清洁的能源资源。能源资源局下设能源外交处、能源转换处和能源治理与获得处。

第四节　美国能源管理政策体系

美国对能源活动的管理与监管依赖于一套内容全面、不断完善的法律政策体系，其核心内容从早期的以反垄断和监管为主，逐渐演变为市场监与管政策服务并重。其基本手段是经济监管与财政激励。

对于自然垄断等情况，联邦或州的监管委员会对企业采取经济监管。如电力，FERC 负责监管电力的批发价格，州监管委员会负责监管零售价格。美国的能源税税率在 IEA 成员国中属于较低的情况。州政府和（或）联邦政府可以独立地征收能源方面的税收，二者具有累加的性质。联邦统一的汽油税是美国实施最普遍的能源税。在此基础上各州还会额外征收不同税率的税收。税收体系也可用于对新能源（如风能）和能源效率进行补贴，比如给予生产清洁能源、购买节能汽车等减税优惠。

一、反垄断与监管

19世纪后期，随着铁路、电力、通讯、自来水、冶金、机械和石油加工等公用事业和大型制造业的兴起与发展，资本主义经济的垄断性不断增强，垄断企业的市场力量带来的各种负面影响逐步显现。出于保证合理价格、限制大公司的市场力量等目的，美国通过了一系列反托拉斯垄断的法案，并对具有自然垄断性质的公用事业采取监管政策。重要的法案包括：

- 1887年《州际商业法》（Interstate Commerce Act）：为监管铁路工业，尤其是针对其垄断性质而设的法律，并创建了联邦监管机构——州际商业委员会（ICC）。
- 1890年《谢尔曼反垄断法》（Sherman Antitrust Act）：要求联邦政府调查涉嫌违反反垄断法的企业组织，是第一部限制卡特尔和垄断的联邦法令。
- 1906年《赫伯恩法》（Hepburn Act）：州际商业委员会的权力拓展到桥梁、终站、渡船、铁路卧铺车厢、快递公司以及石油管道。
- 1914年《克莱顿法》（Clayton Act）：该法案增强了反垄断法令的效力。明确列出禁止的行为、三级实施方案、特例和矫正措施等。
- 1914年《联邦贸易委员会法》（Federal Trade Commission Act）：规定联邦贸易委员会对大型企业的不公平贸易行为实施停止行动令，并给予国会处理司法事务更大的灵活性。
- 1920年《联邦电力法》（Federal Power Act）和1935年《联邦电力法》第二部分：成立联邦电力委员会，负责监管跨州的电力运输与交易。
- 1935年《公用事业控股公司法》（Public Utility Holding Company Act）：为监管电力公司提供便利，限制电力公司在某州的商业运作从而使其服从国家监管，或限制其在某一特定地理区域发展成单一系统。
- 1935年《康奈利热油法》（Connally Hot Oil Act）：授权总统制止"热油"的跨州买卖。管制原因在于当时美国的石油工业严重供大于求，造成石油价格狂跌，许多中小石油企业陷入破产。

- 1938 年《天然气法》(Natural Gas Act)：重点是监管跨州的天然气运输公司。授权 FPC 控制州际天然气销售。管制原因是当时的跨州天然气运输公司表现出垄断倾向并且定价高于竞争价格。
- 1977 年《能源部组织结构法案》：组建能源部，并将联邦电力委员会改建为"联邦能源监管委员会"。
- 1978 年《天然气政策法》(Natural Gas Policy Act)：放松对天然气行业的管制。
- 1992 年《联邦能源政策法》：国会授权联邦能源监管委员会可以批准批发市场的开放接入，放松对发电领域和各州零售准入的管制。
- 2005 年《联邦能源政策法》：规定 LNG 设施建设的审批属于联邦能源监管委员会的管辖范围，通过合理布局 LNG 接收站以增加进口。

二、保证能源独立与安全

20 世纪 70 年代"石油危机"的冲击以及对能源进口的依赖使得美国政府认识到能源安全与能源战略的重要性，从而逐步加强宏观层面的能源管理。重要的法律包括：

- 1974 年《联邦能源管理法》(Federal Energy Administration Act)和 1977 年《能源部组织法》(Department of Energy Organization Act)出台，组建职能集中的能源部，负责统一制定、实施能源政策与规划。
- 1992 年老布什签署的《能源政策法》(Energy Policy Act)：目的是制定系统的国家能源政策，以低成本、高效益、对环境有益的方式循序渐进地提高美国的能源供给安全，并提出了 27 项措施以减少对能源进口的依赖。
- 1995 年 7 月能源部颁布的《国家能源政策计划》(National Energy Policy Plan)，以及 1997 年和 1998 年分别颁布的《战略规划》(Strategic Plan)与《国家系统能源战略》(Comprehensive National Energy Strategy)：涉及能源的生产、效率、安全、环境等各方面的问题。
- 2001 年切尼颁布的《国家能源计划》(National Energy Plan)：提出要

满足"美国将来可靠的、可负担的和环保的能源"要求。

- 2005年《能源政策法》：提出以税收激励和贷款担保促进能源产品多样化。对美国的能源公司尤其是核能和石油产业给予补贴。扩大对可再生电力产品的贷款以及对投资清洁煤设施的税收激励等。
- 2007年《能源独立与安全法》：宣称要"走向更大的能源独立和安全的美国，增加可再生的清洁燃料的生产，以保障消费者，增加产品，建筑和车辆的效率"。

三、能源研发与技术创新

美国为了应对资源与环境约束而采取的核心措施是加大新技术的研发力度，特别是清洁能源技术的研发，充分利用自身的先进技术优势。重要的法律包括：

- 在1973年"石油危机"爆发后密集出台的一系列鼓励能源研发与技术创新的政策法律，如1974年的《地热研究、开发与示范法》（Geothermal Energy Research, Development, and Demonstration Act），1974年的《太阳能研究、开发与示范法》（Solar Energy Research, Development, and Demonstration Act）。
- 先进能源创新（Advanced Energy Initiative, AEI）：目标是加快发展先进技术以能源开发利用方式，特别是家庭、企业与交通的用能方式，减少美国能源对外依存度和污染物与温室气体排放。包括先进太阳能技术、纤维素乙醇等先进生物燃料技术、风电技术、氢能燃料电池汽车技术、建筑节能技术、碳捕捉与封存技术、清洁煤炭技术、第四代核电技术等。
- 能源部的《气候变化技术规划》（Climate Change Technology Program, CCTP）：每年投资40亿美元用以与气候变化相关的技术研究、示范与推广。2006年的CCTP规划了应对气候变化的可能技术选择，并向与研发相关的10个联邦政府部门提供战略方向。
- 2009年《美国复苏和再投资法》：提出资助太阳能、地热能、水能技术的研发，扩展碳吸收技术的研究。

四、能源效率与节能

除了加强能源供给方面的管理之外，美国还逐步加强了能源需求管理方面的管理，主要是提高能源利用效率与节能。提高能源利用效率是实现经济、资源与环境有机协调的必然选择。重要的法律和政策包括：

- 20世纪70年代"石油危机"爆发以后密集出台的一系列节能方面的法律政策，如1975年和1976年的《能源政策与节能政策法》（Energy Policy and Conservation Policy Act），1975年的《国家电器节能法》（National Appliance Energy Conservation Act），1976年的《生产与节能法》（Energy Conservation and Product Act），1976年的《资源节约与恢复法》（Resources Conservation and Recovery Act），1977年的《国家节能政策法》（National Energy Conservation Policy Act）、1978年的《发电厂和工业燃料使用法》（Power plant and Industrial Fuel Use Act）等。
- 2001年的《国家能源政策》（National Energy Policy）：提出了联邦政府能够影响并推动提高能效的措施，如节能宣传、制定标准、鼓励节能产品研发、能源之星标签等，目标是从2002年到2012年将生产领域的能耗强度下降20%。
- 2005年的《能源政策法》（Energy Policy Act）：特别注重提高能源效率与发展可再生能源两个方面。主要措施包括设定新的法定标准、联邦行动要求与鼓励自主提高能效等。

五、能源与环境

由于传统化石能源在使用过程中会排放出 SO_2、CO_2 和 NO_x 等环境污染物，环境问题与能源消费密切相关。主要包括两个方面，一是温室气体排放与全球气候变暖问题；二是二氧化碳与碳氧化物等气体的排放与空气污染问题。在全球气候变暖问题上，美国签署但并没有执行《京都议定书》，没有特定的措施以控制碳排放总量，使碳排放的外部成本内部化。其应对措施主要是通过发展清洁能源技术来减少碳排放、降低碳排放强度。但是，随着国际社会对全球气候变暖问题关注度的日益提高，美国已经把 CO_2 界定为一种环境污染物，美国也面临着碳减排的压力。

在本国空气污染方面，美国以《清洁空气法案》为基础，以环境保护署（EPA）为主导，大力治理环境污染问题。能源部设有专门的办公室负责协调环境治理过程中涉及的能源管理问题（如火电厂的污染物减排）。

第五节　美国能源管理体制特征与启示

能源自主、能源替代、能源多元化与能源安全已经成为美国能源管理中的核心问题。中国在快速经济增长的过程中面临着同样性质、同样严峻的问题。与此同时，作为能源消费的超级大国，中国与美国也都面临着化石能源消费所产生的温室气体与环境污染物排放的问题，特别是面临着碳减排的国际压力。因此，美国能源发展中面临的两大挑战也已经构成中国当前经济发展面临的两大约束。美国的能源管理活动对中国具有重要的借鉴意义，当然，在具体的制度安排上需要充分考虑中国特有的外部制度环境。

一、美国能源管理的传统模式为"市场 + 法制 + 监管"，即以有效竞争的市场价格机制为基础优化能源资源配置，以不断完善的法制体系维护市场秩序，以严格谨慎的政府监管矫正市场失灵

美国是以私人企业制度为基础的市场经济国家，政府很少直接干预企业的经营活动。美国对能源和其他经济领域的主要管理手段是最大限度地促进市场有效竞争，实现资源的最优配置与生产的最优绩效，即使是宏观方面的能源政策也都尽可能地通过市场机制来实现。19世纪末的反垄断措施以及20世纪80年代实行的产业重组、引入竞争、放松管制等都是这一理念和目标的具体体现。对于某些确实无法引入或加强竞争的领域（如自然垄断），美国采取的做法是授予私人企业特许经营权，同时对其进行严格的审慎监管。

在美国，负责联邦层面能源监管的机构是联邦能源监管委员会（FERC）。

作为独立的监管机构，FERC 共有 5 名委员，由总统提名，国会批准，任期 5 年。下设 6 个专业监管办公室，总计有各类专业人员 1200 名左右。FERC 的主要职责包括：对主干传输系统实施强制的可靠性标准，对操控电力和天然气市场的实体罚款，监管用于跨州转售贸易的天然气的传输和销售，监管跨州贸易中的石油管道运输，监管跨州贸易中的电力传输和批发，私营、市和州的水电项目的许可和核查，批准跨州天然气管道和储备设施的选址和废弃，保证 LNG（液化天然气）接收站的安全运行和可靠，确保跨州的高压输电系统的可靠性，监控和调查能源市场，对于违反 FERC 能源法规的能源实体和个人处以民事惩罚，监督与天然气和水电项目有关的环境事务以及重要的电力政策倡议，管理受监管公司的会计、财务报告和行为等。对于中国来说，随着市场化改革的不断深入，随着能源企业逐步改组为商业化企业，逐步建设现代能源监管体系对于约束企业行为、规范市场秩序具有重要意义。

二、成立能源部，负责统一制定、实施和协调国家的能源战略与政策，加强能源政策职能

美国在经历了 20 世纪 70 年代的"石油危机"以后，于 1977 年成立了能源部，并在《能源部组织法案》中明确提出，为了采取有力措施应对美国面临的资源短缺和石油进口问题，必须把过去分散的能源管理职能集中起来，实现全面、高效、统一的能源管理。从实际运行来看，美国能源部在能源数据收集与分析、制定能源战略、保证能源安全供应、推动能源研发与技术创新、提高能源利用效率、协调能源发展与环境保护、加强国际能源合作与交流等方面都发挥着至关重要的作用。从保证政策的全面性和一致性的角度来讲，在低碳经济的激励计划和制定碳排放定价机制等方面，联邦政府的作用也远远大于州政府或私人团体。能源部不仅与美国作为能源大国的地位相称，也是美国开始重视能源宏观管理的产物。对于中国来说，随着能源战略、能源安全、能源效率、能源技术进步等、资源与环境约束等问题变得越来越重要，成立一个综合性质的能源管理部门，负责制定能源政策和统筹能源规划的必要性也日益突出。

三、联邦层面的能源管理呈现出"大部制"和"政、监、资分离"的特征

能源部的管辖范围涉及煤电油气等所有能源领域,属于典型的"大部制"体制。在监管层面上,从监管的角度来看,FERC 的职能和管辖范围实际上也是"大部制"的自然延伸。凡是涉及联邦层面的能源定价、选址、项目审批等内容的经济管制权限都已逐步并入 FERC,有利于更好地发挥独立监管机构的作用。

美国的联邦能源监管委员会(FERC)是一个完全独立的专业化监管机构,不受能源部的制约。能源部主要负责宏观层面上的能源政策,而在美国传统的主流管理模式当中,能源监管主要是针对微观层面的企业进行的。"政监分离"模式是美国能源管理的"大部制"体制与其传统治理模式的一种结合方式,可以避免政策职能与监管手段的错位使用,在保证市场效率和促进市场竞争的前提条件下,避免能源政策造成市场扭曲。对于中国而言,在加强能源政策、能源规划以及能源活动的政府管理的同时,应该在与政府管理相对应的层面上加强对能源市场和能源企业的统一的经济管制。另外,作为资源大国,美国的资源管理由专门矿产管理局负责,这一点与中国由国土资源部专门负责资源管理类似。

四、美国作为联邦制国家,联邦政府与州政府对能源的管理权限具有明确的分工

州政府可以在联邦法的范畴下出台自己的能源政策法律法规,但是根据美国宪法中的"最高条款"原则,在联邦与州对同一类行为(如能源活动)的法律监管权限方面,联邦法优先于州法。在电力方面,《联邦电力法》尽其所能为各州保留管辖权,相关的联邦监管机构在很大程度上也避免越权。在天然气方面,州的管辖权仅限天然气的配售,而联邦法规涵盖了天然气的输送,管辖范围更宽。美国联邦与州层面上的能源管理权限的划分一方面有利于充分发挥各地方在能源管理方面的积极性,但同时也容易导致联邦与州政策目标的不一致,影响政策效果。比如,联邦能源监管委员会对州层面范围内的

发电、配电与零售业务不具有监管权限，无法统一规划电力产业重组与电力市场建设。对于中国而言，应该坚持中央统一管理的基础上，寻求中央与地方的协调机制，充分发挥地方的积极性。

五、由于能源问题涉及经济社会的方方面面，能源管理和能源政策涉及多个部门的"多头治理"，要求建立各部门之间的协调机制以确保能源政策的统一性

在美国，除了能源部与联邦能源监管委员会外，州公用事业委员会（PUCs）负责州一级的能源监管；交通部（DOT）负责制定交通工具的燃料经济标准（Corporate Average Fuel Economy），并涉及空中交通的能源效率问题；内政部（DOI）负责管理石油天然气的税费，以及发展油页岩等新资源的环境影响评估；环保署（EPA）作为独立的管理机构负责环境管制，涉及与环境保护相关的能源政策；科技政策办公室（OSTP）负责评估科技发展对国内外事务的影响，并负责协调各部门实施科技政策。

由于能源活动涉及国民经济的许多方面，即使实行"大部制"，能源管理也必然涉及不同的政府部门。比如，美国能源部在节能标准制定上涉及与交通部的协调，在能源科技政策制定上涉及与国防部、农业部和国家科学基金等部门的协调，在能源与环境政策的制定上涉及与环保署的协调。这就要求能源管理部门与其他政府部门在政策制定方面保持高效的稳定的协调。"多头治理"、"多龙治水"本身是能源活动和能源管理的性质所决定的。关键在于明确能源管理部门和相关部门的权限，建立部门间的协调机制。国际能源署在其关于美国的能源政策报告（2007年）中指出，美国能源管理的一个基本问题就在于联邦政府有关能源、环境与安全的政策相互间缺乏明确的联系。各项政策措施往往只强调其中的某一方面，缺乏一致性。这就造成美国的能源政策在总体上不能很好地把握经济发展、能源供给安全、环境保护之间的平衡。另外，美国的国会与政府之间、联邦政府与州政府之间也存在政策协调的问题。这些问题表明，在能源管理体制中，中央与地方之间以及涉及能源管理的各部门之间的权责划分与协调机制同样重要。

第三章　英国能源管理体制

英国的能源工业经历了"二战"后的国有化与20世纪70年代以来的市场化两个显著的体制转型阶段。体制转型过程必然伴随着能源管理方式的改革和政府管理机构的变迁。与能源市场化相适应，英国政府已经逐步建立起与市场经济相适应的能源管理体制。当前中国能源体制正处于市场化转型时期，如何转变政府职能、调整机构设置，英国能源管理体制在变迁过程特别是在市场化转型时期采取的能源管理体制改革为我们提供了具有参考意义的经验。

第一节　英国能源发展概况与管理目标侧重点

一、英国能源发展概况

（一）能源消费

作为老牌工业化国家，英国的能源消费总量自1965年以来变动不大，基本上在1.9亿—2.3亿吨标准油的区间内波动（见图3-1）。1965—1973年第一次石油危机爆发以前，英国的能源消费总量从1.98亿吨标准油上升到2.26亿吨标准油；第一次石油危机爆发以后，英国的能源消费总量下降到1975年的2亿吨标准油，随后上升到1979年的2.21亿吨标准油；第二次石油危机爆发后，英国的能源消费再次下降到1984年的1.935亿吨标准油；1984年以后，英国的能源消费总量逐年增加并趋于稳定。2005年达到峰值2.28亿吨标准油。2010年英国的能源消费总量为2.1亿吨标准油,占世界能源消费总量的1.74%，仅为中国能源消费总量的8.6%。

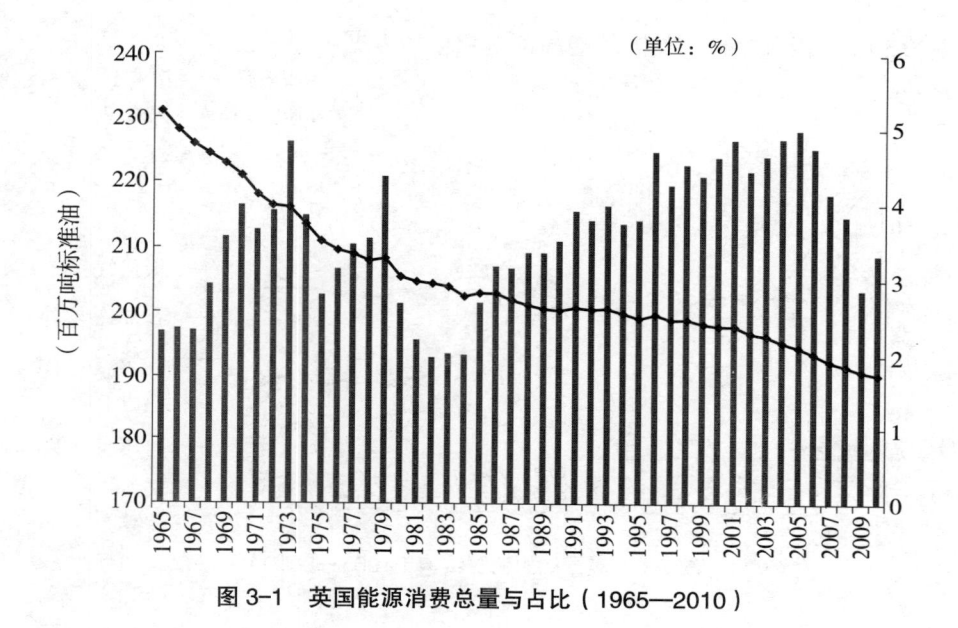

图 3-1 英国能源消费总量与占比（1965—2010）

分品种看，2010年英国石油消费量为7367万吨，占全世界石油消费总量的1.8%，相当于中国的17%；天然气消费量为938亿立方米，相当于8448万吨标准油，占世界天然气消费总量的3%，是中国天然气消费总量的86%；煤炭消费3116万吨标准油，占世界煤炭消费总量的0.9%，是中国的1.8%；非化石能源消费量为1406万吨标准油，仅为中国的5.4%。

从能源消费结构来看，英国存在两个特点不同的时期（见图3-2）。第一个时期是1965—1992年，能源消费比重大小依次为石油、煤炭、天然气、核电、水电和可再生能源。其中，石油消费从1973年开始由上升转为下降；煤炭消费一直处于下降趋势；天然气和水电消费则一直上升，尤其是天然气的消费上升较快。第二个时期是1997—2010年。天然气消费继1992年超过煤炭消费之后，1997年又超过了石油消费。因此，这一时期英国的能源消费比重大小依次为天然气、石油、煤炭、核能、可再生能源、水电。其中，核能消费自1998年以来缓慢下降，2008年就已经被可再生能源消费超过。2010年，上述6种能源的消费比重依次为35.24%、44.88%、14.90%、10.41%、6.73%

和 0.39%。化石燃料在英国的能源消费中仍然占据主导地位。

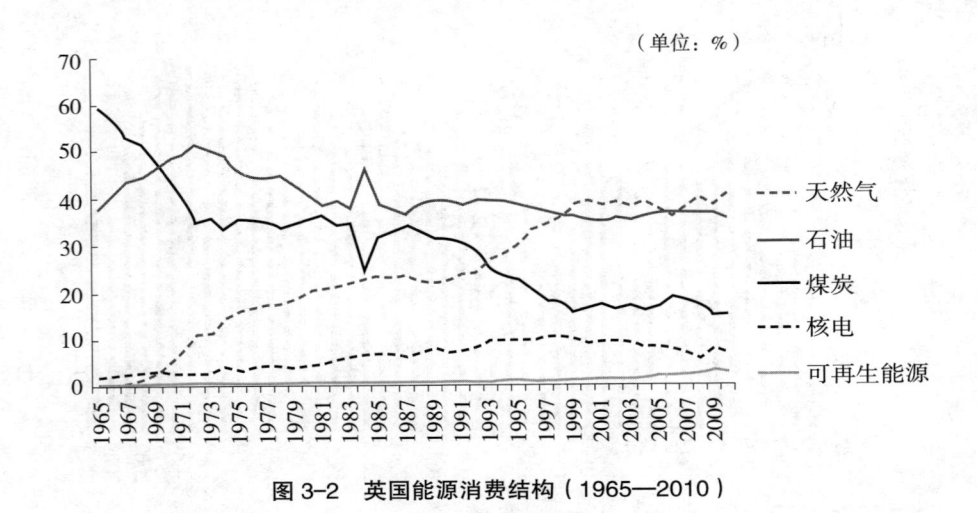

图 3-2　英国能源消费结构（1965—2010）

（二）能源供应

总体来讲，英国的能源资源相对比较贫乏，虽然北海油田拥有相对丰富的油气资源，但是英国的煤炭资源十分短缺，英国无褐煤储量。2010 年英国无烟煤储量为 2.28 亿吨，位居世界第 36 位，占世界煤炭总储量的比重不到 0.03%；原油储量 4 亿吨，位居世界第 45 位，占世界石油总储量的 0.2%，是中国石油储量的 20%；天然气储量 0.3 万亿立方米，位居世界第 58 位，占世界天然气总储量的 0.1%，是中国天然气储量的 10.7%。

煤炭供应方面（见图 3-3），1984 年以来英国的煤炭产量一直小于消费量，是煤炭的净进口国。2010 年英国国内煤炭产量 1100 万吨标准油（1816 吨），生产与消费的缺口超过 2000 万吨标准油，主要从南非、澳大利亚和俄罗斯进口。

石油方面，由于北海油田的发现与开采，英国的石油产量从 1975 年的 160 万吨迅速升至 1986 年的 1.27 亿吨，之后曾经回落到 1991 年的 0.91 亿吨，然后又回升到 1999 年的 1.37 亿吨。英国从 20 世纪 80 年代开始成为石油净出口国。但是随着北海油田逐步枯竭，21 世纪以来英国的石油出口量逐年下降，从 2006 年开始其国内石油产量已经低于消费总量（见图 3-4）。2010 年的石油产量仅为 0.63 亿吨标准油。生产与消费的缺口超过了 1000 万吨。

图 3-3　英国煤炭生产与消费量（百万吨标准油）

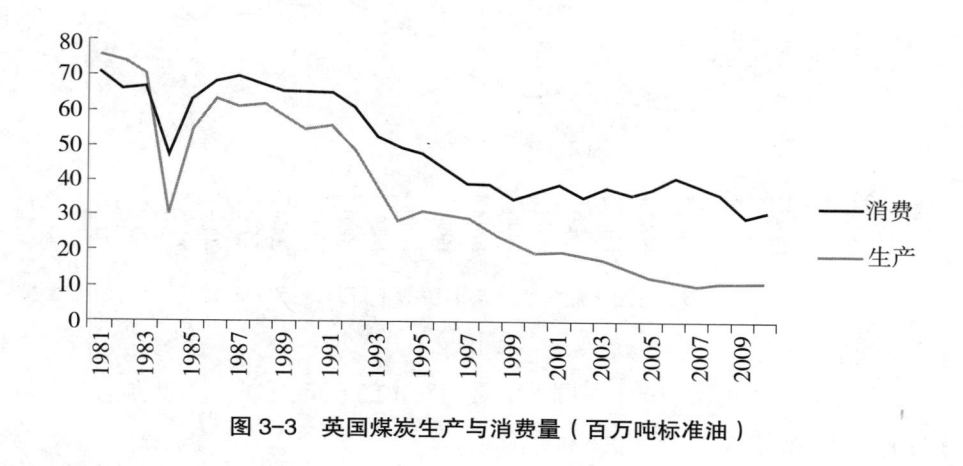

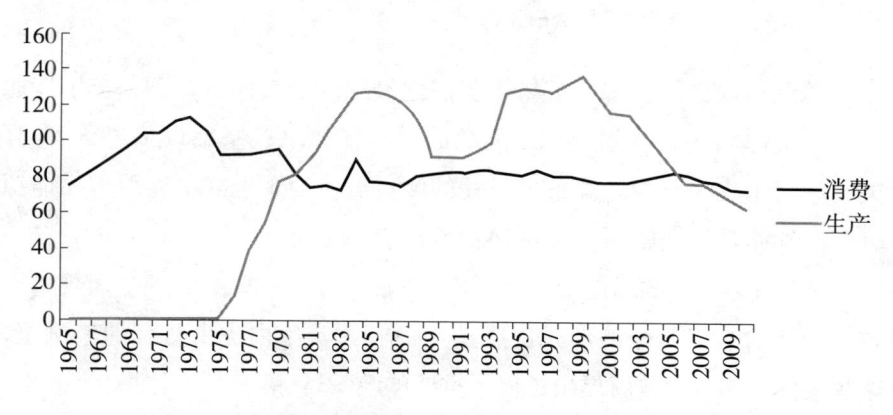

图 3-4　英国石油生产与消费量（百万吨）

天然气方面（见图 3-5），1995 年之前，英国是天然气的净进口国；1995—2003 年近 10 年间，英国的天然气产量大于消费量，成为天然气的净出口国；2004 年以来天然气产量逐年下降并小于消费量，又转为净进口国。2010 年英国天然气产量 571 亿立方米，生产与消费的缺口为 367 亿立方米（超过 3000 万吨标准油）。

图3-5 英国天然气生产与消费量（百万吨标准油）

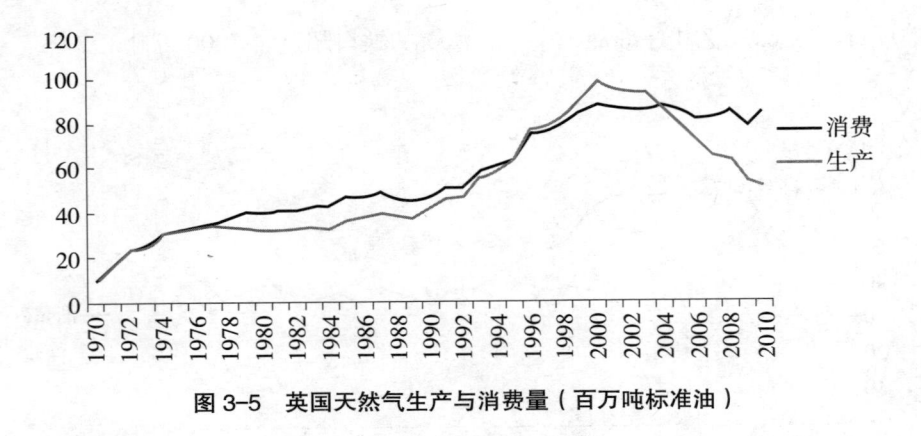

二次能源方面，2010年英国发电量为3812.5亿千瓦时，占世界总发电量的1.8%。

二、英国能源管理目标侧重点

随着北海油田的枯竭，近年来英国已经成为油气净进口国，英国能源工业面临着资源枯竭、气候变化、能源的进口依赖以及基础设施老化等问题，解决这些问题成为英国能源管理目标的侧重点。为了低成本获取可靠能源并解决温室气体排放问题，2003年英国政府在贸工部（Department of Trade and Industry，DTI）发布的《能源白皮书》（Energy White Paper）中全面规划了能源政策，随后又以法令的形式出版了一份有关实施白皮书目标的年度报告。在这些文件中，英国政府提出了以下重要的政策目标：

（一）应对气候变化的威胁

英国政府提出，在制定新的能源政策时必须评估其对气候的影响。政府将不推行令气候变暖或恶化的能源政策。英国的目标是在2050年前大约减少二氧化碳排放量80%，并争取在2020年前取得实质进展。2005年，英国首相宣布了一份中长期目标报告。报告评估了供需两方面的可行办法、现有和新的低碳技术、提高能源效率的措施前景、核能发电的地位等。2006年1月23日，英国政府又出台了一份包含更多细节的咨询报告：《能源对我们的挑战：保证长期的清洁可负担能源》(Our Energy Challenge: Securing clean, affordable energy for the long term),对当前的趋势和问题做出评估。《气候变化项目报告》(Climate Change Programme Review)和《可再生资源责任报告》(Renewables Obligation Review)则提供了有关政策及进展情况。

（二）解决油、气和煤炭产量减少的影响

可靠的能源供给对经济的可持续发展是极为重要的一环。无论是短期或长期内，都应保证一个可靠的能源安全水平。随着北海油田和国内煤矿产量的减少，英国正在从能源净出口国转变为能源净进口国。为此，英国提出通过发展周边地区的竞争性市场来保证稳定的能源供给。值得指出的是，在核能方面，白皮书没有提出鼓励或抑制核电站建设的具体措施。英国认为在目前的经济结构下，新的无碳发电技术仍不具有吸引力和竞争力，并且存在着核废料的处理问题。但是不排除新建核电站作为实现英国温室气体排放目标的一种可能手段。

（三）应对能源基础设施老化的问题

在未来20年，英国需要大量更换能源基础设施。在这个方面，市场供给方面已经有所回应。许多新的基础设施正在建设。如液化天然气再气化终端设备、海底天然气管道、能源网络、UKCS油气生产与发电厂等投资项目正在规划当中。

（四）应对燃料贫困(fuel poverty)

燃料贫困的定义是一个家庭的供暖支出占其家庭总支出的10%以上。出于对能源政策影响贫困人群的考虑，白皮书提出的一个主要政策目标是保证低收入家庭都能获得足够的廉价的暖气供给。

第二节 英国能源产业组织结构

英国的能源产业经历了国有化与私有化两个发展阶段。虽然在经历了20世纪70年代石油危机的冲击以后，其他西方国家纷纷加强了能源管理，但是英国在70年代后期发现北海的大量油气资源，使其能源状况得以改善。从80

年代开始，英国对其能源产业进行了私有化改革。1985年将国家煤炭局改为英国煤炭公司。1986年将天然气公司私有化并部分解除天然气供应方面的管制。英国也是世界上最早进行电力市场化改革的国家之一，供求双方通过电力库（Pool）竞价买卖，1998年以后又实现了买卖双方的面对面交易。

虽然经过了私有化和市场开放，英国能源市场的集中度仍然较高。石油方面，BP、Tesco、Esso和Shell等企业占据了一半以上的市场份额。天然气方面，英国天然气公司（BGT）也占有53%的市场份额。电力方面也出现了纵向一体化（供电公司并购发电企业）与横向一体化（供电公司相互兼并）的趋势。

一、煤炭

作为工业革命的发源地，煤炭在英国的历史上占据着非常重要的地位。1946年英国通过了《煤炭产业国有化法案》（Coal Industry Nationalization Act），1947年将1000个左右的私有煤矿以公债赎买的方式收归国有，由新设立的国家煤炭委员会（Coal National Board）统一管理。国有化以后，英国通过改建与新建矿井，使煤炭工业逐步走出困境，产量与出口量均有所增加。

但是，随着20世纪70年代后期英国在北海发现了大量的石油和天然气，煤炭逐渐失去了市场竞争力。同时，国有煤炭企业在多年的运营中也累积了大量的成本，特别是高昂的劳动力成本，造成英国煤炭局出现大额亏损，给国家财政补贴带来了巨大的压力。为了摆脱煤炭工业的困局，英国从20世纪80年代开始进行私有化改革。1985年将国家煤炭局改为英国煤炭公司（British Coal Company），并开始关闭亏损矿井。1994年通过《煤炭工业法案》（Coal Industry Act），把英国煤炭公司所属的煤矿出售给私人。UK Coal通过大量收购英国煤炭公司的资产，规模增长了5倍，成为英国最大的煤炭企业，所占市场份额为13.8%。另外，英国又成立了煤炭管理局（Coal Authority），代表国家对煤炭资源行使所有权和监管权，负责向企业发放开采许可证和资源勘探证。

经过私有化以后，英国的煤炭资源由政府出租给私人企业开采。政府还关闭了部分亏损的矿井，煤炭产量也因此逐年减少。2005年，英国本土共有8个大型的深煤矿、4个规模较小的深煤矿和34个露天煤矿。所有的煤矿和公司全部转为私有,但是未被发现的煤矿所有权仍旧是国家的。各个煤炭公司都需要取得政府颁发的许可证和执照。2005年,英国的煤炭产量约2000万吨,其中8个深矿井和4个小矿井的产量为960万吨;34个露天矿的产量为1040万吨。

二、石油

英国本土的石油主要来自北海油田。由于北海气候条件恶劣,油田开发投入较大,因此英国政府一直鼓励本土油田的开发。目前,英国拥有全世界最先进的原油生产设施。为了加大原油开采和吸引投资,除了原油开采的普通执照外,英国政府还发放了两种特别执照:一是鼓励性执照(promote):该执照前两年的费用仅为普通执照的十分之一,发放对象主要是小型投资者;二是边区执照(frontier):该执照主要是为了鼓励对开发程度较低的英国西部地区进行勘探。2005年,英国政府共发放了152个执照,其中包括70个普通执照、76个鼓励性执照和6个边区执照,从而加强了竞争。运输方面,英国离岸油气运输管道329条,总长度12315公里。

英国的年炼油能力在9000万吨以上,超过本土对成品油的需求。英国每年出口500吨以上的汽油,同时进口柴油与航空煤油。英国石油零售市场的集中度较高。2006年,前4家企业占有汽柴油销售市场51.9%的份额,前8家占有84.5%的份额。排名第一的BP所占份额为16.1%,第二名Tesco的份额为12.8%,Esso和Shell各占11.5%。

三、天然气

1986年以前,国有的英国天然气公司(BG)垄断了天然气的运输和供应市场。1986年《天然气法案》(Gas Act)开始生效,政府将天然气公司私有化并部分解除天然气供应方面的管制。英国的天然气行业就此从纵向一体化转变为非一体化。

英国天然气输送管网由6800英里长的管道、25个压气站和7个沿海终端组成,由国家管网公司(National Grid)垄断经营,同时接受天然气电力市场办公室(Ofgem)的监管。此外还有8个地方配气网络,由4家配气公司经营,负责天然气的配送。

零售市场方面，消费者有权选择自己的供气商。所有的供应商与消费者都可以平等地使用天然气输配管网。根据天然气电力市场办公室2005年12月发布的报告数据，英国天然气零售市场共有6家供气公司，其中最大的英国天然气公司（BGT）占有53%的市场份额。

四、电力

英国是世界上最早实行电力市场化改革的国家之一。1990年以前，英国的中央电力局（Central Electric Generation Bureau）负责统管英格兰和威尔士的发、输、配电，下属12个地区供电局。电力委员会（Electricity Council）负责协调、制定电力政策和法规、处理相关事务。1990年以后，中央电力局被分解成3个部分：（1）发电部分，建立了3个独立经营、独立核算、自负盈亏的发电公司，即国家电力公司（NP）、国家发电公司（PG）和国家核电公司（NE），另外还有一些独立的私人发电企业（IP）。国家电力公司和国家发电公司均为私营股份制公司，国有资产半数以上都经政府发行电力股票出售。国家核电公司由于成本较高，不具备竞争力，仍归国家所有。这三家发电公司占据了很大的市场份额。其中，NP拥有约占总装机容量一半的火力发电厂，PG拥有约占总装机容量30%的火力发电厂，NE拥有约占总装机容量20%的核电站。（2）输电部分，建立了独立运营的国家电网公司（NGC），依靠价格机制来协调供电平衡。（3）配电部分，组建了12个地区性的、私人所有、独立经营的电力（配电）公司（Regional Electric Company，简称REC），负责将电力配售给终端用户。部分地区电力公司拥有自己的发电厂，具备一定的发电能力。有的地区也存在一些独立的私营供电公司，从事售电业务。同时，英国建立了电力库（Pool）与之配套，通过电力交易所提前一天确定当日的电力现货市场价格。具体方式为：电力输出超过50MW的电厂通过电力交易所进行竞价。供电公司、批发商、零售商以及用户（除直供用户外）也必须通过电力交易所购买。由此，供求双方在电力交易所形成市场竞争价格。1998年以后，英国的电力改革进一步深入，实现了买卖双方的面对面交易。2001年以后，英国电力市场的集中度逐渐上升，体现出两种趋势：一是纵向一体化，即供电公司并购发电企业，实现发电和售电的自我平衡；二是横向一体化，即供电公司相互兼并，每个供电公司的用户平均规模由300万户提高到500万户，以实现规模效益。

第三节 英国能源管理机构设置与职能分配

英国能源管理部门几经调整。1942年成立燃料动力部，1974年成立能源部，负责统筹能源政策并干预市场。伴随着能源市场化浪潮，有关能源政策和监管等职能被分解到不同部门。1992年能源部撤销，燃气供应办公室（Office of Gas Supply）和电力监管办公室（Office of Electricity Regulation）接管了市场监管工作，能源部下属的能源效率办公厅（Energy Efficiency Office）被划归环境部（Department of the Environment），主要的能源政策工作被划归贸工部（Department of Trade and Industries，DTI）。随后，英国的能源管理机构经历过数次小规模的调整，但是并没有改变其分散的格局。2008年，在布朗首相的推动下，成立了能源与气候变化部（Department of Energy and Climate Change，DECC），作为统筹能源与气候变化政策的政府机构，结束了能源管理职能分散的局面。当前，英国能源管理模式为"政、资合一，监管独立"。能源与气候变化部负责能源政策及资源管理职能，燃气与电力市场委员会下设燃气与电力市场办公室，负责监管职能（见图3-6）。

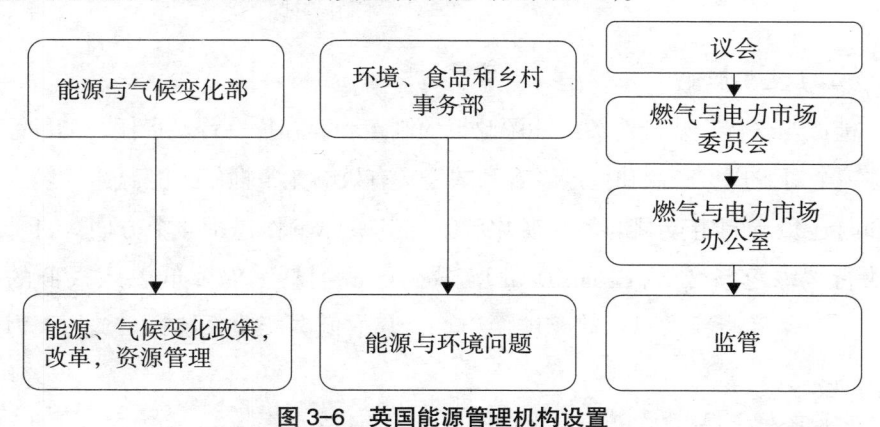

图 3-6 英国能源管理机构设置

一、能源与气候变化部

（一）历史沿革

英国于1942年成立燃料动力部，1969年并入技术部，1970年并入贸工部。1974年组建能源部。随着能源市场化推进，1992年撤销能源部，能源管理职能重新并入贸工部，内设能源部长。2007年贸工部更名为商业、企业与监管改革部（Department for Business, Enterprise and Regulatory Reform，BERR）[①]。2008年10月3日成立能源与气候变化部（Department of Energy and Climate Change，DECC），接管了过去属于商业、企业与监管改革部的能源政策制定职能，以及过去属于环境、食物与乡村事务部（Department for Environment, Food and Rural Affairs，Defra）的气候变化政策制定职能（见图3-7）。

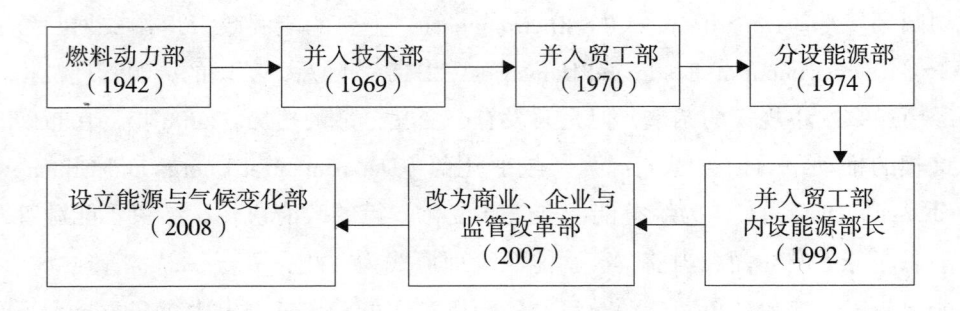

图3-7 英国能源主管部门变迁过程

（二）主要职能

能源与气候变化部对英国能源政策的制定和实施负有首要责任，其目标是制定一个对用户、产业和生产者有利的公平有效的竞争框架，能源与气候变化部同时还负责制定英国的气候变化政策。其具体工作包括4个方面：（1）通过执行"绿色新政"（Green Deal），减少能源消耗，保障低收入人群的福利；（2）保障能源供给，改革能源市场，建立低碳能源系统；（3）加大力度

[①] 前身是贸工部，现已撤销并改组为商业、创新与技术部。

应对本土和国际的气候变化问题;(4)持续有效地管理各种能源,并为公众提供安全的能源。

(三)机构设置

英国能源与气候变化部的主要职能包括制定并实施能源与气候变化政策、能源市场改革以及能源资源管理等。设 1 名部长和 2 名副部长。部长为内阁成员,负责掌管部门事务。每年召开 6 次部门委员会(Departmental Board),其中两次为战略会议。委员会的组成包括来自内阁的官员、能源与气候变化部部长和副部长、3 名非执行主管。委员会致力于提高各部门的效能、为部门的发展方向提供战略蓝图、有效地调动资源、评估各部门的表现以及进行各种风险评估。能源与气候变化部的机构设置与职能如表 3-1 所示。

表 3-1 英国能源部机构设置与职能

能源与气候变化部部长(Secretary of State for Energy and Climate Change):内阁成员,领导并监督能源部的工作。	国际气候变化与能源效率副部长(International Climate Change and Energy Efficiency)	国家能源效率办公室(Office of National Energy Efficiency):制定能源效率政策,发展公共关系,进行关于能效的经济分析。
		国际气候变化办公室(International Climate Change):负责国际气候变化战略、政策和融资事宜,同时主管谈判工作。
		绿色新政办公室(Green Deal):负责推行绿色新政,其中包括分析消费市场的需求、建立奖励机制、立法、融资、项目支撑等工作。
		供暖与工业办公室(Heat & Industry):制定供暖行业政策和保障暖气供给,发展循环供暖系统,并负责国家和欧盟二氧化碳市场事宜。
		燃料贫困和智能表办公室(Fuel Poverty & Smart Meters):负责关于燃料贫困和智能表的政策工作。

续表

	能源市场和结构副部长（Energy Markets & Infrastructure）	能源市场与网络办公室（Energy Markets & Networks）：掌管能源市场设计总方向，和未来网络的发展和管理机制的设计。另外，也负责保障能源供给、电力市场改革、平衡能源系统与零售市场、进行能源经济分析等。
		国际、欧盟与能源安全办公室（International, EU & Energy Security）：负责研究欧洲能源政策、国际能源政策与安全等事务。
		能源发展办公室（Energy Development）：负责油气执照发放、勘探与开发，近海环境与核退役治理，发展规划与调整，煤炭历史问题，碳捕获准备。
		商业办公室（Commercial）：组织商业小组和负责电力市场改革的过渡工作。
		碳补给与存储办公室（Office of Carbon Capture and Storage）：制定碳补给与存储策略并予以执行。
		可再生能源部署办公室（Office of Renewable Energy Deployment）：制定本土与离岸可再生能源的战略和执行相关政策，并评估相关的 feed-in 价格表。
		核能发展办公室（Office of Nuclear Development）：制定新核能政策、混合氧化钡政策，并负责与法国核能公司 GDF 和国际其他核能机构的沟通工作。
	首席科学顾问（Chief Scientific Advisor）	科学与创新办公室（Science & Innovation）：掌管科研与工程项目。
	战略办公室（Strategy）：拥有三个项目小组处理综合问题，一个小组负责 2050 能源目标，一个小组处理碳预算问题。	
	沟通办公室（Communication）：处理新闻和与企业的沟通工作。	
	首席经济学家办公室（Chief Economist）：提供策略分析、统计数据和监管机构的改善意见。	

续表

	首席营运官（Chief Operating Officer）	绩效与规划办公室（Performance and Planning）：负责规划、协调、监管机构内各部门。
		预算与信息服务办公室（Finance and Information Services）：主管预算、会计、竞标、提供咨询服务等工作。
		人力资源办公室（Human Resources）：主管人事调配的工作。
		法律办公室（Legal）：下辖6个法律小组处理各种问题。
		核能停运与安全办公室（Nuclear Decommissioning and Security）：负责核能安全、紧急事故处理、核能非扩散等事务。
		核能停运署治理办公室（Shex NDA Governance）：与核能停运署沟通并对其进行监管和筹备预算。

二、燃气与电力市场办公室

（一）历史沿革

能源监管是能源市场化的必然要求和重要内容，英国能源监管机构是能源市场化改革的产物。1986年，撒切尔政府通过了《燃气法》（Gas Act 1986），将当时的英国天然气公司私有化。同时，法案部分解除了天然气供应方面的管制，并成立了燃气供应办公室（Office of Gas Supply）监管天然气市场。在同样的背景下，1989年通过《电力法》（Electricity Act 1989），并电力监管办公室（Office of Electricity Regulation）成立，负责监管电力市场。2000年，《公用事业法》（Utilities Act 2000）将燃气供应办公室和电力监管办公室合并，组建天然气与电力市场委员会（Gas and Electricity Markets Authority, GEMA）。天然气与电力市场委员会下设天然气与电力市场办公室（Office of Gas and Electricity Markets, Ofgem），负责具体的监管工作。

（二）主要职能

燃气与电力市场委员会(GEMA)是英国电力和天然气市场的监管决策者，负责制定监管的战略、政策，并管理天然气与电力市场办公室。其监管的职权范围先后由 1986 年的《天然气法》、1989 年的《电力法》、1998 年的《竞争法》、2000 年的《公用事业法》、2002 年的《企业法》、2004 年的《能源法》、2008 年的《能源法》等法案规定。其核心目标是保护消费者利益、保障能源有效供应和可持续发展。主要职能有两个：第一，促进适当的有效竞争；第二，负责监管电力和天然气市场，特别是经营天然气管道和输电网络的自然垄断企业。

在实施其职能时，燃气与电力市场委员会需要：（1）促进燃气和电力供应企业的效率，以经济地满足用户的消费需求；（2）在消费侧促进燃气和电力的高效合理利用；（3）保证企业获得合理的投资回报，以促进长期投资；（4）保障公众安全；（5）考虑普遍服务问题，特别是贫困群体和偏远地区的能源需求；（6）考虑环境影响，保障经济社会可持续发展的需求。

燃气与电力市场委员会的具体监管工作由燃气与电力市场办公室(Ofgem)负责，办公室在委员会的领导下开展工作，通过发展并监督燃气与电力市场、制定规章制度等方式保护消费者利益。

（三）机构设置

1. 燃气与电力市场委员会（GEMA）

英国燃气与电力市场委员会的成员包括执行（executive）成员、（non-executive）非执行成员和一位非执行主席（non-executive chair）。非执行成员由企业、社会政策、环境保护、金融、欧洲事务等领域的专家组成。主席由能源部长任命，任期为 5 年。执行成员包括 Ofgem 的首席执行官和 Ofgem 主要部门负责人。此外，燃气与电力市场委员会还有一位法律顾问和一位秘书长。

2. 天然气与电力市场办公室（Ofgem）

天然气与电力市场办公室属于独立于行政序列的非内阁政府部门（Non-ministerial government department），对立法机关（legislature）负责。办公室的组成包括公关事业部门、综合职能部门、输电监管部门、配送监管部门、市场监管部门、可持续发展部门、E-服务部门等，各部门的主要职能如表 3-2 所示，各部门的组成关系如图 3-8 所示。其中，监管机构促进可持续发展的职能是 2004 年新引入的，2008 年的《能源法案》（Energy Act，2008）强化了这一职能；E-服务部门是天然气与电力市场办公室最新一轮机构重组时组建的，其中的"E"代表环境、能源与效率。

表 3-2　英国能源监管机构设置与职能

机　构	职　能
公关事业部门（Corporate Affairs）	负责内、外部公共关系工作，包括与媒体、政府、企业界、投资者、公众等进行沟通
综合职能部门（Corporate Functions）	负责人力资源、财务与风险管理、政府采购与评估、信息管理与技术和项目管理等
输电监管部门（Smarter Grids and Governance: Transmission）	监管 4 家电网公司
配送监管部门（Smarter Grids and Governance: Distribution）	监管 4 家天然气管网公司和 14 家配电公司
市场监管部门（Markets）	促进天然气和电力批发和供应市场的竞争性
可持续发展部门（Sustainable Development）	促进低碳发展、保障普遍服务、推动能源节约、保障供应安全可靠、保护环境
E-服务部门（Ofgem E-Serve）	负责 Ofgem 的资助与传播职能，集中于环境项目和可持续发展项目，比如离岸电力传输和智能电网

天然气与电力市场办公室的经费来源于能源企业的年度执照费。2010 年度的预算为 5000 万英镑，在 2010—2015 年的 5 年经费预算中，要求监管机构的支出经费增长幅度比零售价格指数（PPI）低 3 个百分点。监管机构通过对大众公开日常议程等行为来保持透明度。

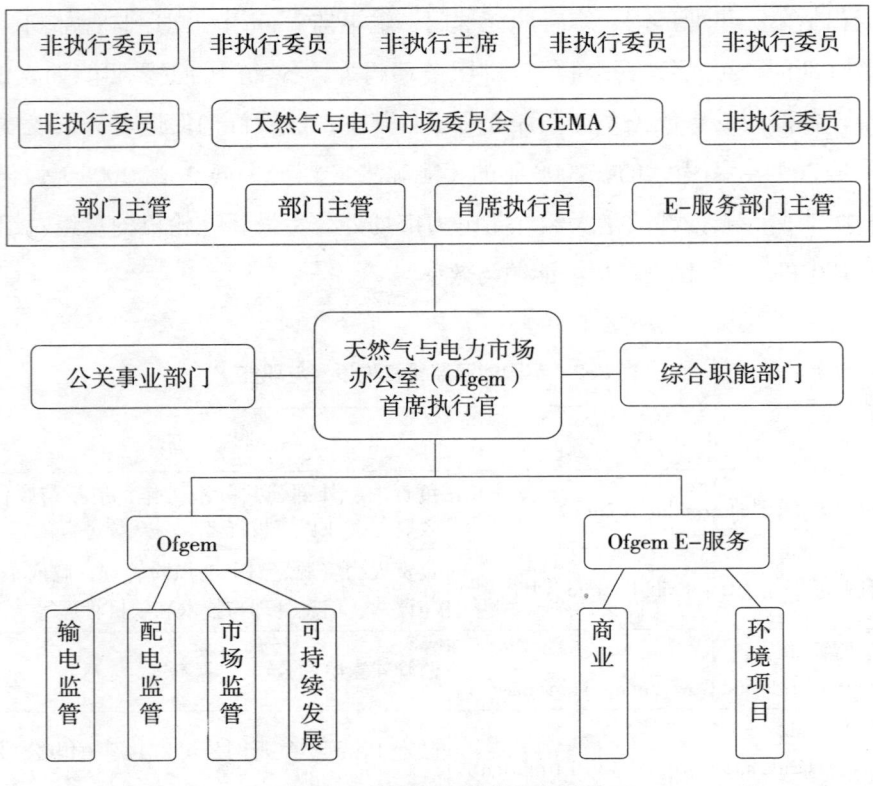

图 3-8　英国能源监管机构设置

三、其他相关机构

- 社区与地方政府部（Department for Communities and Local Government）。社区与地方政府部是英国副首相办公室（Office of Deputy Prime Minister）的下属机构，负责提高社区的凝聚力以及建房、城市改造与规划等工作。其下属的能源部门负责制定有关的规章与标准以及能源基础设施建设的计划。

- 交通运输部（Department of Transport）。交通运输部的目标是在保护环境的同时，保证可靠、安全、稳定、有效的交通运输体系的运行与发展。交通运输部的工作对能源的需求管理、推广生物燃料的使用等方面具有重要影响。

- **核能停运署**（Nuclear Decommissioning Authority）。英国核能停运署于2005年4月成立，是一个非内阁级别的公共部门。其核心目标是确保英国20个国有核电站能够安全、可靠地停止运行并清理干净，以保护当代和未来的生存环境。
- **能源供给安全联合工作组**（Joint Energy Security of Supply Working Group）。2001年7月，英国贸工部、天然气与电力市场办公室成立了能源供给安全联合工作组，并得到了来自英国国家电网公司（National Grid）、外交与联邦事务部（Foreign and Commonwealth Office）的支持。能源供给安全联合工作组主要负责评估英国未来的天然气与电力供给的风险，包括至少7年之后的天然气与电力的可获得性，以及市场机制能否带来合适的投资机会。
- **英国节能与节碳信托基金**（The Energy Saving Trust and the Carbon）。英国节能与节碳信托基金是由政府提供资金帮助，以提高节能和减少碳排放为目标的独立机构。节能信托基金主要面向大众，节碳信托基金主要面向商业和产业。节碳信托基金负责发布节能和节碳管理的信息与正建议，并支持小规模低碳技术的开发。节能信托基金负责鼓励提高能源效率与可再生能源同英国社会经济组织的融合，比如鼓励使用清洁能源的交通运输工具，鼓励建筑物与家居提高绝缘和热效率，鼓励太阳能、风能等小规模可再生能源的开发。
- **能量监视机构**（Energy Watch）。能量监视机构是一个独立的监督部门，根据2000年11月的《公用事业法案》（Utility Act）成立，旨在保护和提高天然气与电力的消费者利益。该部门负责提供公共的、公正的建议。如果消费者的利益受到天然气与电力供给者的侵犯，该机构负责保护消费者的利益。其资金来源由天然气与电力供给者的许可证费提供。
- **能源研究合作组织**（Energy Research Partnership）。该组织成立于2006年1月，汇集了受财政鼓励的能源行业主管、政府官员和高级学者，负责为英国的能源研究、开发、论证与实施给予战略性指导，以提高能源研发活动的水平。它与成立于2004年的英国能源研究中心一起运作。

第四节 英国能源管理政策体系

面临日趋严峻的能源资源约束，英国一方面积极倡导低碳经济，积极致力于将应对气候变化问题带入全球政治讨论的中心，以此来规避全球竞争中的资源劣势；另一方面则积极倡导自由市场，以期通过竞争性市场来获取其经济社会发展所需要的可靠的能源供应。围绕这两大战略重点，英国的能源政策体系主要包括：

一、应对气候变化

在应对气候变化方面，英国出台的重要法案主要包括：

- 2006年的《气候变化与可持续能源法》（Climate Change and Sustainable Energy Act）：要求当时的环境、食物与乡村事务部（其相应职能后来划归能源与气候变化部）定时向国会报告英国的温室气体排放量以及政府采取的应对措施。
- 2008年的《气候变化法》（Climate Change Act）：进一步改善碳管理，帮助英国平稳过渡到低碳经济，增加英国在国际气候变化问题上的领导能力，并成立独立的气候变化委员会（Committee on Climate Change）。
- 2008年的《能源法》（Energy Act）：建立了碳补给与存储项目的监管机制，鼓励私人投资。

二、积极发展可再生能源

在鼓励可再生能源的发展和使用方面，重要的法律包括：

- 2004年的《能源法》（Energy Act）：提出了发展离岸风能和潮汐发电的政策框架。
- 2008年《能源法》（Energy Act）：进一步推进可再生能源的战略部署。

引入反馈式（feed-in）价格表以支持小规模可再生能源与低碳能源技术的发展。

三、提高能源效率

英国提高能源效率的重要法律包括：
- 2004年的《能源法》（Energy Act）：提高建筑物和产品的能效标准。
- 2007年的《能源效率执行计划》（Energy Efficiency Action Plan）。在一个文件框架下统一了英国所有现行和计划中的能源效率政策和讨论。报告认为，提升能源效率是降低温室气体排放的最有效政策。
- 2008年的《能源法》（Energy Act）：加大对循环供暖系统的补贴力度。

四、反垄断与监管

在促进市场竞争和管制方面的重要法律包括：
- 1986年的《天然气法》（Gas Act）：将天然气公司私有化并部分解除天然气供应方面的管制。
- 1989年《电力法》（Electricity Act）：在电力方面进行私有化和市场化改革。
- 1998年《竞争法》（Competition Act）：将英国的竞争政策和欧盟的政策统一起来。详细描述如何识别和应对滥用市场权力的商业行为。
- 2000年《公用事业法》（Utilities Act）：是《天然气法》和《电力法》的修订，主要针对英国的天然气与电力市场。法案规定，一体化的电力公司必须为生产和配售等不同业务提供不同的许可证。
- 2002年《企业法》（Enterprise Act）：修订了英国关于并购的竞争法例；修订了关于破产的法例。

第五节　英国能源管理体制特征与启示

英国在能源管理的很多方面都走在世界前列。它是第一个通过市场化、自由化改革放开天然气与电力市场的国家，并被当作典范被许多国家效仿。英国的能源监管机构（天然气与电力市场办公室）作为独立的监管机构，成为竞争市场不可或缺的组成部分。英国是第一个宣布长期碳排放目标的国家，承诺到 2050 年为止减少碳排放量 80%，并积极致力于将气候变化问题带入全球政治讨论的中心。英国还为可再生能源制定了责任认证办法，用以引导能源部门和家庭部门提高能源效率。从整体来看，这些政策是积极的，能够为中国的能源管理与能源政策提供重要的启示和借鉴。

一、重塑市场理念，尽可能依靠市场机制实现政策目标

在经历了战后福利国家和国有经济发展阶段以后，英国通过私有化与市场化改革，重新树立了市场理念，使竞争与效率再次成为主导英国经济发展的基本原则。依靠市场机制成为英国能源政策的基石。为此，英国一方面尽可能地促进有效的市场竞争，在天然气、电力等领域的自由化改革都走在了世界前列；另一方面，在天然气管道和电网等自然垄断环节则通过成立独立的监管机构——天然气电力市场办公室（Ofgem）——以加强管制。天然气与电力市场办公室的资金来源由获准经营天然气和电力基础设施的企业提供。2009 年的经费为 5000 万英镑，目前拥有雇员 360 名。对于中国而言，能源管理应该坚持市场化方向，充分发挥市场价格机制配置资源的作用，减少行政手段直接干预能源企业日常经营的做法，同时针对市场失灵问题建立与社会主义市场经济相适应的管理体制，辅之以必要的政府管理以实现能源政策目标。

二、根据能源活动的变化适时调整和改革能源管理体制，加强能源管理

战后，英国对煤炭、石油等战略性资源实行了国有化。20 世纪 70 年代受石油危机冲击，英国为了加强对能源的控制与管理，特别是保障油气的供应，设立了专门的能源部。随着 20 世纪 70 年代后期在北海发现了大量的石油和天然气，煤炭失去了市场竞争力，英国对煤电油气各部门相继进行了私有化

改革,并于1992年撤销了能源部,将其职能并入综合经济管理部门——贸工部。进入21世纪以来,随着北海油田开采量的逐步减少,能源生产与消费缺口加大,能源的安全供给问题日益突出,加上全球气候变暖问题,2008年,在布朗首相的推动下,成立了能源与气候变化部（Department of Energy and Climate Change, DECC）,作为统筹能源与气候变化政策的政府机构,结束了能源管理职能分散的局面。能源与气候变化部对英国能源政策的制定和实施负有首要责任,同时还负责制定英国的气候变化政策。其具体工作包括四个方面: a.通过执行"绿色新政"（Green Deal）,减少能源消耗,保障低收入人群的福利; b.保障能源供给,改革能源市场,建立低碳能源系统; c.加大力度应对本土和国际的气候变化问题; d.持续有效地管理各种能源,并为公众提供安全的能源。

三、与美国一样,英国的能源管理也采取"政监分离"的模式,但监管机构与能源部的关系比美国更为密切

根据2000年的《公用事业法》及2004、2008、2010年的《能源法》等法案,天然气与电力市场监管的职权归属于天然气与电力市场管理局（Gas and Electricity Markets Authority, GEMA）,并由原天然气供应办公室与电力监管办公室合并而成的天然气与电力市场办公室（Ofgem）负责具体的监管事务。天然气与电力市场管理局（GEMA）的预算来源于被监管企业的许可证年费。天然气与电力市场办公室是独立的监管机构,对议会负责,不受能源与气候变化部约束。不过,不同于美国的是,英国的监管机构与能源部的关系更为密切,天然气与电力市场管理局的主席由能源部长任命,任期5年。另外,不同于美国把能源市场改革设计的权利赋予能源监管委员会,英国的能源与气候变化部（前身为商业、企业与监管改革部,贸工部）有专门的部门负责能源市场设计,整个能源市场的组织架构作为能源政策的一部分由能源部负责。

第四章 法国能源管理体制

　　法国的能源资源十分匮乏，化石能源储量和产量非常少，基本依赖进口。另外，法国能源工业也经历了市场化改革过程，但法国能源的市场化程度不如英国彻底，特别是在电力和天然气领域，政府仍然保持着较强的控制力。这与中国当前仍以国有企业为主导的能源产业组织格局类似。在这一点上，法国的能源管理体制对中国具有较大的借鉴意义。

第一节 法国能源发展概况与管理目标侧重点

一、法国能源发展概况

（一）能源消费

　　1965—2010 年间，法国能源消费变动不大，大体可以分为三个时期（见图 4-1）：1965—1973 年，法国能源消费总量从 1.15 亿吨标准油上升至 1.87 亿吨标准油；1973—1983 年保持稳定，1983 年为 1.86 亿吨标准油；1983—2010 年，法国的能源消费又有所上升。2010 年，法国能源消费（2.52 亿吨标准油）占世界的比重下降为 2.1%，同期中国能源消费（24.32 亿吨标准油）占世界的比重则为 20.26%。

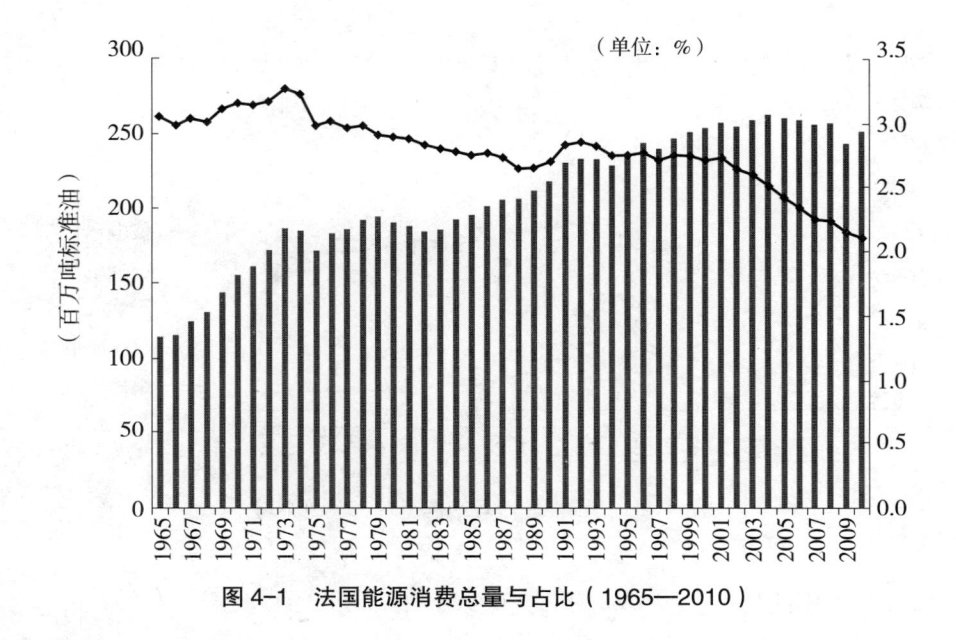

图 4-1　法国能源消费总量与占比（1965—2010）

　　分品种看，2010 年石油、天然气、煤炭、核电、水电和可再生能源在法国的消费数量分别是 0.83 亿吨标准油、0.42 亿吨标准油、0.12 亿吨标准油、0.97 亿吨标准油、0.14 亿吨标准油和 0.03 亿吨标准油，占世界能源消费的比重分别为 0.7%、3.8%、0.1%、0.8%、0.1%、0.3%。

　　从能源消费结构来看（见图 4-2），1965—1973 年间，能源消费按比重大小依次为石油、煤炭、水电、天然气、核电和可再生能源，且石油的比重迅速上升，煤炭的比重下降，天然气比重上升比较缓慢。1973—1983 年间，受石油危机影响，石油消费迅速下降，核电消费迅速上升，按比重大小变为石油、核电、煤炭、天然气、水电。1983—2010 年间，核电的消费比重超过石油，天然气的比重超过煤炭。2010 年法国 6 种能源（石油、天然气、煤炭、核能、水电、其他可再生能源）的消费比重依次为 33.05%、16.71%、4.81%、38.40%、5.68% 和 1.35%。石油与核能在法国的能源消费中占有主导地位。

（单位：%）

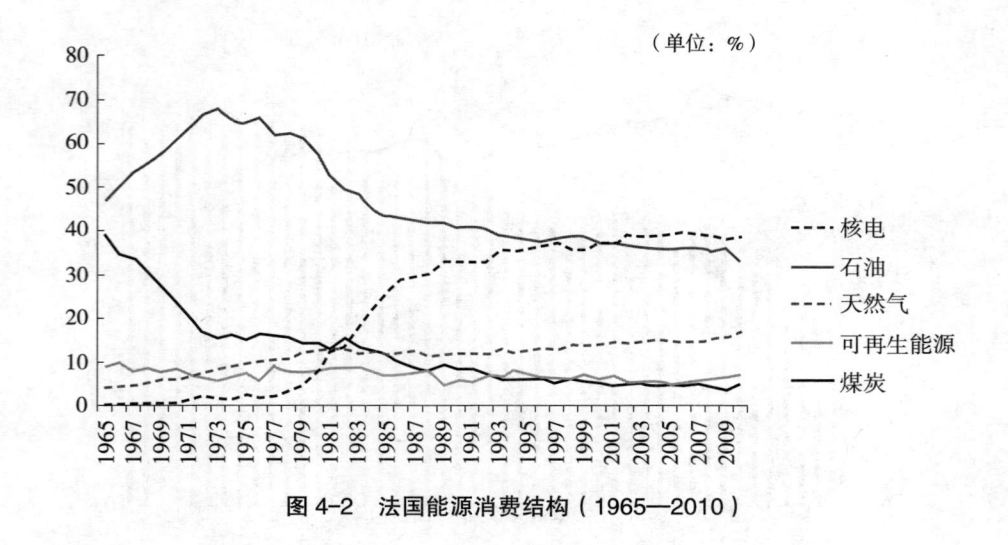

图4-2 法国能源消费结构（1965—2010）

（二）能源供应

法国主要的能源品种储量均不足。煤炭曾是法国能源资源的一大支柱，但经长期开采，可采储量现已不多。石油是法国能源资源中最薄弱的一环，且储量日益减少。20世纪70年代末探明的石油储量为0.06亿吨，仅高于日本，属西欧国家最低之列。法国的水力资源丰富，可开发的水力资源约有1500万千瓦，目前的利用率已高达95%，进一步开发的潜力有限。天然气已探明储量约1400亿立方米，但部分气田的生产开始衰减。法国的铀矿十分丰富，据70年代初的探明储量，法国本土（13.7万吨）加上在非洲取得特许开采权的铀矿共计14.5万吨，居西欧国家之首，占西方世界全部铀储量的70%。[①]

根据IEA的数据，2008年法国的煤炭、石油、天然气产量分别只有17、129和81万吨标准油，对外依存度都在98%以上。法国的一次能源生产以核电为主，占85%。法国一直是石油、煤炭和天然气的净进口国。石油净进口从1973年以来缓慢下降，从1973年的1.43亿吨标准油为2006年的0.84亿吨标准油，石油的对外依存度达90%以上。煤炭方面，由于煤炭的消费和生产同时下降，煤炭净进口在1985—2007年间始终在800万—1300万吨标准

---

① 数据来自黄文杰：《法国的能源问题与政府的能源政策》，《世界经济》1988年第8期。

油之间波动，2008年净进口1400万吨标准油。天然气净进口的上升幅度较大，从1973年的760万吨标准油上升到2008年的3950万吨标准油。法国核能丰富，2008年77%的核能都被用来发电，因此法国是电力的净出口国，净出口量从1973年的20万吨标准油上升为2010年的490万吨标准油。

二、法国能源管理目标侧重点

法国的化石能源几乎全部依靠进口，国内能源生产主要依靠核电。确保能源供应安全和生产安全、通过推动全球低碳发展以规避其资源劣势、通过鼓励市场竞争以合理价格获取可靠的能源供应是法国能源管理目标的侧重点。

（一）能源安全

能源安全是法国能源政策的优先目标。由于自身化石能源储量少、产量少，对石油进口过度依赖，法国政府的目标是通过各种方式加强能源安全，包括提高能源利用效率，增加对可再生能源的支持，进一步多样化天然气供应商，增加天然气和电力市场的联网能力，并建立两个新的欧洲压水式反应堆（EPRs）。能源输送路线的多样化也反映了法国方面日益加强的区域合作。

在石油领域，法国政府提出要保持多元化的进口组合。在电力部门，双边合作和参与欧洲统筹有助于推动法国与西班牙的互联投资。2008—2009年的天然气危机对法国的天然气供应战略产生了影响。法国政府意识到需要提高安全供应标准以及建立辅助设施和应急预案的需要，并在区域一级实行更多的合作。

在天然气和电力部门，作为确保供应安全战略的一部分，法国政府为了改善和扩大基础设施，一直在发展长期投资计划（PPI），为2020年建成新的生产能力（种类和数量）确定了一系列指示目标。

（二）引入市场竞争

法国的天然气和电力市场已经实现了市场开放。2004年11月，法国电力与法国燃气成为股份有限公司，2005年股权对外开放。法国政府拥有法国电力84.4%的股份。法国燃气与苏伊士集团合并以后，法国政府拥有新企业36.5%的股份。天然气和电力的输送被分离，并且引入了新的机制（如划分三个"进入–退出区"）。法国能源监管委员会（CRE）在价格管制等方面的职能得到了加强。

经过拆分以后，法国天然气和电力输配的体系产生了一批新的经济实体。RTE 是法国电力的子公司，负责管理电力传输体系；GRTgaz 是法国电力的子公司，负责管理天然气运输体系；TIGF 是道达尔的子公司，负责管理法国西南部的天然气运输网；ErDF 是法国电力的子公司，负责管理配电体系；GrDF 是法国燃气的子公司，负责管理配气体系。此外，法国对服务对象超过 100 万户的非国有的分销商也依法实行了拆分。

在拆分和开放市场的同时，法国与比利时、荷兰、德国和卢森堡提出了五国间的横向联合（Pentalateral）。法国政府认为，在混合电力燃料方面法国与邻国存在着差异，加之不断加强的区域一体化，使得电力批发市场的价格保持在高位运行，从而不利于消费者。在这种情况下，为了向消费者提供一个稳定的较低的价格，政府采取了价格管制。在天然气方面，2009 年 1 月 1 日法国对东部、北部和西部等地区进行了合并，从而提高了企业进入北方地区的能力，并因此显著提高了市场竞争程度。此外，法国政府与德国政府还提出了有关建立"天然气平台"的倡议，并与比、荷、卢三国合作，旨在建立一个西北欧地区的天然气市场，为迈向统一的欧洲天然气市场过渡。

（三）可持续发展

法国对于能源可持续发展的态度十分积极，提出大幅降低二氧化碳的排放，发展可再生能源，充分发挥核电优势，大力支持能源技术的研发。2007 年《国家能源研究战略》（National Strategy for Energy Research, 2007）为提高能源安全，应对全球气候变化的挑战，确定了一系列研究领域：可再生能源、能源储存、燃料电池、二氧化碳的回收和储存、建筑行业的能源效率、交通运输行业的低碳措施、二次生物能源、新型核能发电设备等。国家能源研究战略促进了能源研究，为能源可持续发展提供了技术支持。

法国是工业化经济体中二氧化碳排放浓度较低的国家之一。自 2005 年以来，温室气体排放量在本已较低的基础上持续下降。2007 年已经减至《京都议定书》的目标以下。2005 年 7 月的《能源法》（The Energy Law）提出，二氧化碳排放量在1990年和2050年之间将削减75%。清洁能源的利用将能够使法国2020年二氧化碳排放比2005年减少1亿多吨。

2008年年末，法国环境部公布了发展可再生能源的一揽子规划，其中包括50余项措施，涉及生物能源、风能、地热能、太阳能以及水力发电等多个领域。根据规划，在风能发电方面，法国计划将总量从2006年810兆瓦提高到2020年25000兆瓦；在光伏发电方面，从2006年的32.7兆瓦提高到2020年3000兆瓦。此外，到2020年法国在建筑中将采用500万个太阳能集热设施，其中民用占80%。这一计划将改变法国一次能源消费结构，到2020年，法国的一次能源消费中将有20%来自可再生能源，25%来自核能，55%来自化石燃料，可再生能源在能源消费总量中的比重将提高到23%以上，相当于每年为法国节省2000多万吨标准油。用可再生能源替代部分化石能源将进一步减少温室气体排放。①

与此同时，法国政府还制定了环保计划（Grenelle de l'Environnement），并为加强清洁能源技术的研发制定了指导方针。环保计划中的优先领域包括减少建筑和运输部门排放量，减少能源生产和消费过程中产生的二氧化碳量等。例如，要求交通运输部门的温室气体排放量到2020年减少到1990年的水平。该计划还引入了对可再生能源采取的支持措施。

法国78%以上的电力供应来自核能发电，这使法国在应对国际石油价格不断上涨方面较为主动。法国现有19座核电站，正在运行的核反应堆有58座，为应对高油价和减少温室气体的排放，加强能源自主化，获得更经济的电力供应，法国政府计划于2012年建成第三代（EPR）核反应堆的首台机组，2015至2020年具备批量建设第三代反应堆的能力，2035年完成第四代反应堆的开发。核电预计将对许多国家减少二氧化碳排放量发挥关键作用，市民对废物管理问题的关注也需要认真对待。法国核电方面的丰富经验和专业知识为政府设置放射性废物管理的健全和可持续的政策提供了一个机会。在这方面，法国政府制定的2006年规划法案（Planning Act, 2006）已经解决了废

---

① 来源：国际新能源网。

物管理问题。该法案规定了废物管理的国家政策，并声称谁生产核废料，谁就负担处置核废料的费用。此法应严格执行，并定期更新。

（四）能源社会公平

法国政府通过政府定价的方式确保能源服务的社会公平。政府对于年收入小于或等于 7440 欧元（每月 620 欧元）的住宅用户，负责提供电力和天然气的社会公平价格。电力公平价格的形式是对每年度前 1200 千瓦时的用电采取 30% 到 50% 的折扣。天然气的社会公平价格采取一次性付清的方式。到 2008 年年底为止，电力和天然气社会公平价格的实际受益人数为 71.5 万和 20 万。

第二节 法国能源产业组织结构

法国能源市场的产业组织结构基本上属于寡头市场，即一家或两家公司占据了大部分市场份额，并且这些公司大都是同时参与上下游市场的纵向一体化企业。这种情况源于法国在 1946 年以后实行的国有化。2000 年以来，虽然法国不少的国有能源企业通过改组、合并、拆分等形式成为有限公司，国有股权比重降低，但能源市场的产业组织结构和竞争状况并没有发生大的变化。

一、煤炭

2004 年之前，法国的两个主要煤矿都在洛林，2003 年产煤 120 万吨标准油，占当年法国煤炭总产量的 92%。另一个较大的煤矿位于 Creutzwald。这三个煤矿的经营者都是法国煤矿（Charbonnages de France，CDF）。法国煤矿是一家国有企业，成立于 1946 年，是将一系列私人煤矿国有化后的产物，在煤炭生产领域居于垄断地位。2004 年，法国煤矿宣布上述 3 个煤矿停产，将煤炭生产交给了英国 SRMMC 公司（ATH 的子公司）和澳大利亚 SEREN 公司（Nivernais energy resources company）。但是这两个公司的产量极少，2008 年只有 10 万吨标准油的煤产量。因此法国绝大部分的煤炭都需要从南非、澳大利亚和美国进口。

法国近一半的煤用于发电，火电厂也基本都由法国煤矿经营。其余的煤炭主要用于钢铁产业。

二、石油

法国的石油生产高度集中，共有 13 家炼油厂。其中道达尔（Total）运营的占 7 家，埃克森美孚（ExxonMobil）和 Petroplus 各有两家。与生产领域不同，法国石油的产品市场具有一定的竞争性。法国石油主要的零售商都是超市，各类超市占有的市场份额为 60%。

三、天然气

法国在欧盟的指导下对天然气市场进行了市场化改革。自从 2005 年法国燃气运输公司（Gaz de France Réseau Transport，GRTgaz）被分离以后，法国的天然气市场实行对所有进入者开放，并根据输送管道的运输能力和不同区域的市场需求，划分了三个"进入-退出区"（entry-exit zones），分别由法国燃气运输公司和法国燃气道达尔基础设施公司（TIGF, Total Infrastructures Gaz France）负责管道运营，即北部 GRTgaz、南部 GRT 和南部 TIGF。在每个区域中，厂商可以完全自由地进入和退出。

法国燃气运输公司（GRTgaz）是法国燃气苏伊士集团（GDF Suez）[①] 的独资子公司之一，之前隶属于法国燃气集团。该公司成立于 2005 年 1 月，是一

---

① 法国燃气苏伊士集团（GDF Suez）是法国的一家跨国公司，由法国苏伊士公司和法国燃气合并而成，GDF Suez 是一家公私合营企业，法国政府拥有其 36.5% 的股份。公司主要负责电力的生产和配送、天然气和可再生能源的生产与输送等，在欧洲的天然气输送网中所占份额最大。在合并之前，苏伊士公司成立于 1822 年，主要负责天然气、电力和水的供给、水资源的管理。法国燃气则是 1946 年由法国政府与法国电力（EDF）共同设立的，负责天然气的生产、运输、配送。特别是在配送这一块，法国燃气一度与法国电力共同负责电力和天然气的配送。但是在法国燃气与苏伊士合并之后，配送部分被分为法国电力输配公司（ErDF）和法国燃气输配公司（GrDF），前者为 EDF 所有，后者为 GDF Suez 所有。

个公众有限公司（public limited company），也是法国最主要的天然气输送运营商，拥有法国 87% 的天然气运输管道（分布在北区和东南区），不仅负责管道的管理、维护和建设，还负责向供应商卖天然气。GRTgaz 受政府的价格管制。第二大运输商法国燃气道达尔基础设施公司拥有 13% 的输送管道（分布在西南区）。这两家天然气运输公司在各自管辖的区域内都是 100% 的自然垄断。

天然气的配送网络由地方公用事业公司所有，但是三分之二以上的配送管道（186000km）由法国燃气输配公司（Gaz Réseau Distribution France，GrDF）在取得特许权的情况下负责运营，其余的 7700km 管道由地方配送公司运营。

法国的天然气储存市场也是一个寡头市场。GDF Suez 旗下的 Storengy 公司占有 80% 的天然气库存（108.9TWH），其余的主要由 TIGF 占有。

由于强大的垂直垄断，法国只有不到 10% 的天然气消费是通过中间商购买的，其余大多是由用户与 GDF Suez 直接签订长期合约。随着市场的开放，新的供应商逐渐进入市场。2009 年 1 月，法国的天然气销售市场上共有 88 名供应商，但是所占市场份额不大，仅占居民消费需求的 4.1% 和非居民部门需求的 18.3%。

四、电力

法国的电力生产是一个寡头垄断市场，由政府绝对控制的（84.8% 的所有权）法国电力（Électricité de France S.A.，EDF）[1] 占有 88.1% 的发电量。其余产量由 7 家公司提供，每家公司所占份额都很小。[2]

法国的高压电输送由法国电力下属的运输资本公司（Réseau de transport de la Capitale，RTC）负责运营。中低电压输送则由同属法国电力的法国电力输配公司（Électricité Réseau Distribution France，ErDF）负责运营。因此，法国的电力输送市场实际上是被法国电力独家垄断。

---

[1] 法国电力成立于 1946 年，当时是国有企业。2004 年之后经过私有化，成为一家有限责任公司。下属 RTC 和 ErDF 两家子公司。

[2] 数据来自：Energy Policies of IEA Countries: France 2009。

在电力配送和零售方面，法国从20世纪90年代中期以来在欧盟的指导下开始进行电力市场化改革。虽然2001年形成了有7家企业的电力销售市场，消费者可以自由选择供应商，但是总体上仍然是一个寡头垄断市场。

第三节 法国能源管理机构设置与职能分配

法国的一次能源生产主要是核电与可再生能源，煤炭、石油与天然气等化石能源大量依赖进口。市场化改革以前，法国能源管理主要通过法国电力和法国燃气等国有企业来实现。近年来，一方面能源资源与环境问题日趋突出，要求政府加强能源管理；另一方面，随着市场化改革的推进，要求政府对垄断的能源企业实施监管。当前，负责法国能源政策职能的机构主要包括：工业、能源与数字经济部、原子能委员会与核安全局，负责经济性监管职能的机构是法国能源监管委员会，生态、可持续发展、交通和住房部负责环境方面的社会性监管职能。

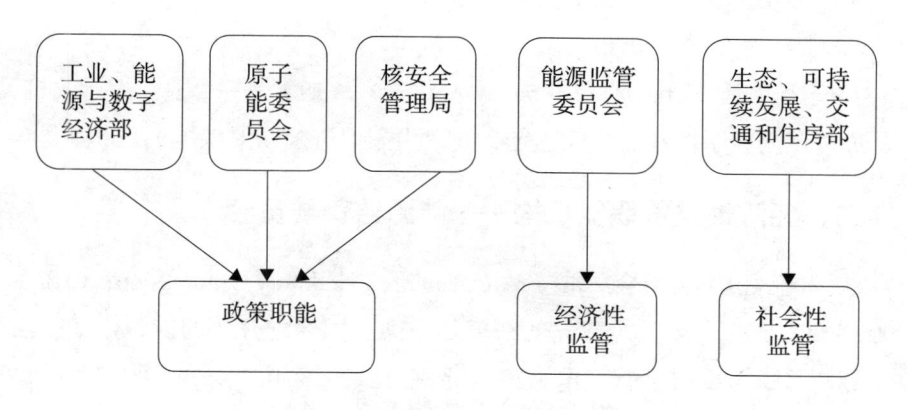

图4-3 法国能源管理机构设置

一、政策职能机构

（一）工业、能源与数字经济部

2007年年末，萨科齐政府能源工作被划归生态、可持续发展与规划部的职权范围，因此部门更名为"生态、能源、可持续发展与城乡规划部"。2009年，城乡规划部被拆分，海洋部被划归进来，部门更名为"生态、能源、可持续发展与海洋部"。2010年，工业、能源与数字经济部（Ministry of Industry, Energy and Digital Economy）于2010年成立，从当时的生态、能源、可持续发展与海洋部接管了有关能源政策的工作。工业、能源与数字经济部是隶属经济、金融与工业部的一个主要部门。其部长向经济、金融与工业部的国务部长负责。工业、能源与数字经济部的主要职能为：（1）负责传统工业发展的政策制定工作；（2）负责能源政策；（3）负责数字经济政策；（4）支持新技术的发展与传播。工业、能源与数字经济部下设能源总局、气候与能源效率局。

（二）原子能委员会

原子能委员会（the Atomic Energy Commission, CEA）是专门从事核能技术、通信与国防等领域发展与创新的政府机构。CEA的职能是推动基础研究与技术的协同发展，并与世界各地的合作伙伴设立协作项目。在能源领域，CEA着眼于优化法国的核能领域，寻找处理核废料的有效办法，还有一些计划涉及氢能源、光伏发电、生物制能等。

（三）核安全管理局

核安全管理局（the Nuclear Safety Authority, ASN）是一个独立的行政机关，主要负责核能透明性和安全性问题，并致力于促进公众对核电的认识。

二、经济性监管职能机构——能源监管委员会

法国能源监管委员会（the French Energy Regulatory Commission，CRE）于2000年3月成立。委员会建立的初衷是帮助法国建立开放的能源市场。法国政府最初只赋予委员会管理电力市场的权力。2003年，委员会的权限扩展到天然气市场。

法国能源监管委员会是法国能源市场化改革的产物。法国能源监管委员会的目标是保护消费者的权益，保障电力和天然气市场的有效运作。其具体职能包括：（1）确保所有合格的供应商都可以平等地使用所有的输配网络（包括电力和天然气）；（2）确保这些网络不受任何历史因素或所有权的影

响;(3)负责向政府提出电力和天然气的输配税率,政府则保留接受或拒绝税率方案的权利。

法国能源委员会也是一家独立的行政机关。法国能源委员会有9个主要委员,任期为6年。其中两个主要委员(包括主席)由政府任命,两个委员由国民议会(National Assembly)主席任命,两个委员由参议院(Senate)的主席任命。

三、能源环境管理职能机构——生态、可持续发展、交通和住房部

法国于1978年成立环境部。2007年在萨科齐政府的领导下,多个政府部门被整合成为"生态、可持续发展与规划部"。2007年到2010年,部门的名称随着职能的调整更改了3次。2007年年末,能源工作被划归生态、可持续发展与规划部的职权范围,因此部门更名为"生态、能源、可持续发展与城乡规划部"。2009年,城乡规划部被拆分,海洋部被划归进来,部门更名为"生态、能源、可持续发展与海洋部"。2010年,能源部被拆分到别的部门,部门更名为"生态、可持续发展、交通与住房部"。

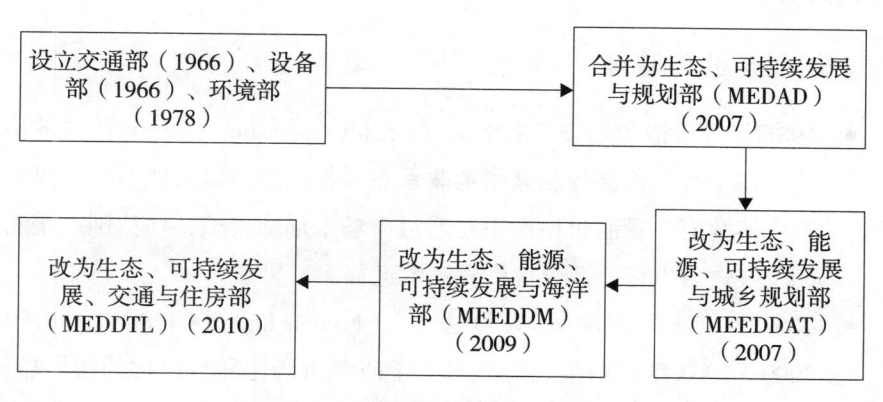

图 4-4 法国能源环境主管部门变迁

"生态、可持续发展、交通与住房部"的目标是贯彻法国政府的生态与环

境保护政策，并确保温室气体的排放等环境政策的实施符合欧盟的要求。具体负责：（1）制定环境政策，如生物多样性的保护《京都议定书》的实施、工业发展的环境管制等；（2）航空、公路、铁路、海路等运输政策，以及海洋与住房政策。

"生态、可持续发展、交通和住房部"属于法国政府的内阁机构。最高领导是生态国务部长（Minister of Ecology），为法国内阁成员之一。这一事实也反映了法国对可持续发展和环境保护的重视。国务部长下设 1 名部长助理和 3 名部长（交通部长、环境部长、住房和城镇规划部长）。

第四节　法国能源管理政策体系

法国是一个能源匮乏的国家，鼓励节能减排、发展可再生能源一直是法国政府优先考虑的重大课题。法国 1998 年出版的《2010—2020 能源报告》勾画了法国能源政策轮廓：放开电力和天然气市场，调整交通运输城市规划以控制消费，采取措施更新现有发电厂，同时发展核电厂，制定能源税收政策。自 2004 年起，法国政府又引进了大量的政策和措施，旨在减少能源消耗，提高能源安全性。

一、反垄断与监管

- 1986 年《价格和竞争自由法》（French Competition Law）：该法的主要特色在于其与价格管制紧紧地联系在一起，这是因为法国长期以来一直依赖政府的管制价格而不是通过市场来形成价格，而法国反垄断法的发展过程也正是摆脱价格管制的过程。
- 2004 年《法国 2004—803 号法令》（French Law 2004-803）：法国在 2000—2004 年间积极响应欧盟关于能源市场化和自由化的指导思想，2004-803 号法令修订了电力和天然气公司的公共服务内容，还做出了法国燃气公司部分私有化的决定，由原先的政府完全控制改为国家必须至少掌握该公司资产的 70%。

- 2006年法国《能源法》第十条修正案（The Energy Law）：该修正案是法国政府推动法国燃气公司私有化的一项举措。这为法国燃气公司的全面私有化开了绿灯，允许国有股份在法国燃气公司总股份中的比例下降至三分之一左右，也使该公司与法国另一大能源企业苏伊士公司合并成为可能。

二、保证能源独立与安全

- 2005年《能源法》（The Energy Law）：提出了短期目标（2010年实现10%的能源来自可再生能源）、中期目标（2030年实现每年能源密度下降2.5%）和长期目标（1990—2050年国家温室气体排放量减少75%）。与此同时，2005年的《能源法》确定将核能作为该国电力的主要来源。政府还通过信用贷款、立项和审批等措施，给予核电企业更多的发展主导权。
- 2005年《能源政策框架》（Framework Law on Energy）：该框架为之后10年内的法国能源政策制定了4项主要目标——提高国内能源独立性并保证能源供应安全；维护能源市场的有效竞争；保护公共健康和环境，尤其强调抵制温室效应；通过保证能源市场的普遍开放性提高社会凝聚力、维护国家统一。

三、能源研发与技术创新

- 2000年《新电力法》（The New French Electricity Act）：该法案规定电力运营商必须以政府规定的价格收购通过可再生途径生产的电力，并确保其能进入电力输送网络和销售网络。为确保风力发电领域投资能获得利润，法国政府于2002年时即推出了风力发电优惠上网电价政策。
- 2005年《加速发展生物能源计划》（Biomass Action Plan）：该计划的目标是在2007年之前，将法国生物燃料的产量提高3倍，并最终超过德国，使法国成为欧洲生物燃料的第一大国。该计划具体内容是：在2007年以前，建设4个新一代生物能源的工厂，平均年生产能力要达到20万吨。到2015年，法国将从现在的柴油净出口国变为主要的生物柴油生产商。

- 2005年《新能源科技研究与发展方案》（New Energy Technology R&D Program）：该方案提出了5大优先发展的项目，包括水能开发、二氧化碳收集与储存、光电开发、人工建设环境下的能源效率、包括生物燃料在内的生物能源。在2005年以上项目将得到政府提供的8000万欧元的额外资助。

- 2005年《第2005-781号法令》：对2000年出台的《新电力法》某些条款进行了修订，明确指出将风力发电开发作为法国能源开发策略的组成部分，进一步细化了国家对发展风能发电的扶持措施。

- 2008年《发展可再生能源的计划》（Renewable Energy development Plan）：法国政府计划从2008年到2011年，在法国的每一个大区至少建立一座光伏发电站，总发电能力达到300MW。"计划"还公布了计算简单并长期有效的税率制度，以支持在诸如超市、工厂和大型农用建筑等非居住用途建筑物的楼顶上安装太阳能板进行发电。截至2011年6月，法国太阳能发电的总装机容量为1679兆瓦，是计划目标的5倍之多。

四、能源效率与节能

- 2000年法国"能源效率方案"（Energy Efficiency Program）：该方案的目标是鼓励家庭、小企业和地方政府采取行动节约能源使用。该项目还支持建设能源效率的相关信息网络，并进行媒体宣传。同时，该项目还包括一系列提高建筑、运输、工业中的能源使用效率和可再生能源使用的措施。

- 2006年《白色可交易许可证》（White Certificate Trading）：在法国"白色可交易许可证"项目下，能源生产商必须满足政府规定的由能源消费者完成的能源节约目标，能源生产商可自由选择具体措施来实现这一目标，例如向消费者提供如何减少能源消费量的信息、向消费者提供减少能源消费的激励等。超额满足和未能满足他们的减排目标的生产商可以相互交易能源节约许可证。
- 2008 年法国《国家能源效率行动计划》(National Energy Efficiency Action Plan)：该计划描述了一系列旨在减少温室气体排放的能源利用效率提高方案，并计划在 2008 年至 2016 年期间至少实现 9% 的能源节约量，在 2015 年前每年将能源使用强度减少 2%，以及在服务产业将能源使用量减少大约 20% 等。
- 2009 年《可再生能源供应资金支持法案》(Finance Law 2009: Sustainable Energy Provisions)：该法案包括为提高能源使用效率和鼓励可再生能源使用提供资金支持的各项措施，例如为首次房屋购买提供零利息贷款，为提高能效的修缮活动提供零利息贷款，为一系列生物能源消费提供税收减免等。

五、能源与环境

- 2002 年《工业温室气体减排与能源保存自愿协定》(Voluntary Agreement with Industry to Reduce GHG Emissions and Conserve Energy)：这是法国政府 2002 年通过与六大工业产业签订的关于温室气体减排框架的一项自愿协定。为了减少排放，企业有责任提高生产的能源使用效率、减少建筑物和运输过程中的能源使用排放量、使用《京都议定书》中的弹性机制等。
- 2005 年法国《减少农业排放协定》(Agreement to Reduce Agricultural Emissions)：该协定提倡在农业生产中使用生物燃料和乙醇，争取在 2010 年使乙醇在农业生产燃料使用总量中的份额达到 5%。
- 2006 年《格勒纳勒环境计划》(Grenelle de l'Environnement)：该计划的目的在于为未来 5 年法国生态环境和可持续发展方面的公共政策制定方案，包括减少建筑和运输部门能源使用排放，要求交通运输部门到 2020 年温室气体排放量减少到 1990 年的水平，以及减少能源生产和消费过程中产生的二氧化碳量等。

第五节　法国能源管理体制特征与启示

法国是传统化石能源缺乏的国家，在传统能源日益枯竭、国际能源市场波动剧烈、全球气候变化的情况下，法国政府根据自己的国情选择了以核能为中心，重点发展风能、太阳能和生物能等新能源的发展道路。法国在核能与新能源领域处于世界领先地位，这得益于法国政府为新能源的发展创造了良好的法治环境，采取了有效的经济激励措施。法国不仅有《能源法》这样的基本法律，而且在核能、太阳能、风能、生物质能等各专门领域都有相关法律对其进行规制，不仅有原则性的规定，而且还有细节性的规定，采取投资贷款、减免税收、政府定价和保证销路等措施扶持新能源，形成了一个比较完整的、具有很强的可操作性的法律体系，成为法国推动新能源快速发展的重要力量。法国政府因地制宜地制定能源发展战略、建立健全的新能源法律和政策体系，注重对环境保护的重视，对中国具有重要的启示和借鉴意义。

法国与中国在能源活动方面的一个相似之处在于：能源市场化改革起步较晚、不够彻底，在市场化的方式上主要采取的是对国有能源企业进行私有化、拆分其具有自然垄断性质的能源活动（主要是电力与燃气的运输管网），在能源市场产业组织结构方面还存在着市场集中度高、竞争不充分的问题。法国在面对欧洲共同市场的情况下，还可能出现国内管制价格与市场价格并存的"双轨制"问题。[①] 中国政府应该总结法国的改革经验，更加积极地推动能源领域的市场化改革，开放市场，引入竞争。

一、法国虽然没有专设能源部，但是政府在"可持续发展"的指导思想下，通过制定和实施政策，以综合的、一致的方式来处理能源、环境、土地使用和交通运输的问题

这一思路相比一般的"大部制"更进了一步，使政府在制定和实施能源

---

① 参见 IEA 的能源发展报告。

发展战略、能源管理政策以及处理涉及环境、交通等相关领域的能源问题时能够进行统筹规划，统一协调。

2007年法国组建了"生态、能源、可持续发展与城乡规划部"，后又根据职能调整更名为"生态、能源、可持续发展与海洋部"、"生态、可持续发展、交通与住房部"。该部门在法国政府中的规模与重要性仅次于总统办公室和总理办公室。原隶属于经济、金融与工业部的能源与原料（DGEMP）划归该部，并更名为能源与气候总局（DGEC）。把原温室效应跨部门委员会（MIES）和独立的国家气候变暖效应观察局（ONERC）以及空气质量办公室并入DGEC。2009年能源与气候总局的职员有220名左右，其职能包括全面的空气-气候-能源政策、低碳交通体系，能源市场、能源安全、可再生能源与核能发展政策等。

二、法国能源监管委员会（CRE）作为独立的监管机构负责能源市场监管，但不同于美国与英国，政府是最终决策者

法国能源监管委员会是2000年3月成立的独立机构，是法国能源市场化改革的产物。该委员会最初只负责管理电力市场，2003年权限扩展到天然气市场。法国能源监管委员会的职能是确保所有合格的供应商都可以平等地使用所有的输配电网络（电力和天然气），并确保这些网络不受任何历史因素或所有权的影响。它负责向政府提出电力和天然气的输配税率，政府则有权接受或拒绝。

三、高度重视能源研发与技术创新

生态、能源、可持续发展与海洋部（MEEDDM）与高等教育研究部（the Ministry of Higher Education and Research，MESR）下辖环境与能源效率局，负责实施能源和环境领域的可持续发展政策，促进可再生能源技术的发展，开发能源技术以鼓励提高工业、运输业和建筑业效率。另外，原子能委员会（the

Atomic Energy Commission，CEA）专门从事核能技术、通信与国防等领域发展与创新的政府机构。CEA 的职能是推动基础研究与技术的协同发展，并与世界各地的合作伙伴设立协作项目。在能源领域，CEA 着眼于优化法国的核能领域，寻找处理核废料的有效办法，还有一些计划涉及氢能源、光伏发电、生物制能等。

第五章　德国能源管理体制

作为老牌工业化国家，德国与英、法一样面临着能源资源短缺，大量依赖进口的问题，也积极倡导发展清洁能源和低碳经济。所不同的是，德国在二战后并没有向英法一样在能源工业领域进行国有化，而是建立起市场竞争的自由原则与社会利益的均衡原则相结合的"社会市场经济"（Soziale Marktwirtschaft）。在能源管理上，德国的政策职能与监管职能都呈现出较为分散的格局。

第一节　德国能源发展概况与管理目标侧重点

一、德国能源发展概况

（一）能源消费

1965 年以来，德国的能源消费总量一直较为稳定，但是占世界能源消费总量的比重则不断下降（见图 5-1）。1966 年，德国能源消费量为 2.56 亿吨标准油，占当年世界能源消费总量（39.7 亿吨标准油）的 6.46%，是同期中国能源消费总量的 1.87 倍。1977 年，德国能源消费总量被中国超过，其后两国之间的差距不断扩大。2010 年，德国能源消费总量为 3.2 亿吨标准油，占世界能源消费总量（120 亿吨标准油）的 2.66%，相当于同期中国能源消费量（24.32 亿吨标准油）的 13%。

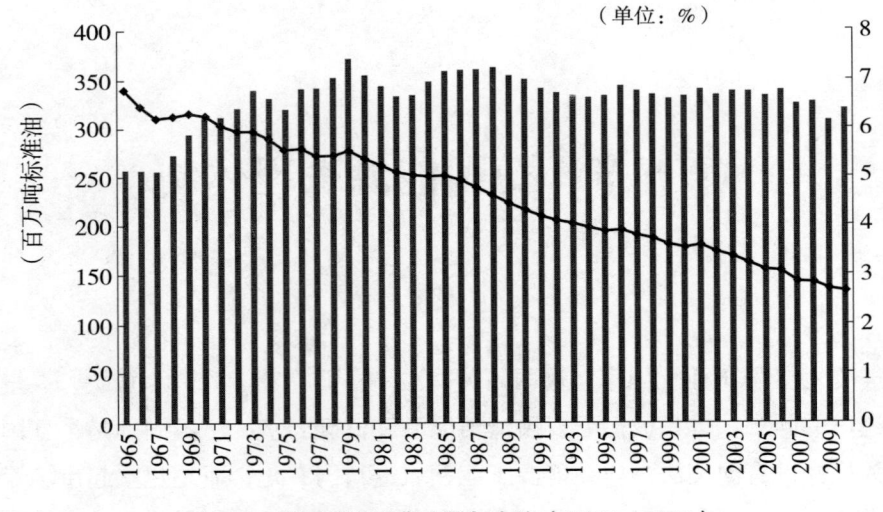

图 5-1 德国能源消费总量与占比（1965—2010）

分品种看，2010年德国石油消费量为1.15亿吨，占全世界石油消费总量的2.9%，是中国的28%；天然气消费量为813亿立方米（7315万吨标准油），占世界天然气消费总量的2.6%，是中国的75%；煤炭消费3.19亿吨（7653万吨标准油），相当于7650万吨标准油，占世界煤炭消费总量的2.2%，是中国的4.4%；核能消费3180万吨标准油，占世界核能总消费量的5.1%；水电消费430万吨标准油，占世界水电消费的0.6%；其他可再生能源消费为1860万吨标准油，占世界其他可再生能源消费的11.7%。

从能源消费结构看（见图5-2），德国各种能源消费比重的大小依次为石油、煤炭、天然气、核电、可再生能源与水电，2010年其消费比重分别为36.03%、23.95%、22.90%、9.95%、5.18%和1.35%。从纵向上看，1965年以来，煤炭的消费比重有所下降，天然气、核电与可再生能源的比重则逐步提高。此外，近10年来德国的可再生能源消费比重显著提高。

图 5-2　德国能源消费结构（1965—2010）

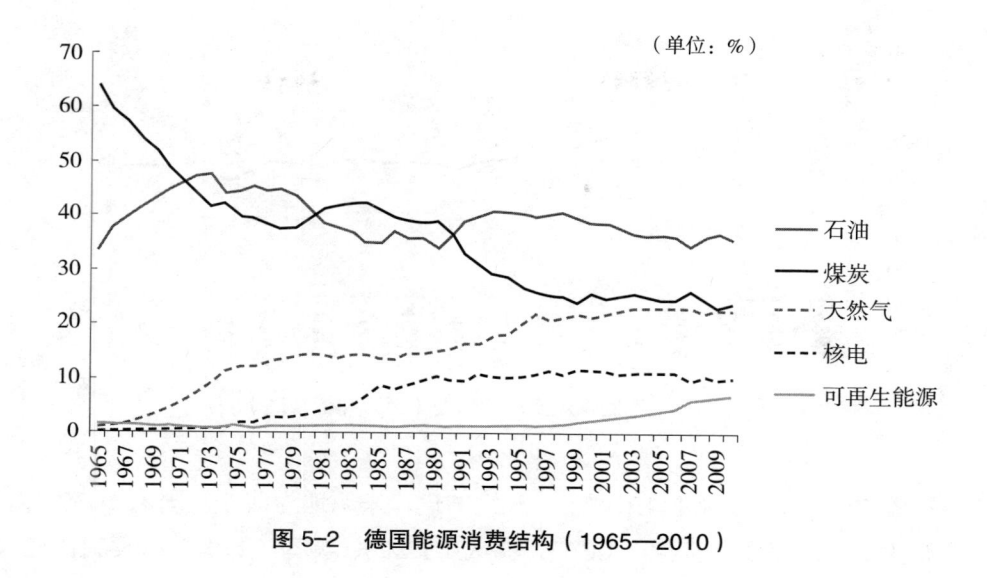

（二）能源供应

德国本土的能源资源相对地呈现出"多煤、少油、少气"的特点。2010年煤炭储量为 407 亿吨，占世界煤炭总储量的 4.7%，约为同年中国煤炭储量的 36%。石油方面，截至 2005 年已探明储量 3.9 亿桶（5000 多万吨）[①]，占世界石油总储量的 0.02%。2010 年天然气储量为 1000 亿立方米，不到世界天然气储量的 0.01%。

在能源供应方面，2010 年德国生产煤炭 1.82 亿吨（371 亿吨油当量），煤炭总消费量 3.19 亿吨（7653 万吨油当量），产消缺口达到 1.37 亿吨（3280 万吨油当量），煤炭对外依存度约为 43%（见图 5-3）。德国约四分之三的进口煤炭来自波兰、南非、俄罗斯以及澳大利亚。[②]

石油方面，德国高度依赖进口。根据 IEA 的统计数据，2008 年德国自产石油 424 万吨，而石油总消费 1.11 亿吨，石油净进口约 1.1 亿吨，对外依存

[①] 数据来源：美国《油气杂志》，http://www.oilgasarticles.com/articles/42/1/Oil-Reserves-and-Oil-Consumption-in-Germany/Page1.html

[②] 数据来源：Energy Policies of IEA Countries Germany 2011 Review。

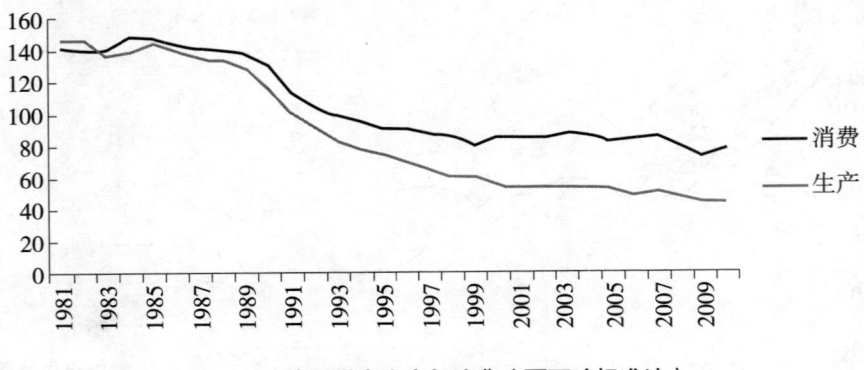

图 5-3 德国煤炭生产与消费（百万吨标准油）

度接近 100%。① 石油进口来源上，最大的进口来源地为前苏联国家（33%），其余主要进口来源于荷兰（14%）、挪威（12%）、英国（11%）以及利比亚（9%）。② OPEC 国家的石油进口占德国石油总供应量的 14%。

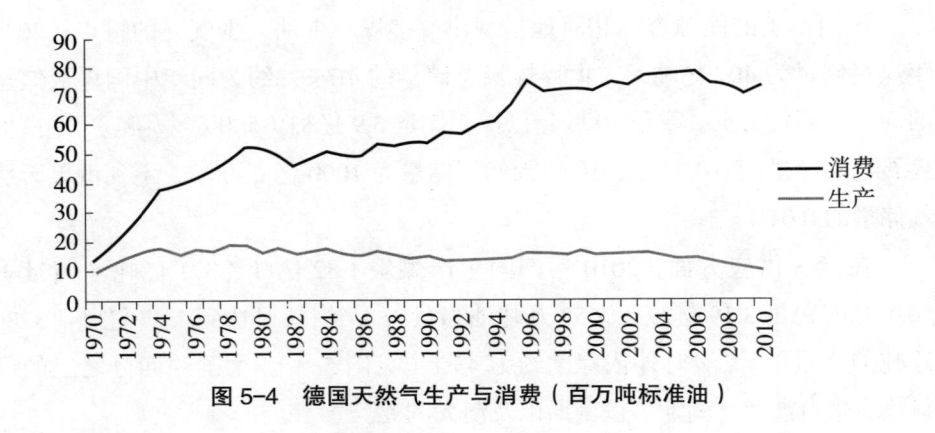

图 5-4 德国天然气生产与消费（百万吨标准油）

　　天然气方面，2010 年德国天然气产量 956 万吨标准油（106 亿立方米），产需缺口为 6359 万吨标准油（707 亿立方米），对外依存度约为 87%（见图 5-4）。德国天然气的进口国主要为俄罗斯（占总进口量的 43%）、挪威（29%）、

---

① 数据来源：2008 年石油数据均来自 IEA 2008 Energy Balance for Germany。
② 数据来源：Energy Policies of IEA Countries Germany 2011 Review。

荷兰（24%）。此外，德国也是一个重要的天然气中转国，主要中转贸易伙伴为俄罗斯、挪威与意大利。

电力方面，德国2010年总发电量为6210亿千瓦时，占世界总发电量的2.9%。

二、德国能源管理目标侧重点

德国的能源政策旨在兼顾能源供给安全以及能源价格合理，同时有效地应对环境保护与气候变化。一个核心原则是，无论是政府或企业，每一个市场参与者都必须履行各自的相关义务。例如，虽然能源投资决策完全由私人供给者做出，但是政府有责任创造条件，合理运用市场势力，以达到经济上合意的产出结果。这些措施包括针对天然气垄断的管制、建立以市场为基础的减缓气候变化的相应体制（如排放交易），以及向一些特定技术开发提供补贴（如向可再生能源提供补贴）。

（一）促进竞争，运用税收政策调节市场

德国通过成立专门的管制机构并出台相关的法律措施来限制能源（特别是自然垄断）行业的市场势力。同时还积极运用税收和补贴政策，合理调节市场，保护德国能源产业的竞争力。1999年4月，德国开始了第一轮环境税改革。1999年通过的法律提高了对石油和取暖燃料的征税，并开始对电力征税。2000年至2003年，石油税与电力税又先后4次上调。在汽油与柴油方面，石油税根据硫磺含量分为两种税率。环境税改革旨在通过征税提高燃料与电力的价格，以鼓励能源节约。2003年，环境税改革计划最终完成。原先的《石油税法案》（Petroleum Tax Act）被2006年8月重新修订并增加了能源与电力征税条款的《电力税收法案》（Electricity Tax Act）所替代。

德国政府为了保护德国工业的竞争力，对能源与电力行业实行了适当的补贴。德国政府的主要能源政策目标除了竞争性的能源价格以外，还包括能源供给安全与气候变化。为了与以上目标保持一致，从2007年开始，德国要求石油产业至少通过市场交易一定额度的生物燃料。柴油必须平均含有至

少4.4%的生物柴油，汽油必须平均含有至少1.2%的生物乙醇。生物燃料配额在很大程度上取代了针对生物燃料的税收减免，以达到减少财政补贴的目的。①

根据其他国际能源署成员国的经验，虽然逐步退出政府对煤炭行业的补贴很有必要，但是这一点在政治上可能将非常困难。虽然对德国而言，无烟煤大多数来源于国内的储量，但是通过煤炭进口来进一步补充无烟煤的国内供给，由于提高了煤炭行业的竞争程度与多元化而不会威胁德国煤炭的供给安全。单一供给者控制的能源市场将很难做到有效率的运转。煤炭市场持续的非经济生产将扭曲煤炭市场，更重要的是将影响到煤炭资源的合理配置，从而不利于德国的经济发展。从这一方面来看，逐步取消对煤炭行业的补贴显得十分必要。

（二）保障能源供应和安全，大力发展再生能源

德国政府制定了在1990年至2020年间将能源利用效率提高一倍的国内计划。通过税收优惠与市场配额等措施，德国可再生能源行业正在快速发展。优惠的税收条件促进了许多可再生能源技术的实践。同时，各种可再生能源及其技术的发展表现出了相对平衡的发展态势，一般以每年1%到5%的速度增长。《可再生能源法案》规定优惠税率政策每4年必须重新审定以保证每个行业得到足够的补贴。德国政府对可再生能源技术研发的有力支持，不仅有助于其自身的能源转型，也有利于降低世界其他国家使用可再生能源的成本。

（三）逐步淘汰核能

德国政府从1999年开始决定逐步放弃核能。2001年7月，政府与能源

---

① 对煤炭行业的补贴：德国政府对褐煤生产并没有正式的补贴政策，但是由于德国褐煤产业面临较为不利的地理状况，德国无烟煤的提炼成本显著高于世界褐煤市场的平均价格，由此导致的销售差额部分由德国政府进行补贴。1997年，德国政府、德国北莱茵州与萨尔州的州政府以及煤炭产业针对煤炭补贴达成进一步协议。在该协议框架内，针对煤炭产业的补贴将由1998年的每年47亿欧元逐渐削减到2005年的27亿欧元。同时，从2001年到2005年，RAG集团将逐步每年投入1.02亿欧元用于扶持煤炭产业。2007年2月，德国政府达成共识决定逐步取消所有的补贴，取消补贴将导致北莱茵与萨尔区的剩余8所煤矿在2018年被逐步关闭。

业者达成协议,并于 2002 年通过了《核能修正法案》,部署了在商业发电领域逐步放弃核能的时间表,在法律上确认了核能将逐步退出德国的能源领域。但是,商业核能发电所面临的时间限制是一个重要阻碍,因为一般核电站的设计寿命平均达到 32 年。一旦核电站发电达到协议发电总量,该电站即被关闭。截至 2005 年,两家核电站已经停止运转。据预测,德国境内所有核电站将于 2022 年全部停止运转。

总体上来讲,虽然不少德国民众强烈反对继续使用核能,但是最近的一项民意调查显示,部分民众表示如果核废料处理问题得到妥善解决,不排除接受核能作为国家能源结构中的组成部分。虽然德国已经制定了逐步淘汰核能的相关计划,但是鉴于目前核能已经成为德国能源供给的重要组成部分[1],取消核能的使用会带来一定的成本。首先,德国现有的很多核电站的发电效率很高,并且这些核电站还能持续运营超过 32 年(核电站平均运营寿命)以上,强制关闭将导致资源的浪费。更重要的是,核能的使用有利于德国实现温室气体减排目标及相应的应对气候变化的政策。一旦关闭核电站,虽然部分产能由可再生能源弥补,但是不可避免地将有一些产能会由化石能源弥补,从而增加二氧化碳的排放量。此外,关闭核电站也可能提高德国能源的对外依存度,势必通过一定程度地提高天然气进口来弥补能源缺口。

(四)应对气候变化,推行减排温室气体措施

在《京都议定书》与欧盟协议框架下,德国同意比 1990 年降低其能源排放 21%。德国的气候变化政策,尤其是针对能源领域以及能源密集型工业领域的二氧化碳排放政策,都旨在达到《京都议定书》与欧盟内部协议的目标。根据德国联邦政府与 IEA 的独立研究显示,德国通过国内措施,不需要通过启用《京都议定书》中的弹性机制便能够达到相应的减排标准。德国政府应该以更有效率,更节约成本的方式促进其气候政策的实施。其中一个方法是,德国政府应该继续大力推广可再生能源的应用。

---

[1] 12% 的一次能源供给(primary supply)以及 27% 的电力生产。

第二节 德国能源产业组织结构

德国能源市场的产业组织结构特征明显，即上游生产环节相对集中，下游配售环节相对分散。

一、煤炭

德国的煤炭生产高度集中，属于寡头垄断型市场。其中，无烟煤生产由一家企业垄断（见图 5-5），褐煤生产由 5 家企业在德国的 4 个主要矿区分区生产（见图 5-6）。德国境内几乎所有的无烟煤生产业务均被德意志煤炭公司（Deutsche Steinkohle，DSK）垄断。德意志煤炭公司隶属于鲁尔有限责任公司（RAG）。RAG 公司的前身是鲁尔煤矿公司（Ruhrkohle AG）。在 20 世纪 90 年代，鲁尔煤矿公司经过多次改制和收购兼并引入了不少私人投资者，但它的控股权依然牢牢掌握在国家手中。RAG 公司的股东结构除国家占大股外，还包括德国能源巨头 E.ON 公司[①]和 RWE 公司[②]、钢铁巨头蒂森克-克虏伯公司（Thyssen Krupp）以及阿赛洛—米塔尔公司（Arcelor Mittal）。2005 年德意志煤炭公司（DSK）的年销售额为 45 亿欧元，同时经营德国鲁尔河与萨尔河地区 8 个煤矿的开采业务。

德国的褐煤生产主要来自于 4 个地区：北威斯特伐利亚州的莱茵矿区（3 处露天煤矿）、下萨克森州的赫尔姆斯矿区、萨克森—安哈尔特的中德矿区（3 处露天煤矿）以及勃兰登堡州和萨克森州的卢萨席亚矿区（4 处露天煤矿）。生产的褐煤主要用于附近的发电站发电以及其他加工品的生产。在大多数情况下，电力生产与褐煤开采何大程度上实行了垂直一体化，发电站的经营者同时又是邻近褐煤矿区的开采者。

---

① 德国意昂集团（E.ON）是一家总部位于杜塞尔多夫的股份制公司，它是一家处于世界领先地位的欧洲能源康采恩，业务以欧洲范围内的天然气、电力为主。

② 德国莱茵集团（RWE）成立于 1898 年，拥有能源、采矿及原材料、石油化工、环境服务、机械、电信和土木工程 7 个分部，且各自独立运作。RWE 在德国的电力市场上排名第一，又是德国化学企业的第三大康采恩以及世界专业化学领域的领头羊。

```
┌─────────┐  ┌────────┐  ┌────────┐  ┌──────────────┐  ┌───────────────┐
│ E.ON AG │  │ RWE AG │  │ 德国政府 │  │ Thyssen Krupp │  │ Arcelor Mittal │
└─────────┘  └────────┘  └────────┘  └──────────────┘  └───────────────┘
                             ↓
                  ┌────────────────────────┐
                  │ 鲁尔有限责任公司（RAG） │
                  └────────────────────────┘
                             ↓
                  ┌────────────────────────┐
                  │ 德意志煤炭公司（DSK）   │
                  └────────────────────────┘
                             ↓
                  ┌────────────────────────┐
                  │    德国无烟煤生产       │
                  └────────────────────────┘
```

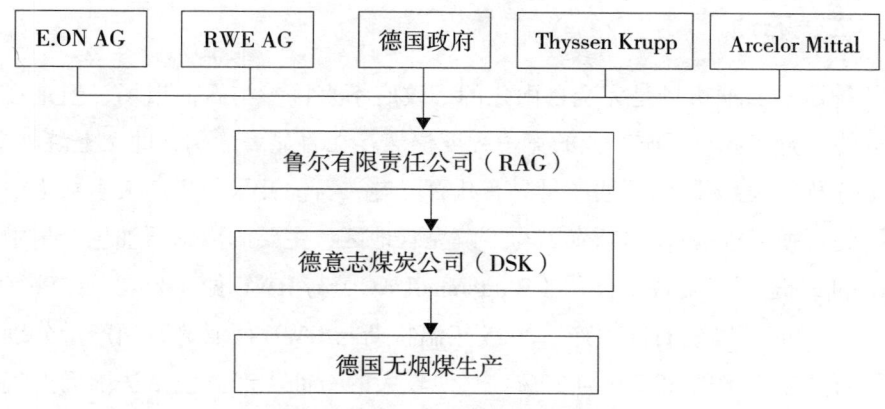

图 5-5　德国无烟煤产业组织结构

其中莱茵矿区煤矿由 RWE 公司负责开采；赫尔姆斯矿区的煤矿由布伦瑞克煤炭公司负责开采；卢萨席亚矿区的煤矿由 Vattenfall 公司[①] 开采。中德矿区有两处露天煤矿由中央德国布朗煤炭公司（MIBR AG）[②] 经营，一处由 Romonta 公司经营。

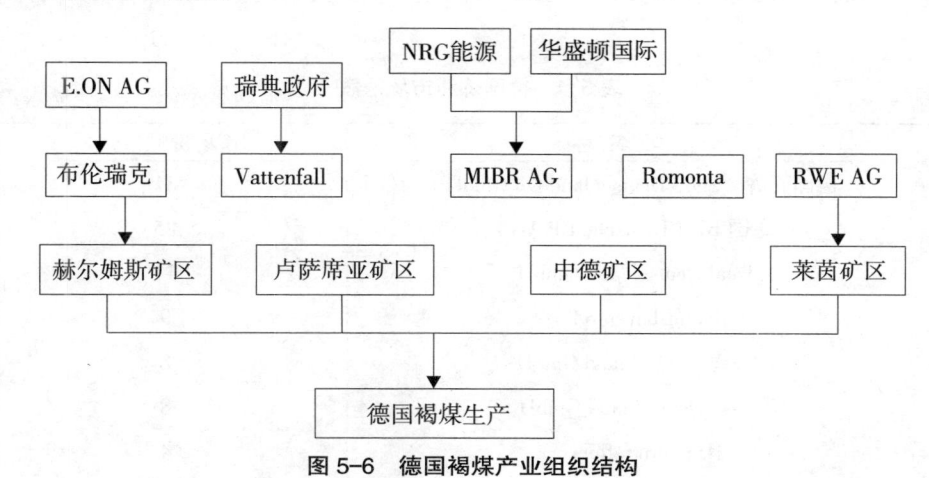

图 5-6　德国褐煤产业组织结构

---

① Vattenfall 公司为一家瑞典能源公司，该公司由瑞典政府独资。Vattenfall 公司在德国的业务主要包括煤炭开采与电力生产。业务范围主要包括德国的汉堡、勃兰登堡、梅克伦堡、柏林、萨克森等地区。

② 中央德国布朗煤炭公司（MIBR AG）由美国 NRG 能源与美国华盛顿国际集团联合控股。

二、石油

德国的石油市场是完全自由化的，政府不直接参与石油市场，但是石油生产的上游产业与下游产业的竞争程度仍然存在着显著区别，即"上游集中，下游分散"。德国国内石油产量只有几百万吨，石油开采与生产大多数集中于德国的石勒苏益格-荷尔斯泰因与下萨克森地区，主要的离岸石油生产集中于Mittelplate地区。温特斯公司（Wintershall AG）与RWE德亚公司（RWE Dea AG）主导着德国的石油生产。2005年温特斯与RWE德亚的石油产量分别占德国石油总产量的39.2%与32%。其他较大的石油生产商包括法国天然气公司（Gaz de France）、BEB天然气与石油公司（BEB Erdgas und Erdöl GmbH），其2005年的市场份额分别为13.3%与11.5%。

炼油市场方面，2002年德国炼油市场结构发生了显著变化。德国壳牌（Shell in Germany）公司收购了DEA石油公司，德国BP公司（German BP）收购了Veba Oel公司（Veba Oel AG），这两项收购导致德国炼油市场的集中度明显提高。当前，德国炼油市场共有9家较大的生产商，其市场份额如表5-1所示：

表5-1 德国炼油市场份额[①]

公 司 名 称	市场份额（%）
德国壳牌（Shell Deutschland Oil GmbH）	31
德国BP（Deutsche BP AG）	25
Total Deutschland GmbH	11
Wilhelmshaven refinery	9
OMV Deutschland GmbH	8
Esso Deutschland GmbH	8
Holborn refinery	4
Agip Deutschland GmbH	3
ConocoPhillips Germany GmbH	1

---

① 数据来源：IEA Energy Policies of IEA Countries Germany。

由上表可以计算得到，德国炼油市场的集中度很高，其中 CR_4 为 76%，CR_8 为 99%。

石油零售市场方面，德国加油站的数量正在缓慢下降，从 2000 年的 16404 家下降到 2006 年的 15187 家。2006 年，加油站零售业的最大运营商为 BP/Aral 公司，旗下拥有 2522 家加油站，市场份额 16.6%。Shell/DEA 公司拥有 2220 家加油站，市场份额 14.6%，排名第二。交通燃料消费市场方面，BP/Aral 公司以 22% 的市场份额排名第一，壳牌公司以 21% 的市场份额紧随其后，其他中型企业占据约 20% 的市场份额。

三、天然气

德国的天然气生产市场高度集中。其中，BEB 公司、艾克森美孚公司（ExxonMobil）和壳牌公司（Shell）的天然气产量占德国天然气产量的 80%。BEB 公司由艾克森美孚公司和壳牌公司联合控股（各占 50%）。剩余的 20% 市场份额由其他天然气生产者占有，包括 RWE 德亚、法国天然气公司以及温特斯公司。

德国天然气配售行业的市场组织形式相对复杂，分层次的配售体系是德国天然气配售行业的鲜明特点。德国的天然气配售网络被分为 3 个层次（见图 5-7）。

第一层次的天然气配售网络主要由 3 家天然气企业组成：E.ON Ruhrgas 公司、Verbundnetz 天然气公司以及 Wingas 公司。其所占有的市场份额分别为 55%、10% 及 11%。天然气生产商 BEB 与艾克森美孚也从事德国北部天然气的配售业务。在某些区域，艾克森美孚与壳牌也成立合资企业经营捆绑式管道业务。第一层次的天然气配售企业主要负责向国外与国内的主要天然气生产商购买天然气，然后再出售给第二层次的天然气配售企业。第一层次的天然气配售企业控制着全国范围内主要的天然气运输管道。

第二层次的天然气配售网络由地区性公用事业单位、大型市政公用局以及一些大规模的工业生产者组成。他们向第一层次的天然气配售商购买天然气，用于自己消费或者转售给第三层次的天然气配售商。德国典型的第二层次配售企业包括杜塞尔多夫公用事业局（Stadtwerke Düsseldorf）、Avacon 公司[①]、RWE 汉萨鲁尔公司（RWE Rhein Ruhr）[②]。

第三个层次（最低层次）的天然气配售网络由全国范围内约 700 家市政公用局组成。市政公用局一般由地方政府控股。市政公用局从地区性工业事业单位手中购买天然气，然后分配给城市居民与中小型工业企业使用。

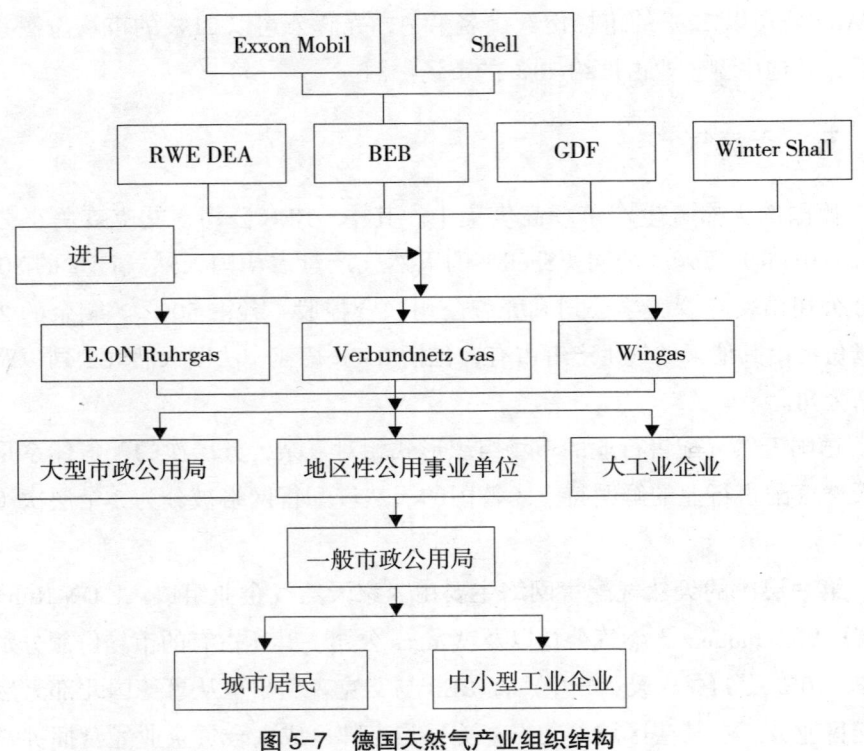

图 5-7 德国天然气产业组织结构

组成德国天然气生产市场、配售市场的第一层次与第二层次的企业大多数是大型商业企业（commercial enterprises），其中部分是大型上市公司。位于

[①] Avacon 公司隶属于 E.ON 公司，是 E.ON 公司旗下负责地区性天然气贸易的地区性天然气配售商。
[②] RWE 汉萨鲁尔公司隶属于 RWE 公司，是 RWE 公司旗下负责地区性天然气贸易的地区性天然气配售商。

天然气配售网络第三层次的企业大多数是中小型私人公司（private company），其中大部分由市政（local municipalities）控股。

近年来，传统的天然气市场结构也受到了一些挑战，外国天然气配售商的进入在局部地区形成了对传统市场结构的挑战。例如法国天然气公司（French Gaz de，GDF）与丹麦DONG公司分别进入德国南部与北部的天然气市场。此外荷兰Essent公司、英国BP公司与意大利Eni公司也先后进入德国天然气市场。但是外国天然气公司在全国层面上依然无法与Ruhrgas公司与Wingas公司形成竞争。

四、电力

德国电力市场结构的主要特点可以归纳为"发电、输电高度集中，配电、售电相对分散"（见图5-8）。

（一）发电

德国的发电市场高度集中，4家大规模的发电公司（E.ON，RWE，EnBW与Vattenfall）主导着德国的电力生产。2005年这4家大规模发电公司的发电量占德国总发电量的75%。其余25%的发电量主要来自独立发电厂商以及工业企业下设的自主发电企业（见表5-2）。

表5-2 德国电力生产市场份额[1]

厂商名称	发电能力（MW）	市场份额（%）
RWE	34	27.7
E.ON	26	21.2
Vzttenfall	17	13.9
EnBW	14	11.4
其他	31.6	25.8
总量	122.6	100.0

---

[1] 数据来源：IEA Energy Policies of IEA Countries Germany（2005）。

（二）输电

2005年，德国的电力传输网络长度已经超过11万公里。最大的4家发电厂商分别通过其下设的剥离企业经营其自身的电力传输系统。E.ON下设的E.ON网络公司（E.ON Netz）、RWE下设的RWE运输网络公司（RWE Transportnetz）、EnBW下设的EnBW运输网络公司（EnBW Transportnetz）以及Vattenfall下设的Vattenfall欧洲传输公司（Vattenfall Europe Transmission）是德国境内最大的4家电网运营商。

德国境内的电力传输被分为4个大区与两个小区。4个大区分别是西部地区、东部地区、中部地区以及南部地区。两个小区分别为德国中部的汉堡都市区以及德国东南部地区。其中，西部大区与东南部小区的电力传输由RWE运输网络公司经营；东部地区与汉堡都市区的电力传输由Vattenfall欧洲传输公司经营；中部地区的电力传输由E.ON网络公司经营；南部地区的电力传输则由EnBW运输网络公司经营。

德国法律规定，4家主要电网运营商必须向所有发电厂商提供非歧视性的第三方电力传输许可（non-discriminatory third-party access）。日常运营中，4家电网运营商在电力传输合作联盟（Union for the Co-ordination of Transmission of Electricity, UCTE[①]）的多边框架下相互协调，同时也达成了正式的双边协议以协调和约束各自的经营行为。

（三）配电与零售

德国有超过400家的配电企业。2007年之前，德国的配电企业往往同时经营电力零售业务。2007年7月开始，法律规定配电企业不得对配电与零售进行捆绑经营。在配电与零售环节，德国的许多区域性公用事业企业与地方市政电力企业表现出了十分显著的所有权交叉（cross-ownership）的特征。德国4家主要的发电厂商在大量的市政电力配电企业（甚至包括一些客户数量在10万以下的配电商）中拥有相当的股权。

近年来，为了促进电力行业的竞争，联邦卡特尔办公室（Cartel Office）

---

① UCTE是一个由西欧与中欧主要电力传输网络运营商组成的联合会。

出台了一系列针对发电厂商并购电力配售商的限制措施。例如，措施要求 4 大发电厂商将其在配售电企业中的股权份额降低到 20% 以下。同时，还要求配电商提供第三方准入许可。

电力供给转换率[①]与电力零售合约的重新谈判量是衡量电力零售环节市场竞争程度的重要指标。德国的电力零售市场上，家庭电力消费者的电力供给转换率较低，而工业消费者的转换率较高。大约 40% 的工业用电消费者更换了其原先的电力零售商。而家庭电力零售市场的供给转换率则只有 2%。这是因为更换供电商必须由消费者与售电商共同完成，这平均会花费 6 个月的时间。同时，重新谈判的过程中还面临着繁杂的行政手续。

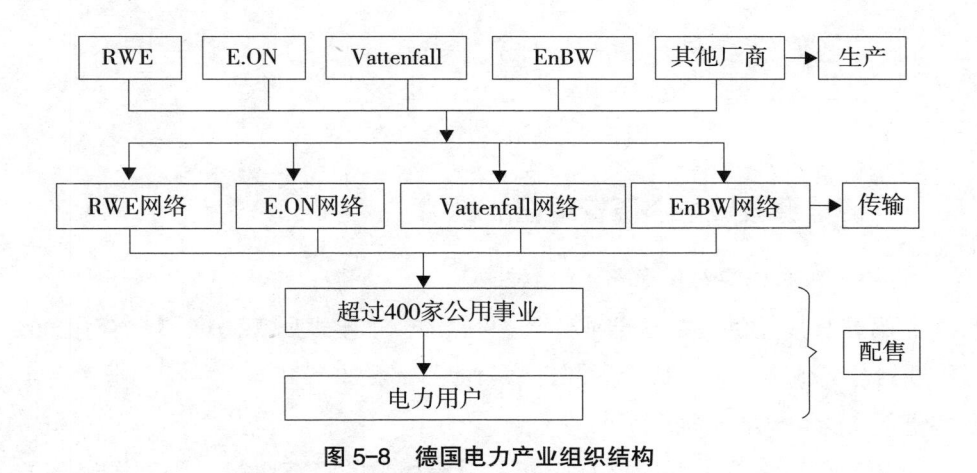

图 5-8　德国电力产业组织结构

第三节　德国能源管理机构设置与职能分配

德国能源管理机构设置较为分散，联邦经济与技术部主要负责能源政策的制定，但能源政策的具体执行则分散在多个职能部门。联邦传输监管局主要负责电力和天然气管网的经济性监管，卡特尔办公室、国家竞争局和垄断

---

① 电力供给转换率：表示更换电力零售商或者就电力零售合约与电力零售商展开重新谈判的消费者数量。

委员会等机构也具有监管市场、促进竞争的职能。与环境相关的管理职能（包括政策职能与监管职能）则主要由联邦环境、自然保护和安全部负责，联邦环境署负责应对气候变化的相关事务（见图5-9）。

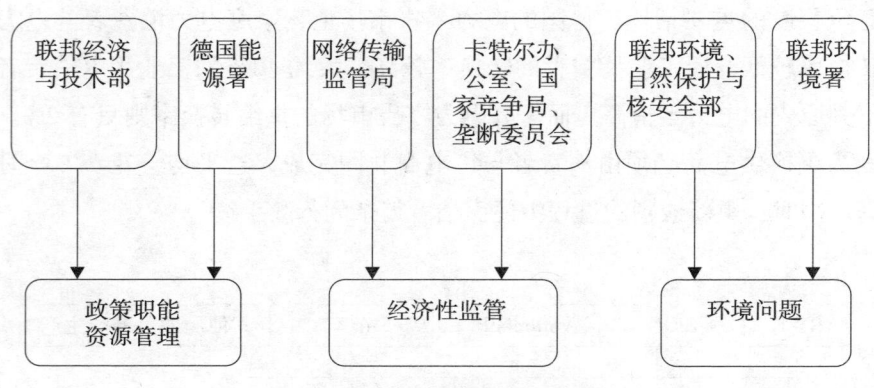

图 5-9 德国能源管理机构设置

一、能源政策与资源管理职能机构

（一）联邦经济与技术部（BMWi）

德国联邦经济与技术部成立于1998年，直接隶属德国联邦政府。2002年开始与其他部门合并成立联邦经济与劳务部，2005年与其他部门分离并重新建立经济与技术部。

联邦经济与技术部的核心职能是制定相关的经济政策，为德国经济的持续繁荣奠定坚实的基础，并确保经济繁荣为社会各阶层带来全面的经济福利。其具体的职能和目标包括：保障德国经济的持续发展以及国际竞争力，促进就业，扶持中小型企业的发展，推广与促进创新以及新技术的运用以保持德国的经济竞争力，促进劳动分工与自由贸易以保障德国能源供给安全与市场价格合理化。在以上政策目标的基础上，联邦经济与技术部的基础任务是在个人与企业自由、竞争与稳定的基础上创造条件繁荣经济。德国经济技术部的组织机构设置反映了其担负的各项职能，下设10个分管机构，分别是：

- 政治协调部门〔Political Co-ordination（DG L）〕
- 中央行政部门〔Central Administration（DG Z）〕
- 欧洲政策部门〔European Policy（DG E）〕
- 经济政策部门〔Economic Policy（DG I）〕
- 中小企业政策部门〔SME Policy（DG IV）〕
- 能源政策部门〔Energy Policy（DG III）〕
- 工业政策部门〔Industrial Policy（DG IV）〕
- 外部经济政策部门〔External Economic Policy（DG V）〕
- 通信与邮政政策部门〔Communication and Postal Policy（DG VI）〕
- 技术政策部门〔Technology Policy（DG VII）〕

其中，工业政策部门负责资源管理职能。由于多年来德国的汽油市场已经实现充分竞争，因此并没有一个特定的汽油市场监管机构。出现石油危机的时候，保障石油供给的责任也由联邦经济与技术部承担。

（二）其他相关职能机构

尽管德国的能源政策由联邦经济与技术部统一制定，但能源政策的具体执行则分散在多个相关的职能部门，主要包括：

- 德国能源署（German Energy Agency, DENA）：德国联邦政府分管能源效率与可再生能源事务的核心部门，它同时隶属于德国政府与德国的开发银行 KfW 银团。
- 联邦环境、自然保护与核能安全部（BMU）：负责可再生能源的市场化与科研活动，负责实施《可再生能源法案》（Renewable Energy Source Act）。
- 联邦地球科学与自然资源署（BGR）：BGR 受 BMWi 指导并针对能源问题向政府提出建议。同时，主要的参议机构还包括联邦统计办公室（Federal Statistical Office, StBA）与各州的统计办公室。统计办公室主要履行《能源统计法案》（Energy Statistics Act）所赋予它们的职权。
- 联邦经济与出口控制办公室（BAFA）：负责汽油方面的统计工作。其他负责能源统计的机构还包括能源平衡工作组（Working Group on Energy Balances, AGEB），由能源产业协会与能源研究机构的代表联合组成，同时代表 BMWi 开展相关工作并进行德国全国能源结算。
- 联邦运输、建筑与城市事务部（BMVBS）：BMVBS 与 BMWi 共同负责与建筑相关的节能事务，同时参与国家能源战略的制定工作。
- 联邦粮食、农业与消费者保护部（BMELV）：主要负责生物能源的相关事务。

二、能源监管职能机构

（一）网络传输监管局（BNetzA）

成立背景： 欧盟对天然气与电力生产的指导性意见催生了德国新的能源政策框架，并在 2005 年促成了《能源产业法案》（Energy Industry Act, EnWG）的实施。《能源产业法案》成立了网络传输监管局（BNetzA，以下简称传输监管局）。德国希望通过成立传输监管局，进一步改革能源行业立法，提高电力与天然气行业的竞争程度。传输监管局的设立有利于规范天然气与电力产业的合理竞争与并购，同时也体现了德国政府整顿市场秩序和完善市场监管的决心。传输监管局的设立向市场释放一个重要信号：政府正在致力于建设一个公平、稳定的能源投资与贸易环境，并致力鼓励更多的厂商进入能源业进行长期投资。

主要职能： 联邦传输监管局主要负责监管德国境内的电力、天然气、电信和邮政网络传输产业。天然气与电网经营者必须受到传输监管局和各州政府的共同监管。传输监管局的最初职能集中于天然气与电力传输的管道费用（grid fees），并保证相关传输网络提供第三方许可（third-party access）[①]。传输监管局也负责落实《能源产业法案》的内容，该法案要求电力传输系统与配电系统的经营者必须独立于其他电力活动。2006 年，传输监管局要求许多较大的天然气与电力网络运营商降低电网使用费用 6% 至 28%。

机构设置： 传输监管局决策机构的成员（包括主席与副主席）不由政府任命、不能被政府罢免（除非获得德国政府内阁部长会议的通过）。政府必须遵守传输监管局的政策或向法院上诉。

---

① 同时，电网经营者有义务保障电力传输网络的非歧视性进入许可。

（二）其他监管职能机构

网络传输监管局主要监管具有自然垄断环节的电网和天然气管道，而对于具有竞争性的市场规则的监管则主要由联邦卡特尔办公室、国家竞争局和垄断委员会负责。

- 联邦卡特尔办公室（Federal Cartel Office，Bundeskartellamt）。负责监管能源行业的并购，监督反竞争的市场行为。联邦卡特尔委员会在《德国竞争法案》（Germany's Competition Act）下监管能源领域的并购事宜。德国政府正在致力于进一步扩大该委员会的职权，降低其在调查与起诉滥用市场势力案例时的难度，以进一步落实《竞争法》（Competition Law）。此外，该委员会也负责促进能源市场信息开放度与行业透明度。委员会并设有专门分管能源决策的分支机构，其下辖的各个决策机构分管某一特定行业的竞争性政策决策。
- 国家竞争局（National Competition Authority）。国家竞争局与联邦卡特尔办公室、德国各州的竞争局共同负责监管能源行业的市场势力。
- 垄断委员会（Monopolies Commission）。由一批科学家与法律专家组成，其成员由总统在政府的推荐下任命，主要职能为评价德国天然气与电力市场的竞争。同时，针对天然气与电力市场的竞争趋势发表两年一度的报告。

第四节 德国能源管理政策体系

在能源政策方面，联邦主要负责通过相关的立法，各州主要负责全国性法律的贯彻实施。在制定能源政策的过程中，各州参与部长会议（Bundesrat），部长会议由政府与州各相关委员会联合组成。

2002年以来，德国最重要的能源政策转变是2005年的能源产业立法以及网络传输监管机构（BNetzA）的建立，同时可再生能源使用的扩张以及新的能源效率目标的提出都是德国能源政策的重要变化。此外，德国政府也加紧制定了未来几十年指导德国能源政策的政策路线图。

一、反垄断与监管

- 1935 年德国《能源经济法》（Energiewirtschaftsgesetz，Law of Energy Economy of Germany）：该法律是德国最主要的能源立法，是德国能源法体系中的基本法，主要对电力和天然气市场的相关问题进行规范。该法的目的在于确保"尽可能安全和廉价地"组织能源供应，并授权有关部门负责能源的监管、市场准入、退出和投资控制。这一目的主要通过划定区域界线，由国家监督价格并控制竞争，建立和保证可靠的、城乡价格统一的电力供应经济体系。
- 1957 年德国《反对限制竞争法》（简称卡特尔法，Germany's Competition Act）：该法律的执行机构简称卡特尔局。联邦卡特尔办公室监管能源领域的并购事宜，原则上禁止以阻碍、限制或扭曲竞争为目的或者产生阻碍、限制或扭曲竞争后果的企业间协议、企业联合组织的决议以及协同行为。
- 1998 年德国《能源法案》（Energy Act）：明确了能源产业的国家监管。该法案第 18 节要求，德国电力和燃气产业须服从国家监管，目标是控制相关企事业的活动是否符合所有以能源供应安全为导向的法律法规和标准。
- 2004 年《德国国家分配方案》（National Allocation Plan, NAP）：德国联邦政府在欧盟排放量交易计划下制定的国家年度二氧化碳排放分配方案。该方案将 499Mt 二氧化碳分配给计划中包括的企业，这相当于与 2000—2002 年相比每年减少 5.2Mt 二氧化碳排放。
- 2005 年德国《反对限制竞争法》（第六次修订）（Germany's Competition Law）：这次修订是以欧共体法为导向对卡特尔法在体制上的修正，包括取消了过去第 103 条和第 103a 条关于对电力和天然气的特殊规定，废除了关于能源供给企业滥用监督的特殊规则，进一步加强竞争局（Competition Authority，Bundeskartellamt）的职权，进一步落实卡特尔法，同时对天然气与电力行业所普遍存在的滥用市场势力的情况进行更有效的监督等。
- 2005年《能源产业法案》（Energy Industry Act, EnWG）：它是德国能源监管的主要法律依据。这部法律调整的目的是对电力和天然气市场逐步自由化和放松监管，以降低电力和天然气价格，并在欧洲共同市场中保持竞争力。这部法律根据欧盟对天然气与电力生产的指导性意见修订，它制定了德国新的能源政策框架，旨在将欧盟有关电力内部市场的共同规则的指令转化为国内法。例如，根据欧盟指令，EnWG规定了能源供应和电厂及电力线路建设的公正和非歧视原则，要求任何从事电力生产和供应的企业都可以自由建设电厂和电力线路。

二、保证能源独立与安全

- 1998年《能源法案》（Energy Act）：主要通过3种机制来确立能源供应安全，包括公共能源供应的准入制度，即许可证制度；保护所有小型能源消费者；以及能源产业的国家监管。
- 2000年《可再生能源优先法》（Renewable Energy Sources Act）：本法制定的目的是为了保护气候和环境，保证能源供应的可持续发展和显著提高可再生能源对电力供应的贡献，从而实现欧洲联盟和联邦德国的目标，即到2010年使可再生能源在整个能源消耗中的比重至少翻一番。
- 2004年《可再生能源优先法》（Renewable Energy Sources Act, Revised）修订案：制定本法旨在促进提高可再生能源在电力供应中所占的比重，至2010年至少提高到12.5%，至2020年至少提高到20%。为此，该法律明确规定了利用各种可再生资源生产电力的企业的偿付。
- 2005年《能源工业法案》（Energy Industry Act）：为加强能源产业竞争、确保能源安全、能源生产可持续发展等问题制定了政策框架。要求电力生产企业为自己的电力产品标明生产过程中所使用的能源种类。

三、能源研发与技术创新

- 2004年《可再生能源法案》(Renewable Energy Sources Act, Erneuerbar-Energien-Gesetz, EEG)：该法案的目的在于促进电力供应的可持续发展，保护德国的气候和自然环境，并进一步促进利用可再生能源发电的科学技术；规定优惠税率政策每4年必须重新审定以保证每个行业得到足够的补贴；BMU负责《可再生能源法案》的落实，同时也负责影响能源领域的环境管制。

- 2006年《KLIMAZWEI研究项目》(KLIMAZWEI Research Programme)：由德国联邦政府教育与研究部资助的科研发展项目，主要研发减轻和适应气候变化的技术和策略。该项目已资助的新能源项目包括关于在货运中运用风能对化石燃料使用和二氧化碳排放的影响的研究，以及为生物质能的运用创建各地区数据库等。

- 2009年《可再生能源法案补充条例》(Renewable Energy Sources Act)：为风能发电企业提供更高的税收返还。

- 2009年《可再生能源供热法案》(Renewable Energies Heat Act, EEWärmeG)：目的在于在2020年以前将可再生能源在供热中的比例提高到14%。该法案规定在新建成的建筑物中必须使用可再生能源供热，同时赋予各州制定相关政策的自由，以解决现有建筑物可再生能源使用的问题。

四、能源效率与节能

- 1999年《生态税法》(Eco-Tax Act)：德国与环境相关的生态税费包括能源税、电力税和汽车税以及垃圾、污水处理费，其实质是在燃油税的基础上引入生态保护理念，旨在解决能源问题，这是德国利用税收手段解决环境问题的一次尝试。德国生态税先从征收矿物油税开始，1999年又推出电力税。2000年到2003年德国陆续提高了电力税和汽车燃油税，并在2003年1月提高了取暖燃料税，2006年8月德国进一步引入煤炭税。生态税鼓励再生能源项目。使用再生能源发电的电力免征生态税，这些项目包括风能、太阳能、地热、水力、垃圾、生物能源等。

- 1999 年德国《燃油税》（Germany's Petroleum Tax Act）：德国燃油税为增值税和能源税之和，税金在燃油价格中所占比重在三分之二左右。其中增值税税率为 19%，以税前油价与能源税之和为基础征收，能源税则根据燃油种类，以固定数额征收。税标准与能源对环境的污染程度成正比。目前能源税征收具体标准为：液化天然气每千克 18 欧分（22.86 美分），柴油每升 47.04 欧分（56.45 美分），无铅汽油每升 65.45 欧分（83.12 美分），含铅汽油每升 72.1 欧分（91.57 美分）。
- 1999 年德国《电力税》（Germany's Electricity Tax Act）：是德国《生态税法》于 1999 年推出的税种，并于 2000 年至 2003 年逐步提高。
- 2005 年《国家循环方案》（National Cycling Plan）：该方案目的在于减少交通领域的二氧化碳排放量。该方案还支持各州和地方政府采取措施改善循环基础设施并强化民众对于循环重要性的认识。
- 2006 年《同盟法案》（Coalition Act）：德国联邦政府强调了提高能源利用率的重要性，并制定了一系列目标，包括逐步提高发展国民经济中的能源利用效率，力争在 2020 年以前将能源效率提高到 1990 年水平的两倍等。
- 2007 年《能源效率行动计划》（Energy Efficiency Action Plan）：整合了年度能源峰会和"能源和气候变化综合项目"的结果，回顾了现有的能源效率政策并提出、修订了 32 项提高能源效率的措施，包括提高建筑物能效标准、通过德国联邦政府获得高能效产品和服务等。
- 2009 年《Kfw 能效修复项目》（The KfW energy-efficient rehabilitation programme）：该项目为住宅提供长期低息贷款，用来采取修缮修复措施以减少能源消费量，或用于购买新修缮的建筑物。同时，该项目还支持鼓励利用生物质能、热泵和太阳能进行供热。

五、能源与环境

- 2000 年《工业二氧化碳协议减排》（Agreement with Industry on CO_2 Emissions Cuts）：该协议是德国政府和工业代表之间就德国工业二氧化碳排放量达成的协议。该项协议不仅针对二氧化碳，还包括《京都议定书》中列举的其他 5 种温室气体。同时，政府将推迟其他管制措施，并适当减少工业企业的环境税。

- 2002 年《核能修正法案》（Energy Act）：该法案是政府与能源业者在核能使用上达成协议的结果。该修正案制定了在商业发电领域逐步放弃核能的时间表，在法律上确认了核能将逐步退出德国的能源领域。

- 2004 年《排放量交易法》（Emissions Trading Law）：该交易法为德国排放量许可的交易提供了法律框架。

- 2004 年《可再生能源法案》（Renewable Energy Sources Act，Erneuerbare-Energien-Gesetz，EEG）：该法案希望通过发展可再生能源发电技术，减少化石燃料污染，从而保护德国的气候和自然环境。

- 2005 年《国家气候保护项目（修正）》（National Climate Protection Program, Revised）：该修正案更新了 2000 年最初的"国家气候保护项目"，以确保德国遵守国际减排要求，在 2008 年至 2012 年期间使其温室气体排放量与 1990 年水平相比减少 21%。该项政策还为 2012 年之后进一步的政府气候保护措施提供了基础。

- 2007 年《能源和气候变化综合项目》（Integrated Climate Change and Energy Programme）：该项目根据此前德国政府政策说明和能源峰会，为能源供应安全、提高经济效率和保护环境等问题制定了指导方针。该项目计划在 2020 年以前使温室气体排放量与 1990 年水平相比减少 40%。

- 2009 年《大排量旧车报废计划》（Old Vehicle Scrappage Scheme）：这是德国政府在 2009 年为了促进经济恢复、减少环境污染的一项措施。德国政府提供原定计划出资 150 亿欧元，以补贴支持人们购买大约 60 万辆满足欧四排放标准的新车。

第五节 德国能源管理体制特征与启示

德国在战后建立了所谓市场竞争的自由原则与社会利益的均衡原则相结合的"社会市场经济（Soziale Marktwirtschaft）"体制，其特征可以概括为：市场竞争＋国家宏观调控＋社会福利制度。该体制首先强调的是市场竞争的重要性，认为这是市场经济的核心。德国"经济奇迹之父"路德希·艾哈德说："竞争不可分地是市场经济制度的组成部分，甚至是它最内在的要素，排斥、损害或阻碍竞争都必然导致根本毁坏这种制度。"但与此同时，考虑到个人和私人企业排斥竞争的市场本能，德国政府又非常重视市场竞争的秩序，制定必要的法规致力于保护竞争。德国的能源活动和能源管理都是在这一基本框架下展开的。重视竞争并保护竞争的思想对于中国建立和完善社会主义市场经济、推动以市场化为导向的能源管理体制改革具有重要的借鉴意义。

一、建立能源市场监管机构

德国作为高度发达的市场经济国家，虽然煤炭与天然气的储量在欧洲相对丰富，但是自身的生产能力无法满足其国内的能源需求，需要大量进口包括煤炭、石油与天然气在内的一次能源。其国内能源市场特征明显，即在上游生产环节相对集中，下游配售环节相对分散。例如，煤炭、石油、天然气的生产以及发电和输电都属于高度集中的市场，由若干个较大规模的企业共同控制，具有较大的市场势力，并且许多大规模的能源企业同时经营煤炭、石油、天然气以及电力等多个行业，垂直一体化的程度较高。而石油产业的下游市场、天然气的配售以及配电售电都有众多的企业参与。这种市场结构使得监管活动在德国的能源管理体制中扮演着最为重要的角色，通过成立专门的专业化的监管并通过相关的法律措施来限制能源行业的市场势力。对于中国来说，能源管理体制改革的一项重要内容就是建立能源市场的监管机构和完善监管的法律政策体系，否则，以市场化为取向的改革目标就会落空。

联邦网络传输监管局（BNetzA）对天然气与电力市场进行独立监管，使能源监管逐步走向制度化。德国是联邦制国家，联邦政府的主要职能定位为政策制定、信息提供、组织协调和检查监督，具体的管理则有州和地方政府负责。原来并没有在联邦层面上设立专门的监管机构，而是由法律授权联邦卡特尔办公室广泛的调查权力，控制企业的市场势力。欧盟对天然气与电力生产的指导性意见催生了德国新的能源政策框架，并在 2005 年促成了《能源产业法案》（Energy Industry Act, EnWG）的实施。原来负责监管邮政与电信市场的监管机构更名为联邦网络传输监管局，监管领域扩展到能源市场，集中于天然气与电力传输的管道费用（grid fees），并保证相关传输网络提供第三方许可（third-party access）。网络传输监管局是独立的监管机构，其决策机构成员（包括主席与副主席）不由政府任命，除非获得德国政府内阁部长会议的通过，主席与副主席不能被政府罢免。传输监管局做出的政策，政府都必须遵守。但是，网络传输监管局通过独立决策所制定的政策可以被上诉至法院进行处理。

二、能源管理职能较为分散

德国没有专门的能源部，而是由综合经济部门联邦经济与技术部（BMWi）进行管理。其能源政策部门负责能源战略、能源政策研究，协调煤电油气的生产与供应。BMWi 指导联邦地球科学与自然资源研究所（Federal Institute for Geoscience and Natural Resources, BGR）针对能源问题进行研究并向政府提出建议。在能源统计方面，除了联邦统计办公室（Federal Statistical Office, StBA）、联邦经济与出口控制办公室（Federal Office of Economics and Export Control, BAFA）外，由能源产业协会与能源研究机构的代表联合组成的能源平衡工作组（Working Group on Energy Balances, AGEB）代表 BMWi 开展相关工作并进行德国全国能源核算。

除了联邦经济与技术部外，联邦环境、自然保护与核能安全部（BMU）负责可再生能源的市场化以及针对可再生能源的相关科研活动，并负责《可再生能源法案》（Renewable Energy Source Act）的落实。BMU 也与各州共同监管、指导与核电站相关的建造、运营以及拆毁的许可与监管工作，还有核燃料的运输、短期储存以及核废料的处理设施的建造与运营工作。**联邦运输、建筑与城市事务部（BMVBS）与 BMWi 共同负责与建筑相关的节能事务**，BMVBS 也参与国家能源战略的制定工作。针对能源排放贸易、能源清洁发展机制以及气候变化方面的相关事务由联邦环境署下（UBA）的德国排放交易局（DEHSt）管理。

在监管方面，除了联邦网络传输管理局外，**联邦卡特尔办公室（Federal Cartel Office，Bundeskartellamt）负责管制能源行业的并购，监督反竞争的市场行为**；**国家竞争局（National Competition Authority）与联邦卡特尔办公室、德国各州的竞争局共同负责监管能源行业市场势力的事务**；**垄断委员会（Monopolies Commission）评价德国天然气与电力市场的竞争，针对天然气与电力市场的竞争趋势发表两年一度的报告**。

第六章 日本能源管理体制

作为资源稀缺的发达工业化国家，日本是能源消费大国和进口大国，其能源管理目标的侧重点是保障能源供应和能源安全。不同于西方国家"政监分离"的主流模式，日本采取"政监合一"的能源管理模式，经济产业省下属的资源能源厅统一负责能源管理的政策职能、监管职能和资源管理职能。

第一节 日本能源发展概况与管理目标侧重点

一、日本能源发展概况

（一）能源消费

日本作为发达的工业化国家，虽然能源禀赋稀缺，但却是世界第四大能源消费国。2010年日本能源消费总量为5亿吨标准油，占世界能源消费总量的4.2%（见图6-1）。其中，煤炭消费1.28亿标准油，占比25%；石油消费2亿吨，占比40%；天然气消费8500万吨标准油，占比17%；核电消费6600万吨标准油，占比13%；可再生能源消费2440万吨标准油，占比5%。

日本长期以来一直保持对国际石油资源的高度依赖，在1973年以后多次遭遇"石油危机"，日本逐渐将石油安全与基于全球市场的资源"可获得性"联系在一起。1990年以后，日本对国际石油的依赖明显降低，石油在其能源消费结构中的比例也由1975年的73.40%下降到50%以下。与此同时，天然气和核电比重则逐步趋于上升。

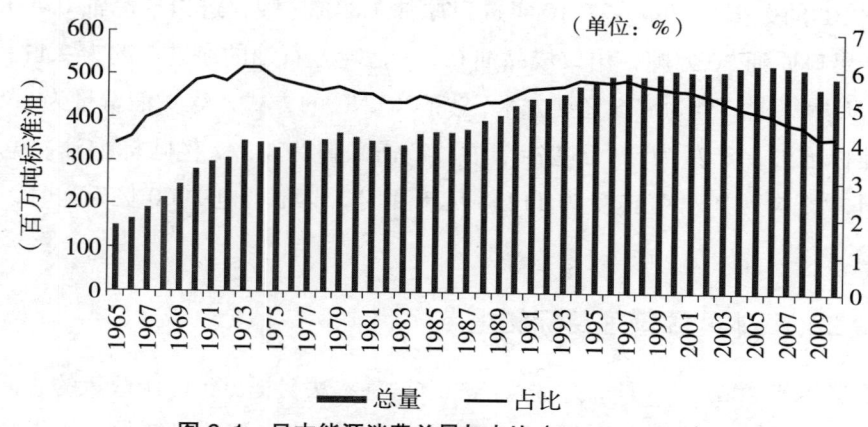

图 6-1　日本能源消费总量与占比（1965—2010）

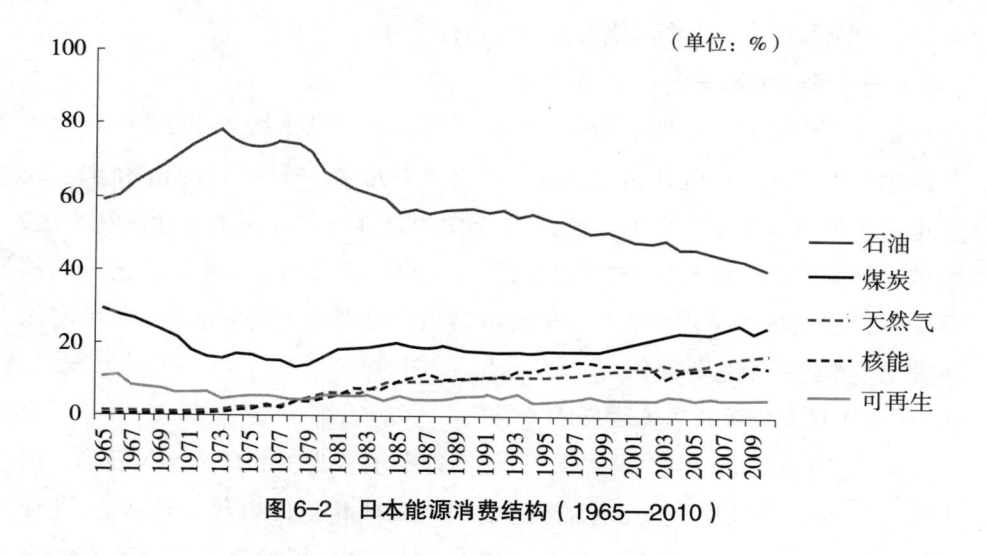

图 6-2　日本能源消费结构（1965—2010）

（二）能源供应

日本是一个能源贫乏的国家，尤其是化石燃料能源，其探明储量与产量在亚太地区所占比重很小。根据BP的统计数据，日本的煤炭探明储量仅有3.5

亿吨（占世界的比例不到 0.1%），可谓极度贫乏。能源供应方面，日本只生产极少部分的煤炭（50 万吨标准油）和石油，99% 以上的化石能源依靠进口。根据 BP 的数据，日本在 2010 年进口原油 1.848 亿吨，进口成品油 0.409 亿吨，出口原油 30 万吨，出口成品油 0.141 亿吨，石油的净进口约为 2.113 亿吨。天然气进口量为 935 亿立方米，全部以 LNG 的方式；煤炭消费量为 1.237 亿吨标准油，产量为 50 万吨标准油，产需缺口为 1.232 亿吨标准油。电力方面，日本 2010 年发电量为 11453 亿千瓦时，其中核电 2900 亿千瓦时，占比 25%。

二、日本能源管理目标侧重点

日本于 2002 年 6 月通过的《能源政策基本法》提出了能源政策的总体方向，即把能源的稳定供给安全、环境适应性以及市场调节机制的运用作为制定所有能源政策的优先原则。这三大优先原则构成了日本能源政策的三大目标。各种能源政策基本都围绕着这三大目标展开。

（一）保证能源安全

能源安全是日本能源政策体系的首要目标。特别是从 20 世纪 70 年代的石油危机以来，日本就开始加强能源供给的多元化，减少对石油的依赖。政府也积极地参与能源资源的上游开发。如 2007 年 3 月修正的《能源基本法》着重提到要支持能源开发公司以促进石油发展，增强与主要产油国之间的整体关系，加强石油储备体系和其他应急措施。提高能源效率也是日本政府能源安全政策的一个主要部分。

（二）提高能源的环境适应性

进入 20 世纪 80 年代中后期，以化石能源消费为主的日本不仅面临国内大气污染问题，还要面临全球化的温暖化问题。日本于 1980 年 5 月制定了《促进石油替代能源的开发和导入法》，同年 11 月内阁会议确定了 10 年后的"石油替代能源供应目标"；1994 年 12 月内阁会议通过"新能源推广大纲"，宣布日本发展新能源和可再生能源；1997 年 4 月颁布的《促进新能源利用的特别措施法》基本框架就是与新能源相关的基本方针、指导和建议以及促进企业对新能源的利用；2001年《新能源利用特别措施法》增加了新能源的利用量，扩大新能源的需求。

（三）促进能源市场的竞争

日本政府试图在价格机制改革方面，充分考虑社会各利益主体的承受能力，建立能够反映资源稀缺性、市场供求关系和环境成本的价格形成机制。在深化石油价格改革方面，1987年6月的《面向20世纪90年代的石油产业和石油政策》提出逐步推进石油产业放松规制的五年计划。1987年7月至1993年3月，石油产业实施了废除汽油生产计划限制等七项规制措施。1996年至2002年间废除了《特定石油产品进口暂时措施法》。电力市场方面，日本采取了比较保守的做法，没有照搬西方国家电力体制改革的一般做法，而是在维持原有的发、输、配、售一体化的电力体制下，通过强化政府对输配电网垄断业务的监管，来实现公平、无歧视的开放电网的目的。

第二节 日本能源产业组织结构

日本鼓励能源进口以保障国内能源供应，在煤炭、石油、天然气进口方面尽可能提供一个自由化的市场环境。同时扶持企业积极参与海外化石能源资源的开发与生产。

一、煤炭

从1958年起，日本的进口油价已低于煤价。于是"国民经济倍增计划"在能源政策上采取了重大转变，允许使用便宜的进口石油，促成了日本历史上一次著名的"能源革命"。[①] 从19世纪60年代后期开始，虽然日本煤炭工业的采煤效率迅速提高，但是煤炭生产量急剧下滑。到20世纪90年代，日本的煤炭生产仅靠两三家大型现代化矿井维持，其他煤矿企业全部停产关闭。随着1997年3月三井三池煤矿和2002年1月太平洋煤矿的关闭，日本本土

---

① 朴光姬：《日本的能源》，经济科学出版社2008年版，第138—139页。

的煤炭生产几乎停止，99.6%的煤炭消费量都依靠进口。在进口方式上，为保证更为廉价地取得国际煤炭资源，日本企业往往积极地参与到海外煤炭资源开发中，因此尽管近年来煤炭贸易价格因国际能源市场总体需求增加而上升，但日本由于"份额煤"及长期合同方式获得煤炭资源，所受影响并不显著。进口市场也是一个自由化的市场。

二、油气开采

1973年第一次"石油危机"爆发，日本政府对于日本公司参与世界各地石油开发的行动提供举国支持，即通过日本石油公团（JNOC）支持私营公司，联合私营部门成立项目公司。[①] 该模式的优势在于加强石油工业的资金基础，集中运用各行业的私营资本，由政府与私营部门分担风险。石油公团的具体作用包括：（1）在勘探阶段，石油公团以投资和贷款的形式可提供多达70%的资金。（2）在开发阶段，私营资本向日本国际合作银行（EXIM）和私营银行贷款和融资，石油公团为这些融资提供担保。（3）在生产阶段，项目公司向银行和石油公团还贷，而石油公团的红利则在石油公团和私人股东间分享。（4）石油公团的其他支持作用还包括为项目的启动创造有利的环境、研究和开发上游技术、为私营部门的工程师提供培训、为产油国提供技术和教育方面的合作、提供全球石油上游业的信息与情报等。

但是自1997年以来，日本的政坛和舆论界出现了对日本政府石油开发政策的强烈批评，认为石油公团的工作缺乏效率，项目分散，企业对勘探和开发往往缺乏通盘的投资战略，私营公司和石油公团对投资缺乏严格的管理。2002年7月19日，日本国会正式通过《独立行政法人-石油天然气-金属矿产资源机构法》，决定废除原隶属于资源能源厅的"石油公团"，将日本金属矿

[①] 为了确保稳定的石油供应和促进日本公司在国内外的石油勘探与开发活动，作为日本通产省顾问团的能源咨询委员会于1967年建议成立一个促进石油工业发展的机构。根据这一建议，同年10月建立了日本石油开发公团。1978年6月改名为日本石油公团。日本石油公团是一个政府实体，并不直接从事石油的生产与经营活动，而是通过协助和指导各石油公司的生产与经营活动来推行国家的石油政策。它没有自己经营的企业，业务活动全部通过运作国家专用资金账户来完成。它与政府资金账户、金融机构、油气勘探开发企业和石油储备公司的业务关系全部实行市场经济的投资、借贷和担保原则。

业事业团和日本石油公团这两个机构合并成为日本石油天然气与金属矿产资源机构。合并后，该机构不再隶属于日本经济产业省资源能源厅，而是成为独立运作的行政法人机构，在政府与企业、银行与企业之间发挥着重要的作用。目前，日本从事石油开发的主体主要由私人企业组成。私人企业过去由"日本石油公团"所有的部分股份，在"石油公团"解散后转由日本政府持有或进行市场出售。国营企业日本石油天然气与金属国家公司（JOGMEC）为这些企业提供信息、资金、技术等全方位的支持。

三、炼油与配售

日本炼油、石油产品配售的主体也由私人企业组成（包括外国企业）。日本的炼油市场在1996年3月废除《特定种类的石油成品油进口的临时措施法》后，竞争程度有所提高，但是通过重组合并，大公司的市场势力仍然非常强大。1999年，日本石油（Nippon Oil Corporation，成立于1888年）与三菱石油（Mitshubishi Oil，成立于1931年）合并，成立了当时日本最大的石油公司，并在2002年6月27日改名为"新日本石油"（ENEOS）。ENEOS在石油勘探开采、炼制与销售油品、生产石化产品的上中下游采取了一体化，是日本最大的石油进口商和营销商，也是日本最大的石油精炼商，在日本汽油市场占有23%的份额，经营着13100多个加油站。2008年，新日本石油公司再次重组，与当时排名日本第六的新日矿控股公司宣布合并，通过组建控股公司的方式实现了统一经营。合并后的新公司占有日本汽油市场33%的销售份额，成为具有压倒性优势的企业。

在终端零售市场上，随着市场的持续开放和新公司的进入，竞争不断加强并趋于稳定。日本的汽油服务站在1994年达到顶峰后，数量在持续下降，目前的总数约为38万家，比1994年时要低20%左右。[①]

四、天然气

天然气方面，帝国石油公司（Teikoku）和日本石油勘探公司（JAPEX）

---

① IEA, Energy Policy of IEA Countries: Japan 2008 Review, p.105.

是日本开发国内石油和天然气的主力,在新潟(Niigata)、秋田(Akita)、北海道(Hokkaido)等地生产和销售天然气。但是日本的天然气几乎全部依靠进口,并主要用于发电。电力公司依靠城市煤气工业获得煤气,同时煤气公司也参与电力市场。日本城市的煤气工业多由纵向一体化的地区性公司组成。截至2007年3月,日本共有213家煤气公司,其中33家是公用煤气公司。2006年日本的4家主要煤气公司(东京煤气、大阪煤气、东邦煤气和西部煤气)共占有76.4%的市场份额,市场集中度很高。

五、电力

日本从20世纪90年代开始对电力市场放松管制和实施自由化,改革的目标是在确保国家能源安全、保证电力长期稳定供应的前提下,通过引入新的电力供应商、建立公平竞争机制、逐步开放零售市场等措施,以降低电价及提高服务水平。但是,相对于其他实行电力市场自由化的国家和地区而言,日本的电力市场自由化改革幅度较小,也没有全盘解除管制的计划。[1]

日本电力行业的经营主体可以分为三类。

第一类主要由10家地区性的私营电力公司(东京、东北、北海道、中部、北陆、关西、中国、四国、九州及冲绳)组成。除冲绳电力公司(成立于1972年)外,其余9家早在1951年5月就已经成立。这10家电力公司在管理体制上采取了总公司-分公司的形式,按地区划分并负责相关区域内的发电、输电、配电和售电的纵向一体化服务。2004年,10家地区性电力公司的总装机容量占日本全国装机总容量的75.3%。

第二类是2家装机容量在2000兆瓦以上的发电公司——电源开发株式会社(EPDC)和日本原子能发电公司(JAPC)。它们主要负责向地区性的电力公司批发售电。电源开发株式会社(EPDC)是一个半官半民的机构,于1952年由政府与各大电力公司共同出资成立,最初的目的是为了大范围开发水电项目并负责运行,以及地区性的电力公司批发售电,现在也在从事燃煤及核

---

[1] 朴光姬:《日本的能源》,第149—159页。

电的建设和运行。其装机容量占日本全国装机总容量的 5.9%。日本原子能发电公司成立于 1957 年，当时是作为原子能发电的开拓者参股各地区性电力公司、电源开发株式会社以及其他相关的原子能工业企业。

第三类是若干电力批发商、特许营销商与非特许供应商。电力批发商中，除了电源开发株式会社和日本原子能发电公司以外，还有 34 个从事公用事业的企业和 20 个联合投资发电公司。这 34 个从事公共事业的电力企业由地方政府拥有和运营，负责向各地区电力公司批发电力产品，其总装机容量约占全国总装机容量的 1.0%。20 个联合投资发电公司是由各地区电力公司和大型电力用户（如钢铁公司、电解铝公司）联合投资组建的公司。联合发电公司主要向母公司批发电力产品，其装机容量约占全国总装机容量的 4.4%。"特许电力供应商"是在 1995 年 12 月电力法修改后为了推进用户直供电能工作而设立的。到 2001 年 3 月 21 日电力法再次修改，非特许供电商也可以向被解除用电管制的电力用户直供，但容量一般都很小。[①]

第三节　日本能源管理机构设置与职能分配

日本早在 20 世纪 60 年代就把分散在各部门的能源管理职能集中到一起。1970 年代的两次石油危机使日本能源管理体制的集中程度进一步提高。日本采取政、监、资合一的机构设置模式。经济产业省下设的资源能源厅是日本的综合性能源管理机构，负责制定全面的能源政策。集中的能源管理体制便于对能源进行长远规划和管理，比如建立统一的能源统计体系和指标体系，为制定合理、科学、及时、有效的能源政策提供全面准确的信息和数据，同时也为舒缓和释放各种能源风险和危机提供有力的组织保障。资源能源厅作为国家综合性能源管理机构，负责制定全面的能源政策，保障战略能源安全，保持有效率的能源供应，促进能源政策与环境政策的协调，并负责能源与环境政策的系统评估。

除了经济产业省外，环境省（Ministry of the Environment）和外务省（Ministry

---

① 朴光姬:《日本的能源》，第 146—147 页。

of Foreign Affairs）也分管部分能源方面的工作。2011年8月福岛核泄漏事故发生后，又在环境省下新设分支机构"原子能安全厅"[①]（见图6-3）。

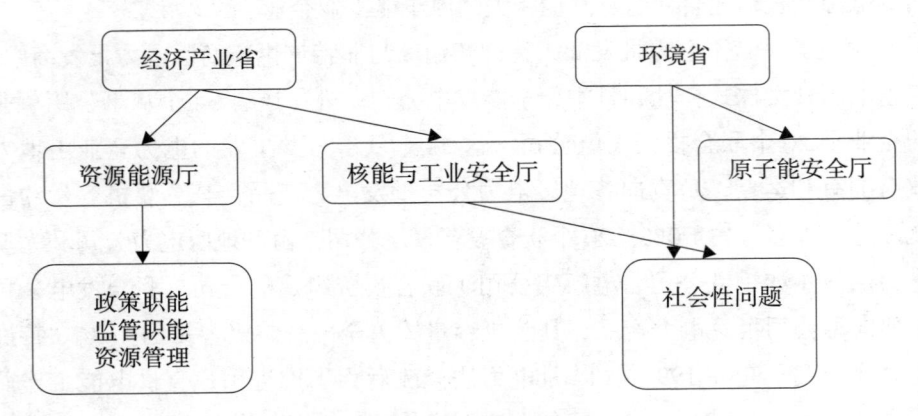

图6-3 日本能源管理机构设置

一、经济产业省——资源能源厅、核能与工业安全厅

（一）成立背景

20世纪五六十年代是日本经济高速增长的阶段，日本充分利用了当时低廉而稳定的海外石油、煤炭等能源。能源管理的重要性不突出，管理机构分散在经济产业省下属的矿山局、矿山保安局、煤炭局等部门。进口石油的管理机构仅仅是矿山局下属的石油课。[②]

20世纪70年代的石油危机促使日本加强能源管理。1973年7月25日设置了统一管理资源和能源的资源能源厅，改变了机构松散、权责交叉的现象，取消了矿山局和矿山保安局，增设了石油部。管理的重心从生产管理转移到了能源供应和能源自主开发上面，并提高了对能源国际合作的重视程度。1980年对能源管理机构又作了调整，增设了与核能相关的部分课室，将扁平化的组织结构调整为金字塔式的组织结构，以减少管理幅度，加强行政集权。能源管理职能部门具体设置见图6-4。

---

① 源自国际在线：http://gb.cri.cn/27824/2011/08/16/3245s3338806.htm。
② 尹晓亮：《战后日本能源政策》，社会科学文献出版社2011年版，第147页。

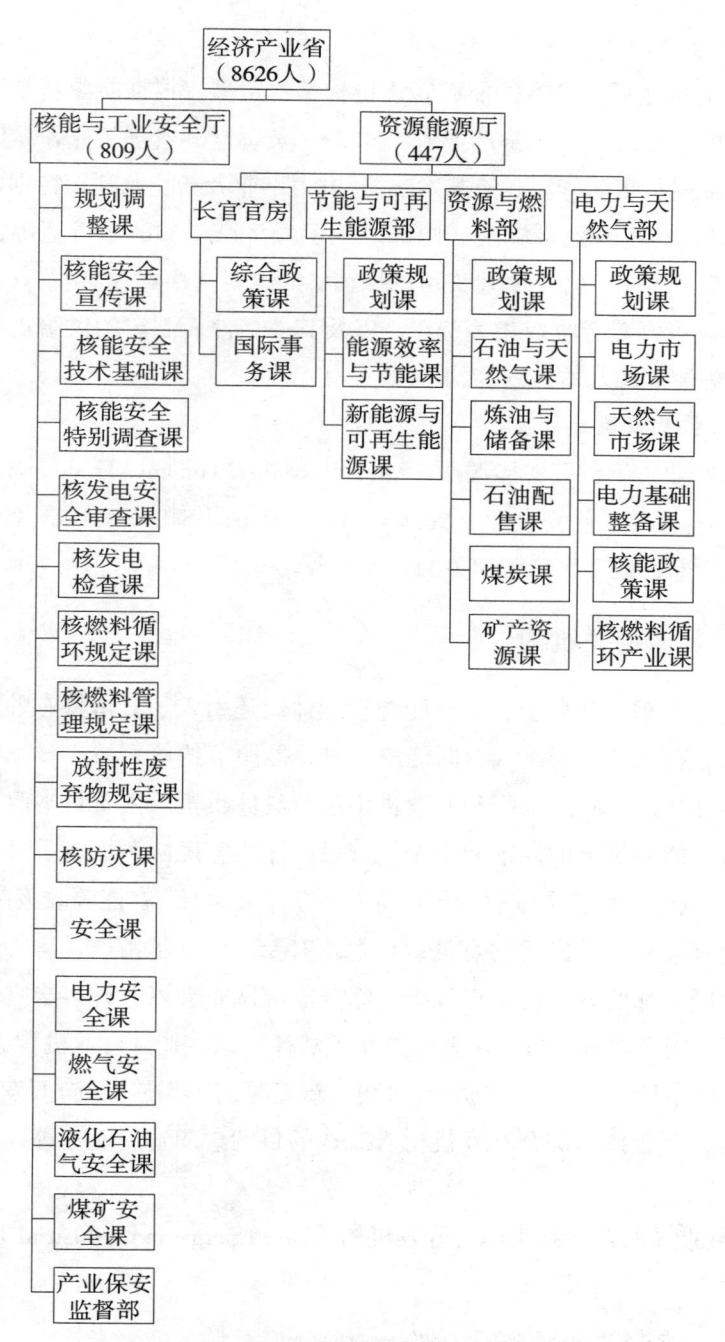

```
                            经济产业省
                            (8626人)
                  ┌────────────┴────────────┐
            核能与工业安全厅              资源能源厅
              (809人)                    (447人)
      ┌─────────┤              ┌──────┬──────┬──────┐
      │                      长官官房  节能与可  资源与燃  电力与
  规划调整课                          再生能源部  料部     天然气部
  核能安全宣传课              综合政策课  政策规划课  政策规划课  政策规划课
  核能安全技术基础课          国际事务课  能源效率与  石油与天然  电力市场课
  核能安全特别调查课                     节能课     气课
  核发电安全审查课                      新能源与可  炼油与储   天然气市场课
  核发电检查课                         再生能源课   备课
  核燃料循环规定课                                 石油配售课  电力基础整备课
  核燃料管理规定课                                 煤炭课     核能政策课
  放射性废弃物规定课                               矿产资源课  核燃料循环产业课
  核防灾课
  安全课
  电力安全课
  燃气安全课
  液化石油气安全课
  煤矿安全课
  产业保安监督部
```

图 6-4　日本经济产业省能源管理职能部门设置

(二)主要职能

石油危机之后,日本的能源管理机构基本定型。根据能源基本法和各能源专门法的规定,日本经济产业省(METI)负责能源管理工作,具体事务由下设职能部门负责。《能源政策基本法》《电力事业者新能源利用特别措施法》、《促进新能源利用特别措施法》中都规定了经济产业省的职责范围,具体包括:(1)事业许可;(2)事业许可的取消;(3)对从事石油事业、电力事业、天然气事业等事业者收取相关费用,以及其他条件而制定的供给规程予以认可;(4)编制能源基本计划等。

(三)机构设置[①]

经济产业省下设资源能源厅(Ministry of the Economy, Trade and Industry, METI)与核能与工业安全厅(Nuclear and Industrial Safety Agency, NISA)。厅下再设若干部、处负责管理相关的具体事务。

二、其他相关机构

在统一管理的基础上,日本能源管理体制还引入了日本特有的"官民协调"机制。在石油、天然气、新能源开发、能源节约等领域,日本都有相应的半官方性质或非政府部门和专业机构进行具体负责。由于日本政府和企业一起致力于能源供给的稳定和安全,官民一体或官民协调构成了日本能源体制的重要特点,也是日本政府干预经济的一条重要途径。在能源政策制定之前,为了广泛吸收和采纳民间的意见,日本政府专门成立了由产、官、学各界知名人士共同参加的各种能源审议会、综合能源调查会以及许多半官方性质或非政府的部门和机构。日本主要依靠相关法律对这些能源专业机构进行规范。例如,2002年日本制定了《独立行政法人新能源、产业技术综合开发机构法》,对新能源、产业技术综合开发机构NEDO的目的、职责、业务等问题进行了规定。

- 新能源与产业技术综合开发机构(New Energy and Industrial Technology

---

① 资料来源:日本经济产业省, http://www.meti.go.jp。

Development Organization，NEDO）是日本最大的研发机构之一，负责推行与能源和环境有关的科研项目，促进科研成果的广泛应用。

- 日本石油天然气金属矿物资源机构（JOGMEC）于2003年建立。2002年的《独立行政法人——石油天然气-金属矿产资源机构法》对其职责作了20项规定，包括：通过出资，提供在国外或本国周围海域进行石油等（包括石油砂和油页岩）的勘探、开采，以及在国外进行可燃性天然气液化所需要的资金，提供在国外勘探金属矿产所需要的资金；对金属矿业经营者勘探金属矿产所需要的资金（包括为提供该资金所需要的资金）进行贷款；提供在国外进行石油等的勘探和开采（包括相连带的冶炼。第5项亦同），以及进行可燃性天然气液化所需要的资金的债务担保，提供在国外开采金属矿产，以及与其相关的选矿、冶炼及其他事业所需要的资金（包括为提供该资金所需要的资金）的债务担保；受国家的委托进行国家的石油储备，以及国家储备设施的管理；对于加强石油储备所需要的资金（只限于购买石油所需资金）进行贷款，并对扩充石油储备设施（只限于由两家以上的石油冶炼业者，及经济产业省令确定的人出资的法人所进行的扩充设置行为。以贮藏国家储备石油为主要目的的除外）的必要资金，进行出资或者贷款；对金属矿产品进行储备等等。
- 新能源财团（NEF）是一家非盈利机构，负责帮助公众认识新能源和保障采用新能源的工业和地方经济的良好发展。NEF的另外一个目标是增进日本能源的自给自足程度。
- 日本节能中心（ECCJ）是经济产业省管辖下的公益法人（财团法人），主要负责推广与节能相关的工作。日本节能中心的宗旨是促进能源的有效使用、推动可持续性能源开发和防止全球气候变暖。日本的自愿性节能标签计划于2000年8月21日启动，它的实施便于消费者在购买电器时能够比较同类产品的能效水平。截至2004年8月份，已有13种目标产品被列入该计划，它们包括空调、荧光灯、电视机、冰箱、冰柜、电暖器、燃气烹饪设备、燃气热水器、燃油热水器、电马桶、计算机、磁盘机和变压器。
- 日本石油联盟（PAJ）由炼油企业与批发商（distributors）企业组成，目标是保障石油的稳定供应和促进日本石油工业的良好发展。
- 电气事业联合会（FEPC）由 10 家区域电力公司组成，负责保障电力企业的顺利运营（smooth management）。
- 日本气体协会（JGA）由城市天然气供应商组成，目标是促进日本城市天然气企业的良好发展。

此外还有：日本石油合作中心（JCCP）、日本石油研究所（JPI）、日本石油能源中心（JPEC）日本煤炭研究所（JCOAL）、日本原子力产业协会（JAIF）、原子力环境整治促进资源管理研究中心（RWMC）、原子力环境整治机构（NUMO）、日本原子力联合组织（JAERO）、电源开发公司（J-POWER）、电力中央研究所（CRIEPI）、电气安全环境研究所（JET）、海外电力调查会（JEPIC）、日本热供给事业协会（JHSUA）、日本核能安全组织（JNES）、日本能源经济研究所（IEE）、应用能源综合工学研究所（IAE）、氢能工业应用与储备研究中心（HYDROGENIUS）等等。

第四节　日本能源管理政策体系

以 20 世纪 70 年代遭遇的两次能源危机为契机，日本频繁修改能源法律，调整能源政策，并在新能源观的导向下，建立与环境相适应的能源安全供给。

一、20 世纪 80 年代以前

战后的日本在 1952 年至 1961 年间经济增长率达到 9.7%，能源需求率为 9.3%。面对高速增长的能源需求和高涨的能源价格，日本从 1960 年开始确定转变能源消费结构，实施综合能源政策。从 1960 年的《国民收入倍增计划》开始，日本确定了石油的主导地位，通过大力构筑能源供应保障法律体系，努力确保能源安全和供应稳定。一是颁布实施《石油业法》。《石油业法》于 1962 年 5 月 11 日颁布，先后于 1976 年、1978 年、1995 年、1999 年、2000

年进行了多次修改。按照该法的规定,国家制定年度石油供给计划,实施石油精炼业许可制、石油精炼厂新建和增建许可制,确保政府对石油业经营的控制和石油稳定而廉价的供应。为了增强本国能源供应的自主性,《石油业法》还采取了一些防止国际石油资本占领本国石油市场的政策方针。二是制定石**油和天然气储备法**。20世纪70年代初,日本先后制定了《石油储备法》和《天然气储备法》,建立了战略石油和天然气储备制度,通过立法强制国家和企业进行储备。《石油储备法》颁布后又经过了两次修订。2002年7月日本参议院会议通过了废止石油公团的法律,把石油储备转为国家事业。日本的石油储备有民间和政府两个主体。《石油储备法》规定,民营石油公司都要持有石油储备,实际库存根据每家公司的生产量或进口量而定。储备品种可以是原油、石油制品或是两者兼而有之,流通领域的库存依法算作实际库存,进口商储存要与进口的品种相同。从1972年开始,日本依法要求石油进口和石油加工企业储备满足60天需求的石油。此后又增加至70天。政府必须储备可供90天消费需求的石油。目前,日本拥有政府储备为92天,民间储备为79天,加上流通领域库存,日本的石油储备足够使用半年以上。2004年2月,日本成立了日本石油天然气金属矿产资源机构,作为独立的管理机构,从石油公团手中接管了国家石油储备的全部管理职责,包括管理国家石油和液化石油气储备、基地建设和运作,按政府指令释放储备的石油和液化石油气。在国内石油供应短缺或中断的情况下,首先考虑抑制需求;其次是动用民间储备,采用降低民间储备目标量的方式,而不是政府直接干预;最后才动用国家储备,经济产业省大臣拥有动用储备权。日本石油和天然气储备制度已经成为日本石油安全的重要保障。三是制定《石油公团法》。日本于1967年7月29日公布施行《石油公团法》,规定石油公团主要是提供石油天然气勘探开发时所需要的资金,目的是促进石油天然气的勘探、开发和储备,以确保石油等的安全低廉供应。根据《石油公团法》,日本政府出资150多亿美元设立石油公团,负责在全世界范围寻找和开发石油,实行石油进口渠道多元化,力图分散能源供应风险。石油公团下辖的70多家企业主要集中在沙特阿拉伯、阿拉伯联合酋长国、印度尼西亚等中东和亚洲地区。

同时日本还推出了原子能和天然气的管理政策，具体内容包括：（1）加强国际交流和合作。1955年11月日本与美国在华盛顿签署了"日美原子能研究协定"。（2）颁布"原子能三法"。1955年12月，日本制定并颁布了《原子能基本法》《原子能委员会设置法》，修改了《总理府设置法》，形成了推进原子能发展的法律框架和组织机构的雏形。（3）扶持原子能研究、产业及核电站建设。日本为组建原子能研究开发实施机构和改组行政机构，在1956年先后颁布了《科学技术厅设置法》《原子能研究法》和《核燃料公社法》等法律。在1960年4月通产省在产业合理化审议会内设立了原子能产业部会。1962年11月日本第一座核电站开工建设，随后东京、关西、中部、四国、北海道、中国、东北、九州等电力公司也随后制定了建设计划。（4）引进液化天然气。引进LNG的政策提出较晚，在1971年公益事业局开始调查和审议引进LNG，随后不少煤气公司开始使用LNG。

经过20世纪70年代的两次石油危机以后，日本进一步加强了能源管理：一是采取应急管理措施。成立应急管理机构"紧急石油对策推进本部"、"稳定国民生活紧急对策本部"、"以资源和能源为中心的运动本部"。制定《石油紧急对策纲要》和应急管理措施，颁布具有强制约束力的《石油供需合理化法案》和《国民生活安定紧急措施法案》（均在1973年11月颁布），加强对石油供应及物价稳定的监控等。二是制定并实施节能政策。为了在产业部门、民生部门和运输部门提高能源利用率，日本于1979年6月颁布并实施《能源石油合理化的有关法律》（简称《节能法》)。《节能法》是日本能源管理的核心法律之一，该法先后于1993年、1997年、1998年、1999年、2002年、2005年和2006年进行了多次修改。《节能法》提出，立法目的在于"适应国内外关于能源的经济和社会环境，确保燃料资源的有效利用，本法试图通过构筑综合推进工厂、运输、建筑物以及机械器具等有关合理使用能源的必要措施，以及合理使用其他能源的必要措施，以实现国民经济健全发展之目的"。该法分别对工厂、运输、建筑物、机械器具等相关行业合理使用能源的具体措施进行了详细规定。对办公楼、住宅等建筑物也提出了明确的节能要求，并制定建筑物的隔热、隔冷标准，还提高了汽车、空调、冰箱、照明灯、电视机、复印机、计算机、磁盘驱动装置、录像机等产品的节能标准。以《节约能源法》为依据，日本通过改革税制，积极鼓励企业节约能源，大力开发和使用节能新产品，对未达标企业或产品进行处罚。达标节能产品可以享受减免税优惠，使其在不增加能源消耗的前提下实现经济总量的大幅增加，节能技术也取得了飞速发展。三是加强国际能源合作。一方面加强与中东产油国的合作，实行贷款、技术换石油政策，另一方面加入美国倡议的石油消费国同盟，参与国际能源合作。四是推动能源供应结构与消费结构转型。促进能源供应源和能源种类的多元化，提升化石能源清洁化能力和大力研发可再生能源技术，限制高能耗、高排放的产业，大力推进加工组装产业，确定扶植低能耗的新产业。五是加强政府监管。包括行政管制（如企业产业转型的行政管制）、经济监管（如价格监管、投资监管、财务会计监管）和法律规制（如《公害损害健康赔偿法》《自然环境保护法》《特定萧条产业安定临时措施法》《航空工业法》《工业布局促进法》等）。

二、20 世纪 80 年代至今

进入 20 世纪 80 年代以后，世界能源市场波动较大，原油价格持续高企，日本在继续加强能源危机管理基础上，摈弃了传统的能源管理方式，树立了 3E（Energy-Economy-Environment）与 3R（Reduce-Reuse-Recycle）的新能源观，即能源-经济-环境协调发展与减少使用-重复利用-循环使用的发展路径。日本于 2002 年颁布了《能源政策基本法》（Basic Act on Energy Policy），为未来的日本能源政策方向定调。该法案包括三个基本方针：保持能源的稳定供应；与环境要求相适应；充分利用市场机制。随后，日本又相继出台了《能源基本计划》（Basic Energy Plan）和《国家能源新战略》（New National Energy Strategy）作为对《能源政策基本法》的补充和修改。《能源基本计划》（2003）的补充主要在于：促进核能发展，稳定地进一步鼓励新能源的使用；推进战略性和全面性的政策，以保障石油和其他能源的稳定供应；牵头计划和带动有效的节能和应对气候变化国际方案；通过推动科技发展，解决现在能源和环境的局限性。《国家能源新战略》（2006）提出的目标包括：实现世界上最优的能源供求结构，制定未来运输能源计划、新能源创新计划、核电立国计划等；强化能源外交和能源环境合作（主要与亚洲国家）；完善能源危机管理，强化对紧急情况的应对机制。《国家能源新战略》还提出了一系列具体目标，包括：2030年前，将能源消费有效率（以GDP计算）提高至少30%以上；2030年前，将石油占比降低到40%或以下；2030年前，将交通部门对石油的依赖度降低到80%左右；2030年或以后，将核能占电力供应的百分比提升到30%—40%左右；2030年前，将日本企业石油资源开发占比提高到40%左右等等。

以新能源观为导向的日本能源政策重点集中在三个方面：

（一）构建能源安全链条

1. 减低、规避能源风险政策。一方面是推进海外能源自主开发政策，包括：着力构筑与资源国的合作关系，将能源开发纳入到资源国的经济建设中，提升日本国内能源企业的竞争实力，推进国内新能源的开发和利用。

2. 分散、防范能源风险政策。一方面是实施能源进口渠道多元化政策，将能源投资的中心从中东地区转移向俄罗斯、中亚、非洲、东南亚、南美等国家与地区；另一方面是实施进口能源多元化政策，加大了以铀为重心的能源外交。

3. 预防、控制能源风险政策。主要是对马六甲海域进行了军事渗透和布防，以便预防、控制海上能源风险的发生。

4. 弱化、化解能源风险政策。主要是通过《节能法》及相关的节能技术政策、节能目标管理政策等降低经济增长对能源消耗的依赖程度。

5. 缓解、缓冲能源风险政策。主要是指能源储备手段，包括石油储备、天然气储备。

（二）应对环境问题

加强降低石油依存度，增加石油替代能源的使用量，推进可再生能源和新能源的使用。其中最重要的是《促进石油替代能源的开发和导入法》（简称《能源替代法》）、《长期能源供求展望》以及《促进新能源利用的特别措施法》（简称《新能源法》）。其中，1997年4月18日制定的《促进新能源利用特别措施法》旨在促进发展风力、太阳能、地热、垃圾发电和燃料电池发电等新能源与可再生能源。该法于1999年、2001年、2002年先后进行了修改。1997年6月20日日本制定的《促进新能源利用特别措施法施行令》，具体规定了新能源利用的内容和中小企业者的范围。该法于1999年、2000年、2001年、2002年经过了多次修改。

（三）推动能源产业的市场化改革

1. 放松对石油产业的管制。1987—1993年间是第一次放松管制，1987年6月发表石油产业放松规制的行动计划（五年计划），分阶段对石油产业放松管制，主要措施是以石油的生产和销售环节为主，发挥市场机制，鼓励民间资本对石油产业的投资。1996—2002年间是第二次放松管制，1996年废除了《特定石油制品进口暂定措施法》，使石油制品进口自由化；2002年废除了《石油业法》，实现石油精炼业自由化，从而撤销了石油产业的供给调整限制；2001年通过《治理特殊法人等机构使其合理化》的内阁决议，于2002年7月26日废止了《石油公团法》；2005年解散了积累了大量不良资产的石油公团，重建石油开发业，完成了石油产业的自由化。

2. 放松对电力产业中的规制。日本在1995—2008年间分3个阶段进行电力体制改革。日本没有照搬西方国家采取发电与输电分开计价的一般做法，而是维持发、输、配、售一体化的电力体制，逐步放开用电用户，引入竞争机制。

第五节　日本能源管理体制特征与启示

一、由综合经济管理部门经济产业省进行统一的集中管理

资源能源厅作为国家综合性能源管理机构，负责制定全面的能源政策，保障战略能源安全，保持有效率的能源供应，促进能源政策与环境政策的协调，并负责能源与环境政策的系统评估。同时，资源能源厅还负责监管电力和天然气市场。

二、注重对能源专业机构和民间组织的建设，建立能源管理的多级体制

在国家统一管理的框架下，日本特别注重建设能源专业机构与民间组织，协助具体能源事务的管理。比如，石油危机后，日本组建"石油公团"（JNOC）对日本公司参与世界各地石油开发的行动提供举国支持，以保障石油供应安全。2002年7月19日，日本国会正式通过《独立行政法人-石油天然气-金属矿产资源机构法》，日本石油天然气与金属国家公司（JOGMEC）作为独立行政法人，在政府与企业、银行与企业之间发挥着重要的作用。同年，还制定了《独立行政法人新能源、产业技术综合开发机构法》，组建独立行政法人。新能源与产业技术综合开发机构（New Energy and Industrial Technology Development Organization，NEDO），负责推行与能源和环境有关的科研项目，促进科研成果的广泛应用。日本节能中心（ECCJ）是经济产业省管辖下的公益法人（财团法人），主要负责推广与节能相关的工作。此外，新能源财团（NEF）、日本石油联盟（PAJ）、电气事业联合会（FEPC）、日本气体协会（JGA）等公益法人和行业协会都在各自的专业领域发挥着重要作用。

日本政府与企业的目标和行动高度一致，通过各种立法活动，使众多准政府或非政府性质的专业机构在政府与企业之间进行协调和支持（贷款和担保），最终促进企业以自愿（voluntary）机制实现政府的政策目标。日本不仅在能源管理方面，在其他政府经济政策和经济计划的实施方面也都具有这种"官民协调"的特点。日本能够做到这一点，与其特殊的政治体制和企业制度是分不开的。以石油天然气金属矿物资源机构（JOGMEC）为例，根据2002年的《独立行政法人——石油天然气-金属矿产资源机构法》，该机构的具体职责包括：为国外或本国周围海域进行石油等勘探、开采，以及在国外进行可燃性天然气液化提供资金，对金属矿业经营者勘探金属矿产进行贷款，受国家的委托进行国家的石油储备，管理国家储备设施等。日本制定和实施的节能政策、能源储备政策之所以能取得良好的效果，原因就在于这种"官民协调"机制自始至终都发挥了重要的作用。以节能政策为例，日本采取了"经

济产业省-新能源、产业技术综合开发机构（NEDO）-节能中心"的三级组织架构。能源资源厅根据政府要求，制定完善的法规和条例以及经济产业政策，对企业的节能提出要求和奖惩措施；NEDO则是在经济产业省之下的独立行政法人，是行政组织体系中履行特定职权的专业性机关，在业务和宏观目标上受政府的指导，负责组织、管理研究能源开发项目，也负责提供研究经费，对重大科技项目初期给予全部资金支持；节能中心则为民间组织，总部设在东京，全国有8个分支机构接受经济产业省的委托，履行一定的任务（行政任务私法化），在政府与企业之间发挥中介机构的作用，对企业的节能情况进行评估，并提出整改建议，保证节能管理落到实处。日本在能源节约上的世界先进地位表明，这一管理体制有效地保证了节能目标的达成和技术的提高。

三、日本没有建立专门的监管机构，实行"政监合一"的管理体制

这是日本能源管理体制区别于其他市场经济国家的一个重要特征。当然，这跟日本的资源禀赋与产业组织结构有直接的关系。日本能源资源贫乏，能源管理的重点是保障能源供应，为此鼓励国内企业兼并重组以提高国际竞争力。在电力与天然气产业组织上，日本并没有照搬西方的自由化模式，仍然保持高度集中、纵向一体化和地区垄断的格局，因此也没有成立专门的市场监管机构，而是由资源产业厅下设的电力与天然气部进行管理，政监合一。

第七章 俄罗斯能源管理体制

俄罗斯是能源资源大国、生产大国和出口大国，与能源消费和进口大国相比，其能源管理目标具有显著差异。在"能源立国"的战略框架下，俄罗斯正逐步加强国家对能源资源的控制与管理，以谋求最大的地缘政治经济利益，试图以能源优势重振俄罗斯。在管理机构设置上，俄罗斯采取政、监、资三种职能分离的模式，此外，还成立油气管道委员会监管油气资源的出口。

第一节 俄罗斯能源发展概况与管理目标侧重点

一、俄罗斯能源发展概况

（一）能源消费

受经济转型和经济衰退的影响，俄罗斯的能源消费在20世纪90年代出现下滑。新世纪以来有所回升。1985年俄罗斯的能源消费量为8.14亿吨标准油，占当年世界能源消费量（71.38亿吨标准油）的11.4%，是同期中国能源消费量（5.22亿吨标准油）的1.5倍。从1985年到1989年，俄罗斯能源消费缓慢上升并达到顶点8.76亿吨标准油，占当年世界能源消费量（80亿吨标准油）的10.9%。从1990年到1998年，俄罗斯能源消费量持续降低，1992年能源消费量占当年世界能源消费量首次低于10%，1993年能源消费量首次低于中国，1998年达到最低点6.06亿吨标准油，占当年世界能源消费量（89.87亿吨标准油）的6.75%，是同期中国能源消费量（9.65亿吨标准油）的63%。

从 1998 年开始，俄罗斯能源消费量虽然开始增长，但是增长速度远远低于世界和中国，2003 年能源消费量不到同期中国能源消费量的一半，2010 年能源消费量 6.91 亿吨标准油，占世界能源消费量的 5.76%（见图 7-1）。

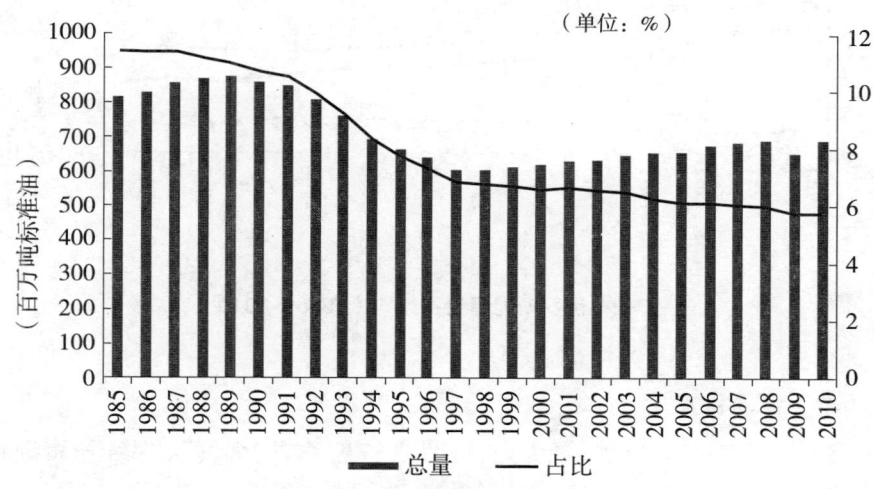

图 7-1　俄罗斯能源消费总量与占比（1985—2010）

分品种看，2010 年俄罗斯天然气消费量为 4141 亿立方米，相当于 3.73 亿吨标准油，占世界天然气消费量的 13.0%，位居世界第 2 位；石油消费量为 1.48 亿吨，占世界石油消费量的 3.7%，位居世界第 5 位；煤炭消费量是 0.94 亿吨标准油，占世界煤炭消费量的 2.6%，位居世界第 5 位；核电消费量 0.39 亿吨标准油，占世界核电消费量的 6.2%，位居世界第 4 位；水电消费量 0.38 亿吨标准油，占世界水电消费量的 4.9%；可再生能源消费量是 11 万吨标准油，占世界可再生能源消费量的 0.1%，位居世界第 41 位。

从能源消费结构看，俄罗斯各种能源按消费比重从大到小依次是天然气、石油、煤炭、核电、水电、可再生能源，2010 年其消费比重分别为 53.95%、21.36%、13.58%、5.58%、5.51%、0.02%。从纵向上看，俄罗斯天然气消费一直占据主导地位，近年来天然气在能源消费结构中占比超过 50%；石油、煤炭、水电所占比例有所下降，核电和可再生能源所占比例有所上升。

图 7-2　俄罗斯能源消费结构（1985—2010）

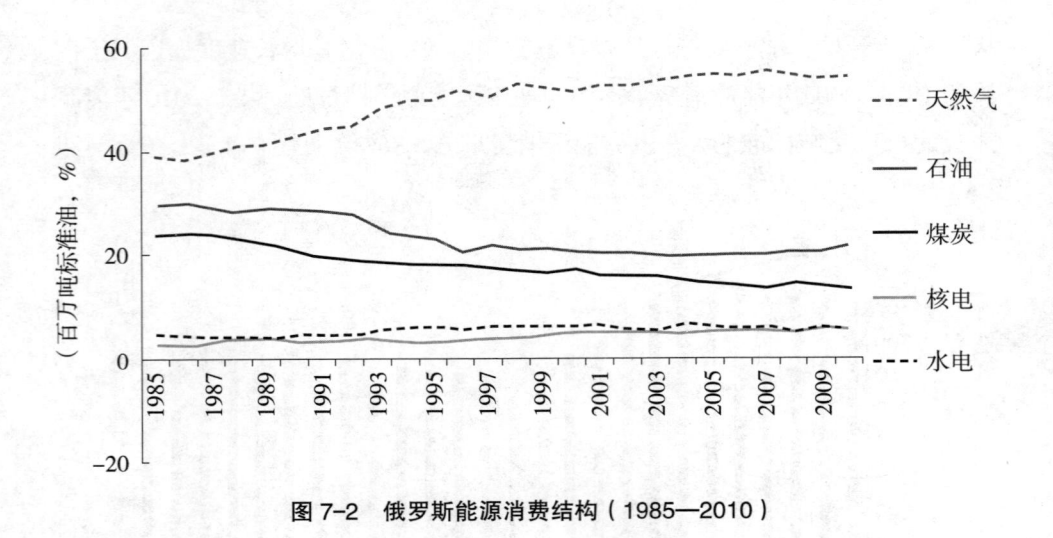

（二）能源供应

俄罗斯是名副其实的能源大国，可谓"多煤、多油、多气"。从本土资源看，2010年俄罗斯煤炭储量是1570.1亿吨，占世界煤炭总储量的18.2%，位居世界第2位；原油储量106亿吨，占世界原油总储量的5.6%，位居世界第7位；天然气储量44.8万亿立方米，占世界天然气总储量的23.9%，位居世界第1位。丰富的能源资源使得俄罗斯除了满足其国内的能源需求外，还大量出口各种能源资源。

煤炭方面，2010年俄罗斯煤炭产量3.2亿吨（1.49亿吨标准油），占世界煤炭产量的4.0%，位居世界第6位。超过国内消费量5500万吨标准油，也就是说俄罗斯超过1/3的煤炭产量用于出口（见图7-3）。

石油方面，2010年俄罗斯石油产量是5.05亿吨，占世界石油产量的12.9%，位居世界第1位，是中国石油产量的2.5倍左右。而同期俄罗斯石油消费量不到1.5亿吨，这意味着俄罗斯石油产量中有70%用于出口（见图7-4）。

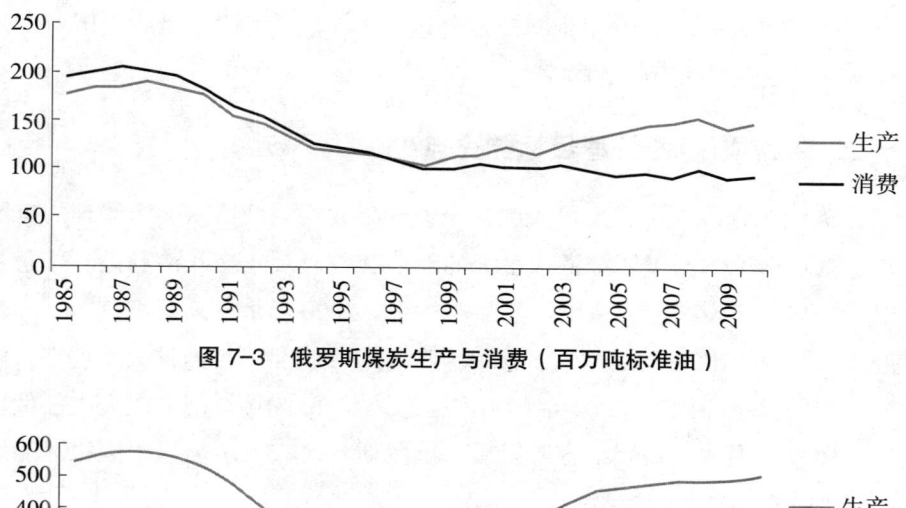

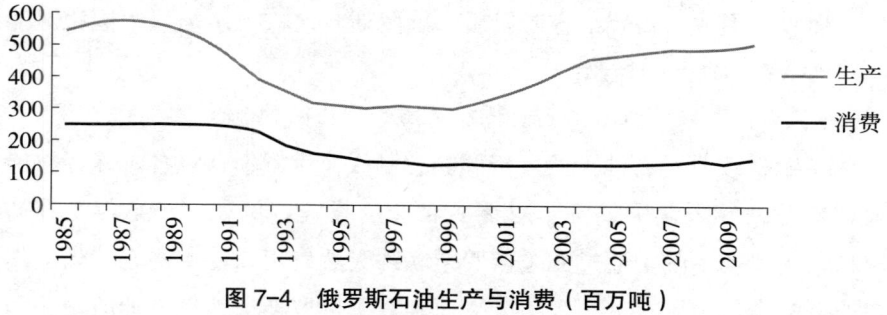

图 7-3 俄罗斯煤炭生产与消费（百万吨标准油）

图 7-4 俄罗斯石油生产与消费（百万吨）

天然气方面，2010 年俄罗斯天然气产量是 5889 亿立方米，占世界天然气产量的 18.4%，位居世界第 2 位，是中国天然气产量的 6 倍多。除了满足国内需求外，约有 1700 亿立方米用于出口（见图 7-5）。

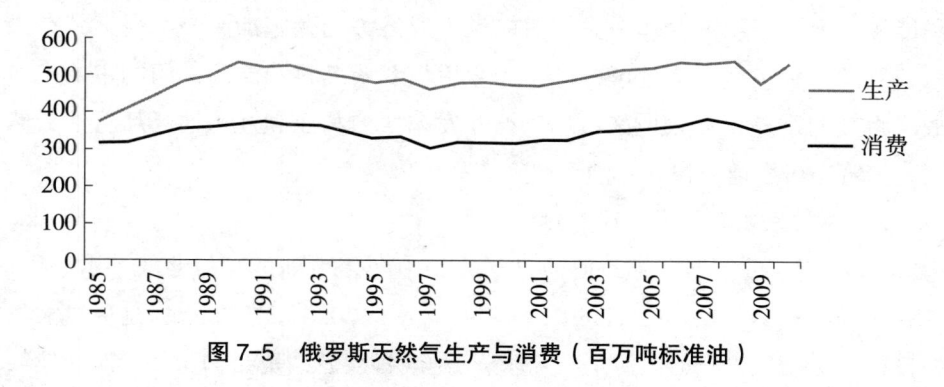

图 7-5 俄罗斯天然气生产与消费（百万吨标准油）

二次能源方面，2010年俄罗斯发电量10348亿千瓦时，是除美国、中国与日本外，发电量超万亿的国家。

二、俄罗斯能源管理目标侧重点

作为能源资源大国和出口大国，服务国家战略是俄罗斯能源管理的首要目标。俄罗斯试图通过能源谋求最大的经济利益以及地缘政治利益。普京主政以后提出了建设"能源帝国"的战略构想。2000年俄罗斯就编制了《2020年俄罗斯能源战略的基本原则》，2001年又编制了《俄罗斯石油天然气综合体发展构想的基本原则》。2004年普京连任总统及2008年梅德韦杰夫出任俄罗斯新一届总统形成"梅普组合"以后，俄罗斯政府进一步加强了国家对能源工业特别是石油资产的控制。

（一）加强国家对能源工业、特别是油气产业的控制

为了确保政府对石油天然气资源的控制权，俄罗斯通过各种途径将能源企业国有化，并限制国外资本对能源企业的投资。例如，2006年7月初俄国家杜马（议会下院）通过的《俄罗斯联邦天然气出口法》规定，俄天然气出口业务将全部由国有公司承担，从而确立了俄罗斯天然气工业股份公司对本国天然气出口的垄断地位。俄罗斯不仅要垄断本国的油气生产，控制几乎全部的天然气管线，还要打入西欧和独联体国家的天然气分配和石油销售系统，以谋求最大的地缘经济利益。根据俄罗斯推出的新世纪国际能源发展战略，俄仍将以能源为杠杆加强其在世界的地位，利用能源因素发展与世界各国能源、经济组织的合作关系，对能源、经济等问题施加影响，提升其在中东、欧洲特别是在亚太地区的分量，今后俄罗斯燃料和能源部门的主要出口战略将倾向于进入亚太地区市场，即开发东西伯利亚和远东地区新石油天然气，拓宽出口渠道，保证石油天然气产品出口安全。

（二）鼓励能源投资，改善能源消费结构

2003年，俄罗斯联邦政府通过了《2020年俄罗斯能源战略的基本原则》（The Main Provisions of Russian Energy Strategy to 2020），提出：一是通过大量的投资确保满足未来的能源消费需求；二是改善能源消费结构，降低对天然气

的过度依赖。俄罗斯虽然能源禀赋极其丰富，但是投资开发状况相对落后，当前的能源供给很难满足今后经济增长的能源需求，并且能源结构单一，过度依赖天然气。俄罗斯资金短缺，投资环境比较恶劣，必须改善能源投资环境。2001 年到 2020 年间能源部门的投资预计将达到 5500—7000 亿美元。

（三）提高能源效率，理顺能源价格，引导能源节约

1996 年，俄罗斯总统就签署了《节能法》（Law on Energy Conservation），引入了生产者和消费者的责任制（accountability），建立了各个行业的节能标准，实行大公司能源审计和设定节能目标等。1998 年的第 80 号政府令（Government Decree No. 80）通过了俄罗斯的节能减排项目（Energy Conservation in Russia），允许地方政府执行自己的能源项目。能源部与地方政府积极合作并签署了 20 多项能源协定，目标是在 1998—2005 年间将 GDP 能耗强度降低 13.4%。

石油、天然气等价格长期偏低是俄罗斯能源消费扭曲的重要原因，导致消费者方面的浪费和能源投资意愿不足。据国际能源署发布的《世界能源展望报告（2000）》估计，如果俄罗斯取消价格补贴，其一次能源消费可以降低 18%（10700 万吨标准油）。《2020 年俄罗斯能源战略的基本原则》提出将天然气的价格提高到原来（2005 年）的 4 倍。

第二节　俄罗斯能源产业组织结构

俄罗斯能源产业组织受前苏联计划经济的影响，虽然经过了私有化改革，仍然在一定程度上保留了垄断和国家所有的特征。石油、天然气和电力市场集中度高，国家保留了这些部门很大部分股份；煤炭部门市场化程度相对较高。俄罗斯能源产业组织保持相对较为集中的特征，国家在能源产业中发挥着主导作用。

一、煤炭

在俄罗斯能源工业中，煤炭是私有化程度最高的。1993 年及其后 3 年，煤炭部门进行了重大产业重组，实行价格市场化，减少国家补贴，清算亏损

煤矿等。截至2000年，140个煤矿进行了破产清算。仅1999年一年就有90家公司破产清算，6240万吨生产能力关闭。经过剧烈的私有化过程后，到2001年年中，2000年产量的60%已经实现私有化。

二、石油

20世纪90年代，俄罗斯石油部门进行产业重组，建立了几个庞大的垂直一体化公司（vertically integrated companies, VICs，见表7-1）。VICs的业务涉及勘探、生产、炼油、分配和零售等环节。产业重组始于1992—1993年间，LUKoil, NK Surgutneftegaz 和 YUKOS 相继建立，同时还建立了 Rosneft，以合资公司的形式持有所有石油公司的国有股份。1994年，Slavneft, Siberia-Far Oil Company, Eastern Oil Company 和 Orenburg Oil Company 从 Rosneft 中独立。1995年，

表7-1 俄罗斯主要的垂直一体化石油公司的国有控股变化

（年，%）

	1993	1994	1995	1995	1997	1998	1999	2000
LUKoil	90.8	80	54.9	33.1	26.6	26.6	16.9	14.1
YUKOS	100	100	48	0.1	0.1	0.1	0.1	0
Sidanko	n.a.[①]	100	85	51	0	0	0	0
Surgutneftegaz	100	40.1	40.1	40.1	0.81	0.81	0.8	0.8
Tyumen Oil Co.	n.a.	n.a.	100	100	51	49.8	49.8	0
Eastern Oil Co.	n.a.	100	85	85	36.8	36.8	36.8	36.8
East Siberian Oil & Gas Co.	n.a.	100	85	38	1	0.95	1	1
Orenburg Oil Co.	n.a.	100	85	85	85	85	85	0
Rosneft	100	100	100	100	100	100	100	100
Slavneft	n.a.	83	83	79	75	75	75	75
Norsi-Oil	n.a.	n.a.	85.5	85.4	85.36	85.4	85.4	85.4
Sibur	n.a.	n.a.	85	85	85	14.8	14.8	0
Sibneft	n.a.	n.a.	100	51	0	0	0	0
Komi-TEK	n.a.	100	100	91—95	1.1	1.1	1.1	1.1

① n.a. 表示该公司不存在，来源：Infotek, No. 11, 2000。

Tyumen Oil Company 和 Siberian Oil Company 从 Rosneft 中独立。到 2000 年，俄罗斯石油部门存在 11 个 VICs，拥有 88.2% 的原油生产和 78.8% 的炼油。虽然联邦政府保留了 VICs 的很大股份，但是 VICs 在很大程度上已经被私有化了，并且要求最终出售联邦政府保留的大部分股份。2000 年，俄罗斯有 132 个公司生产石油，但是只有 12 个公司（11 VICs 和 Gazprom）产量超过 1000 万吨。100 多个独立小型原油生产者只占 2000 年原油产量的 3%，外国合资原油生产者只占 2000 年原油产量的 6%。

近年来，俄罗斯石油行业主要有 10 到 12 家大型垂直一体化石油公司，产量占俄罗斯石油开采总量的 70%—75%，加工量比重为 65%—70%。俄罗斯管道运输公司（百分之百的国有控股）负责原油长输管道运送，俄罗斯成品油管道运输公司（百分之百的国有控股）负责发动机燃料（汽油、柴油和航空煤油）长输管道运送。俄罗斯管道运输公司和俄罗斯成品油管道运输公司是自然垄断者，由联邦能源委员会代表国家管理其业务。[1]

目前，除了 Rosneft 外，其余石油公司都属私有，其中有著名的尤科斯公司（Ju-kos）。从 2003 年起，外国石油资本开始大举影响俄石油经济。英国 BP 石油公司购买了秋明石油公司（TNK）股份，成立了 TNK-BP 公司，成为俄第三大石油和天然气集团。当前国有企业俄罗斯国家石油公司（Rosneft）是最大的石油企业，2009 年产量 1.12 亿吨，占国内总产量的 23%。

三、天然气

不同于石油组建多个公司，主导俄罗斯天然气生产和供应的是俄罗斯天然气工业股份有限公司（Gazprom）。Gazprom 公司主导着俄罗斯的天然气部门，同时是世界上最大的天然气公司。Gazprom 虽然是一个股份制公司，但是俄罗斯政府保留很大一部分股权。2000 年，Gazprom 公司生产了俄罗斯 90% 的天然气，凭借高压、大口径管道，实际上控制了所有的天然气运输，垄断了所有俄罗斯对欧洲的天然气出口，提供了联邦政府 20% 的预算收益和 20% 的可

---

[1] 〔俄〕马斯捷潘诺夫:《马斯捷潘诺夫文集》俄罗斯能源战略和国家油气综合体发展前景，第 1 卷，世界知识出版社 2009 年版，第 23—24 页。

兑换收益。

俄罗斯天然气工业开放股份公司是世界上最大的天然气公司，在其统一的技术管理体系中，旗下42家子公司有机协作，业务涵盖322个气田开发和15万公里的天然气长输管道运营、21个地下储气库、6个天然气加工厂。根据俄罗斯立法，天然气运输被归入自然垄断范围。俄罗斯液化天然气运输公司是一家国有企业，负责液化石油气的采购、运输和销售。俄罗斯燃气化股份公司从事低压天然气管道建设，以及为消费者（首先是公共事业领域）安装天然气利用设备。[①]

四、电力

苏联解体后，俄罗斯就开始探索电力工业的新体制，主要做法是撤销电力工业部，组建俄罗斯统一电力系统股份公司（RAO），相当于中国撤销电力部、组建国家电力公司。不同的是，俄罗斯对RAO进行了整体改制，国家控股52%，外国投资者占30.7%，国内投资者占11.2%（包括大用户和供电公司），私人占5.5%，并成功上市。RAO是发电、输电和配售电业务一体化，拥有全国发电装机容量的70%（主要是100万千瓦以上的火电厂和30万千瓦以上的水电厂），输电干线和变电站的96%，热力供应的30%，以及电力系统的科研、设计、建设单位和大区调度机构。地区电力联合公司改组为地区电力股份公司（OA-energo），RAO控股45%以上，不少于20%的股份出售给个人，部分股份分配给地方政府。OA-energo一般拥有并负责运营部分区域输电与所有低压配电系统，联合供热电厂、非供热电厂及小水电、供热管道与区域调度机构。

2001年俄罗斯确立了电力改革方案，除核电继续由国家经营管理外，将发电资产重组为7个跨区域电力公司（6个独立发电公司和1个水电公司）和14个地区性电力公司（主要为热电联产机组）积极推进发电企业私有化。在输配电领域，联邦政府作为出资人，以骨干网资产为基础组建联邦电网公

---

① 〔俄〕马斯捷潘诺夫:《马斯捷潘诺夫文集》俄罗斯能源战略和国家油气综合体发展前景，第1卷，第24页。

司，按电网区域联邦电网公司下设 7 个跨区输电子公司（包括 6 个区域输电公司和一个跨区输电公司）；以地区配电网为基础，组建 12 个区域性配电公司。

第三节　俄罗斯能源管理机构设置与职能分配

俄罗斯采取政、监、资分离的机构设置模式，能源部负责统一制定和实施能源政策，联邦能源委员会、油气管道委员会和反垄断部都具有监管职能，自然资源和环境部负责资源管理和环境问题管理（见图 7-6）。

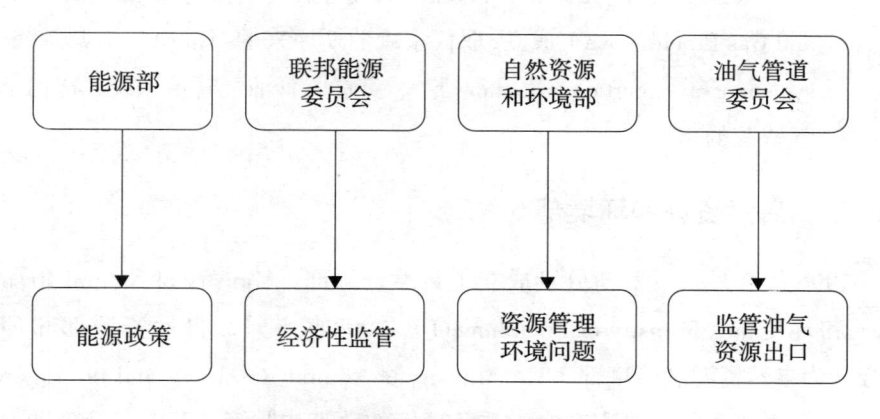

```
┌─────────┐    ┌─────────┐    ┌─────────┐    ┌─────────┐
│ 能源部  │    │联邦能源 │    │自然资源 │    │油气管道 │
│         │    │ 委员会  │    │和环境部 │    │ 委员会  │
└────┬────┘    └────┬────┘    └────┬────┘    └────┬────┘
     ↓              ↓              ↓              ↓
┌─────────┐    ┌─────────┐    ┌─────────┐    ┌─────────┐
│能源政策 │    │经济性监管│    │资源管理 │    │监管油气 │
│         │    │         │    │环境问题 │    │资源出口 │
└─────────┘    └─────────┘    └─────────┘    └─────────┘
```

图 7-6　俄罗斯主要能源管理机构

一、能源部

2008 年 5 月，俄罗斯成立了能源部（Ministry of Energy），负责制定能源领域的相关政策。原来的俄罗斯工业和能源部（Ministry of Industry and Energy）改组为工业部（Ministry of Industry），负责制定贸易领域相关政策，不再涉及能源政策。同时，原来的联邦能源署（Federal Agency for Energy）并入新的能源部。2008 年 6 月又在能源部之下设立了可再生能源与能源效率部门（The Departments of Renewable Energy and Energy Efficiency）。

二、监管机构

- 联邦能源委员会。1995年8月，俄罗斯《自然垄断法》（The Law on Natural Monopolies）生效，联邦能源委员会（Federal Energy Commission）成为国家的能源监管机构，负责监管天然气的生产、输送（输气管道）、储存、配送和销售，并制定天然气的定价标准等。
- 反垄断部。1995年8月的《自然垄断法》（The Law on Natural Monopolies）界定了自然垄断的范围，建立了反垄断部（Anti-Monopoly Ministry）。反垄断部作为国家的反垄断机构，主要负责制定和实施反托拉斯政策以及对市场垄断进行管制。
- 油气管道委员会。2000年11月，油气管道委员会（Commission on Oil and Gas Pipeline use）成立，取代了俄罗斯原来的石油出口协调系统（a system of oil export co-ordinators）[1]，负责监管油气管道系统，特别是油气资源的出口。

三、自然资源和环境部

1996年8月，俄罗斯分别成立了自然资源部（Ministry of Natural Resources）和环境部（Ministry of Environment）。2008年5月，自然资源部和环境部合并为自然资源和环境部（The Ministry of Natural Resources and the Environment），其主要职能是制定和实施涉及环境的政策与监管；开发、管理和保护国家的自然资源，包括管理饮用水供应、矿产资源保护、开发国土资源和大陆架等；监管工业和能源安全等。

第四节　俄罗斯能源管理政策体系

俄罗斯能源政策除了传统的促进投资与生产、反垄断外，近年来更加倾

---

[1] 俄罗斯的石油出口协调系统（a system of oil export co-ordinators）建立于1995年7月，指定一家石油公司通过出口配额协调石油出口。

向于服务国家战略,实施能源大国战略,把能源作为重振俄罗斯的法宝,加强对能源部门的控制,开展能源外交,获取最大的经济利益和地缘政治利益。俄罗斯的能源政策体系中最重要的法律和政策包括:

一、能源生产与投资

- 《地下矿产资源法》(Law on Underground Mineral Resources)。1992 年通过的《地下矿产资源法》为包括石油生产在内的矿产开发提供了法律框架。国家是所有矿产资源的所有者,私人所有和国家所有的组织可以通过许可证获得开发生产的权利。
- 《联邦产品分成协议法》(Federal Production Sharing Agreement Law)。1995 年的《联邦产品分成协议法》试图改善能源投资环境,提高投资者的投资意愿;1995 年的《产品分成法》(Law on the Production-Sharing)生效,利润在国家和私人投资者之间分配,为投资者降低了成本,同时也为国家创造了收入,为私人投资者提供了一种能够避免俄罗斯未来税率和法律不确定性的投资模式。1999 年的《投资者权利保护法》(Law on the Protection of the Rights of Investors)为投资者提供了进一步的保证,可以通过法律程序维护权利;1999 年的《联邦外国投资法》(The Federal Law on Foreign Investment)为外国投资者提供避免未来法律变化的基本保护。

二、反垄断

- 《自然垄断法》(Law on Natural Monopolies)。1995 年,《自然垄断法》(Law on Natural Monopolies)生效,界定了自然垄断的范围,例如输油(气)管道公司 Transneft、石油生产公司 Transnefteprodukt 等,同时建立了反垄断部(Anti-Monopoly Ministry)和油气管道委员会(Commission on Oil and Gas Pipeline use)作为国家监管机构。反垄断部主要负责实施反托拉斯的政策及垄断的相关管制。油气管道委员会(Commission on Oil and Gas Pipeline use)作为国家监管机构取代了原有石油出口协调系统（a system of oil export co-ordinators），监管整个油气管道系统，特别是油气资源的出口。

三、实施能源大国战略

- 《俄罗斯联邦2020年前能源发展战略》。2003年10月，俄罗斯政府公布了《俄联邦2020年前能源发展战略》。《战略》提出，俄罗斯能源政策的发展目标是：最大限度地有效利用资源和能源潜力，促进经济增长和提高国民的生活水平。能源战略的优先发展方向是：提供可靠的能源保障；降低单位生产能耗；提高财政稳定性和利用能源潜力的有效性；采用经济激励措施将能源开发对环境影响的技术因素减少到最低限度；逐步形成文明的能源市场。《战略》提出，国家的主要调控机制是：依靠国家整顿市场环境的措施，提高对国有资产的有效管理，采用先进的国际标准、国家标准、规范和条例，对投资和创新领域的经营者给予鼓励和支持。

四、能源发展的区域政策

- 《俄罗斯联邦2020年前能源发展战略》提出，俄罗斯每一个大区由于其地理位置不同而采取互有差异的能源发展模式。中部主要以发展核能为主，提高石油加工能力和现代化生产；西北区以发展北冰洋海岸和北极海大陆架的石油天然气工业为主；南方区继续发展石油天然气运输基础结构，提高石油加工能力，发展可再生能源；伏尔加河流域主要发展石油天然气企业的现代化生产；乌拉尔区以开采石油和天然气为主，提高煤炭加工能力；西伯利亚区注重能源生产多样化，发展煤炭工业，逐步建立新的大型石油天然气中心；远东区着眼克服热—电能源短缺，大力发展水电。

五、对外能源政策

- 《俄罗斯联邦2020年前能源发展战略》提出，对外能源政策的目标是，巩固俄罗斯在世界能源市场上的地位，最大限度地利用出口能力，促进俄罗斯的产品和服务在世界能源市场上的竞争能力。在能源领域对外经济活动方面推行非歧视制度，包括允许俄罗斯能源公司进入国外能源市场、金融市场，获取先进的能源技术等；在合理的规模和互利的条件下，吸引外国投资进入俄罗斯能源领域。具体措施包括：出口能源；在其他国家勘探和开发能源；加强在其他国家国内能源市场的存在，共同拥有这些国家的能源销售网和能源基础设施；吸引外国对俄罗斯能源生产、运输和企业改造的投资；组织与邻国电力联网的同步工作；能源的过境运输。

- 俄罗斯经济与贸易发展部拟订的《俄联邦 2010—2015 年对外贸易活动构想草案》提出，2010—2015 年燃料、原料商品将成为俄罗斯的出口基础。在一定时期内继续增加燃料、能源的生产和出口，换取更多外汇是俄政府现实的也是必然的选择。俄罗斯准备在 2015 年前将石油年产量提高到 5.3 亿吨，并将石油年出口量提高到 3.3 亿吨。到 2015 年，俄石油出口管道的输油能力也将大幅提高，计划每年通过西部和西北管道出口 7000 万吨石油，通过黑海和里海管道出口 1.3 亿吨石油，通过远东石油管道出口 8000 万吨石油。到 2015 年俄罗斯天然气年开采量和出口量将分别达到 7400 亿立方米和 2900 亿立方米。为达到上述目标，俄罗斯准备在稳定西西伯利亚传统气田产量的同时，加速开发东西伯利亚和大陆架的新气田。

第五节 俄罗斯能源管理体制特征与启示

一、专设能源部，加强能源管理

理解俄罗斯的能源管理体制需要根据其优越的能源禀赋、面临的巨大挑战和特殊的历史背景等综合考虑。俄罗斯是世界上少有的能源大国，煤炭、石油、天然气的储量都很丰富，但是在能源需求和能源供给两方面面临巨大挑战。从能源需求方面看,目前俄罗斯能源效率不高,存在着较大的能源浪费,未来经济增长将迅速扩大能源需求。从能源供给方面看,俄罗斯能源产业与市场的集中程度较高。政府在能源产业中依然发挥着极其重要的作用。与美、英等国侧重于促进市场效率不同,俄罗斯的能源管理侧重于政府控制与管理,以实现利用能源优势保证长期经济增长的战略目标。

　　但是,过于强调政府控制的能源管理体制也存在诸多问题。首先,政府对能源产业的控制可能对能源的生产效率产生不利影响。目前俄罗斯政府的控制手段主要包括两个方面:一是对关系到国家和地区能源安全的一些石油公司或采取控股,或实行"金股权制",即强制性地规定国家拥有一票否决权;二是通过税收、关税、价格、出口配额等经济手段加以控制。这两种做法都有可能降低石油工业效率。在天然气领域,俄罗斯政府对天然气部门实行垄断,致使过去几年天然气的产量一直处于下降趋势。其次,政府的控制和垄断不利于政府利用市场价格机制对能源的投资、消费进行调节,降低了政府能源政策影响能源产业投资、消费的效力。比如,过低的能源定价一直是俄罗斯能源使用方式粗放、效率低下的重要原因。由于天然气、电力等资源价格长期过低,不仅导致能源浪费,还造成开发投资的激励不足。上述两方面的问题,使得"能源发展"与"能源效率"的矛盾成为俄罗斯能源部门的两难选择。尽管俄罗斯政府希望加大对能源部门的投资力度,但实际操作起来却力不从心。俄国内在政坛上有影响的人物许多都在能源部门有其自身利益,由此带来的无序竞争会对改善市场环境带来困难,所以要实现上述目标难度相当大。由此可见,在加强政府的能源管理的同时,充分发挥市场机制的作用也是必需的。

二、俄罗斯形式建立了政监分离的框架,但是法律环境尚不健全,监管机构独立性不够,监管机构不能发挥实质作用

　　1995年8月,俄罗斯《自然垄断法》(The Law on Natural Monopolies)生效,建立联邦能源委员会(Federal Energy Commission)作为国家监管机构。联邦能源委员会负责监管天然气的生产、输送(输气管道)、储存、配送和销售、

制定天然气定价标准等。同时建立反垄断部（Anti-Monopoly Ministry）负责实施反托拉斯的政策及垄断的相关管制。2000 年 11 月，成立油气管道委员会（Commission on Oil and Gas Pipeline use）监管整个油气管道系统，特别是油气资源的出口。

　　俄罗斯作为主要的能源出口国，把能源作为重振俄罗斯的法宝，重点是加强对能源部门的控制，在国际经济格局中充分发挥其资源优势。这集中体现在俄罗斯与欧盟关于监管的谈判上，欧盟希望俄罗斯把输送管道独立出来，在天然气供应领域引入市场竞争，但俄罗斯则继续维持对天然气供应的垄断格局。

第八章　印度能源管理体制

从资源禀赋到能源供需现状与趋势，印度与中国都具有一定程度的相似性。在产业组织上，国有企业在能源领域占据主导地位，如何通过引入市场竞争提高效率同样是印度能源体制改革的主导方向。从管理体制上看，印度能源管理比较分散，按照能源品种设有多个部，监管方面也分别设有电力和油气两个监管委员会。

第一节　印度能源发展概况与管理目标侧重点

一、印度能源发展概况

（一）能源消费

自 1965 年以来，印度的能源消费保持稳定增长。1966 年印度能源消费量为 0.54 亿吨标准油，仅占当年世界能源消费总量（39.7 亿吨标准油）的 1.37%。到 2010 年，印度能源消费量为 5.24 亿吨标准油，占 2010 年世界能源消费总量的 4.37%（见图 8-1）。虽然印度能源消费的增长速度不如中国，但能源消费总量一直在稳定增长。

分品种看，2010 年印度煤炭消费 2.77 亿吨标准油，占世界煤炭消费总量的 7.8%；石油消费量为 1.55 亿吨，占全世界石油消费总量的 3.9%；天然气消费量为 619 亿立方米，占世界天然气消费总量的 1.9%；非化石能源消费量为 0.69 亿吨标准油。

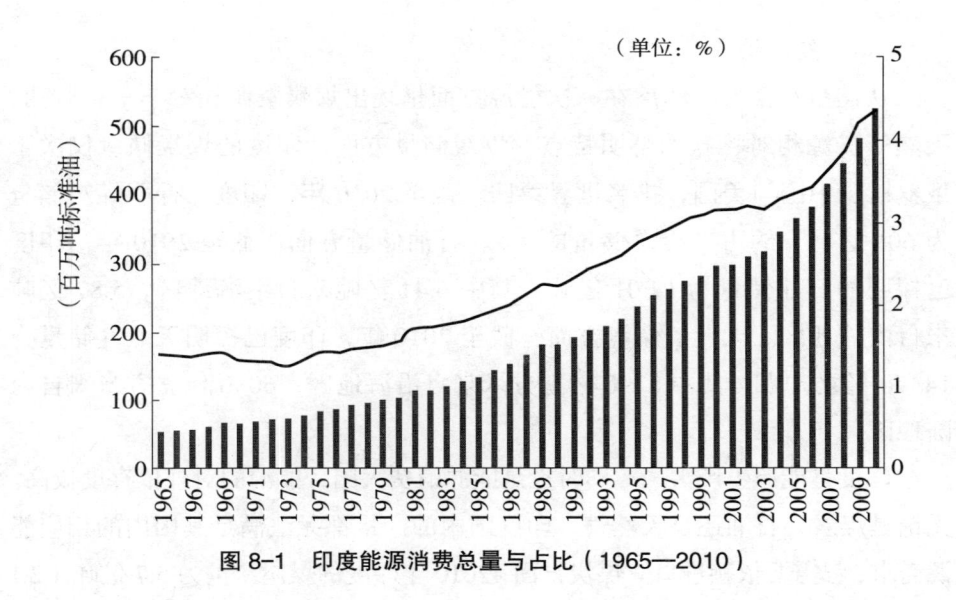

图 8-1　印度能源消费总量与占比（1965—2010）

从消费结构看，印度各种能源消费比重的大小依次为煤炭、石油、天然气、水电、核电与可再生能源，2010年其消费比重分别为52.95%、29.66%、10.63%、4.81%、1.00%和0.96%（见图8-2）。从纵向上看，1965年以来，印度的煤炭消费一直占据主导地位，天然气比重逐步提高，核电与可再生能源的消费比例也有所提高。

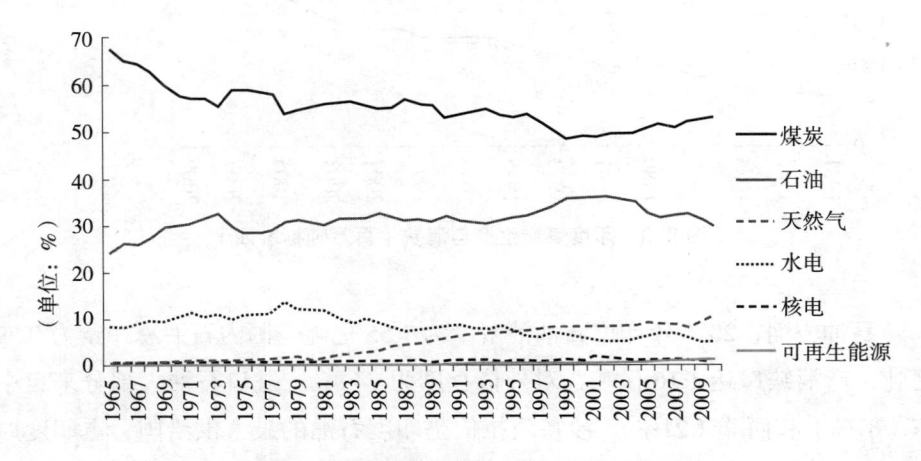

图 8-2　印度能源消费结构（1965—2010）

（二）能源供应

从储量上来看，印度在一次能源方面呈现出煤炭资源相对丰富，石油、天然气资源相对稀缺的鲜明特点。煤炭储量方面，印度的煤炭储量仅次于俄罗斯、中国与美国，排名世界第四。截至2010年，印度已探明煤炭储量为606亿吨，约占世界总储量的7%。石油储量方面，截至2010年，印度已探明的石油储量为12.01亿吨。其中6.41亿吨来自沿海地区，5.87亿吨来自内陆地区。天然气储量方面，截至2010年，印度已探明天然气储量为14370亿立方米。其中8290亿立方米来自沿海地区，6080亿立方米来自内陆地区。

印度是能源生产大国，同时也是能源消费大国，能源的对外依存度较高。无论是煤炭、石油还是天然气，印度国内的产量都无法满足其国内的相应能源需求，都需要依赖进口。煤炭方面，2010年印度的煤炭产量为5.7亿吨（2.1亿吨标准油），占世界煤炭总产量的5.8%，生产与消费的缺口为7000万吨标准油，对外依存度接近25%（见图8-3）。

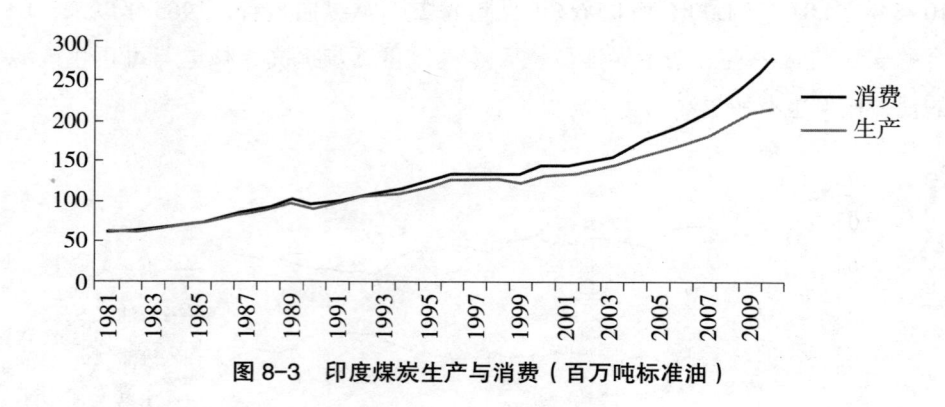

图8-3 印度煤炭生产与消费（百万吨标准油）

石油方面，2010年印度石油消费量为1.55亿吨，国内石油总产量为0.39亿吨。产消缺口达1.16亿吨，对外依存度为74.8%。进口石油大部分来自中东（67%）和西非（21%）。沙特阿拉伯是印度石油的最大供给国，占印度原油进口的25%（见图8-4）。

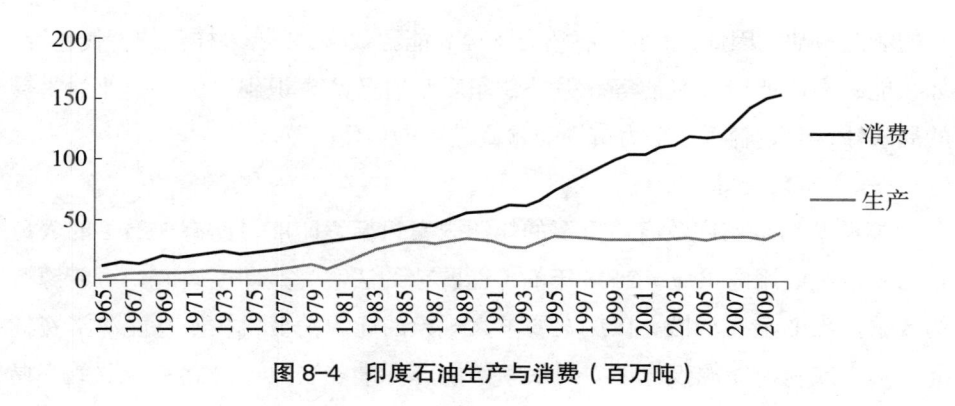

图 8-4　印度石油生产与消费（百万吨）

天然气方面，2010年印度天然气消费量为619亿立方米，国内天然气产量为509亿立方米（见图8-5）。产消缺口达110亿立方米，对外依存度为17.8%。为了应对日益增加的需求，一系列的天然气进口项目被提上日程。其中包括伊朗-巴基斯坦-印度输气管道和塔吉克斯坦-阿富汗-巴基斯坦-印度输气管道等。

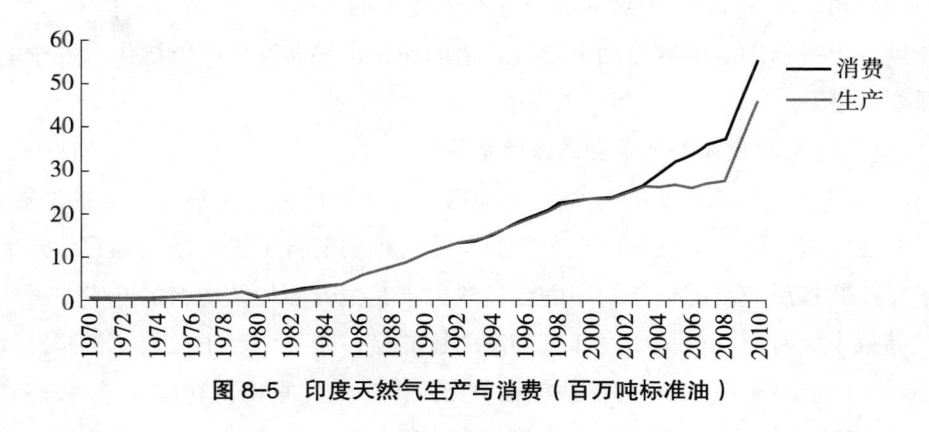

图 8-5　印度天然气生产与消费（百万吨标准油）

电力方面，2010年发电量为9222亿千瓦时，其中水电1114亿千瓦时（2500万吨标准油）。

二、印度能源管理目标侧重点

印度的能源政策在很大程度上受制于该国迅速增长的能源需求和日益严

重的能源短缺。因此，印度政府致力于提高能源效率，发展多样化的替代能源，如核能、太阳能以及风能等。另外，印度政府已经意识到以国有企业为主导的局限性，开始着手在电力市场等领域进行市场化改革。

（一）节约能源

能源节约是印度政府最重要的能源政策目标。印度目前有 35.5% 的人口无法获得生活用电供应。2001 年的《能源节约法案》是印度政府针对能源节约政策提出的重要举措。该法案要求大规模的能源消费机构坚持能源消费标准，扩大或新建能源设施以应对最新的能源标准。法案还设立了能源效率局以促进政策目标的实施。

（二）提高能源安全

在石油与天然气政策方面，由于中东政治动荡以及国内能源需求日益增加，印度急于降低其对 OPEC 成员国的石油依赖，提高能源安全供给。由国有的石油与天然气集团（Oil and Natural Gas Corporation）主导的若干家印度石油公司已经开始在印度不同地区进行大规模的石油勘探，并开展国际合作。伊朗—巴基斯坦—印度石油天然气管道的铺设也是印度保障能源供给安全的重要举措。

（三）鼓励核能和可再生能源的发展

印度通过联邦与地方政府的激励措施，鼓励可再生与核能产业的发展。在核能政策方面，虽然印度在国际原子能机构的监督下进口浓缩铀，但是为了支持其核反应堆的运行，印度已经致力于其他方面的核燃料的开发。虽然铀储量十分有限，但是印度却有丰富的钍储量，因此印度正在致力于开发钍燃料。印度希望在 25 年内将核能在电力生产中的比重由现在的 4.2% 提高到 9%。同时，太阳能发展方面，印度拥有丰富的太阳能资源以及广泛的潜在消费能力，印度的理论太阳能储量为每年 5000Tkw/h，远多于其当前的能源消费总量。太阳能不需要铺设昂贵的电缆。当前由于高昂的初始成本，太阳能的利用还面临严重限制。但是太阳能的长远发展有可能获得空前成功。到 2022 年印度预计将获得 20 兆瓦的太阳能生产能力。此外，印度还是世界上第五大风能市场。

第二节　印度能源产业组织结构

国有企业在印度的能源生产活动中占据主导地位，能源市场具有较强的垄断性。近年来，印度已经开始进行能源市场化改革以提高效率。其中，电力方面的改革比较全面，煤炭方面的改革则比较缓慢。

一、煤炭

煤炭的生产主要集中于数家国家控股企业。印度煤炭公司（Coal India）是印度最大的煤炭生产企业，由国家控股，雇员人数达45万人，煤炭产量占全国总产量的86%。Singareni Collieries、Neyveli Lignite公司、Gujarat矿产发展公司等国有企业的煤炭产量仅占9%。由钢铁公司和其他企业经营的私营煤矿仅占全国煤炭总产量的5%。这些煤炭企业主要都是按地域划分的，一家煤炭企业负责一个地区的生产和供应。

二、石油

印度的石油市场是一个寡头垄断市场。石油的勘探、生产和提炼加工均由少数几家国有大公司控制。近年来，印度政府开始逐步放松市场准入，放宽价格管制，鼓励私人与外国投资。

印度石油与天然气有限公司（Oil and Natural Gas Corporation Ltd.）和印度石油有限公司（Oil India Ltd.）都是国有企业，也是印度最主要的石油勘探生产商。原油产量方面，前者占印度总产量的78%，后者占8%。

炼油方面，印度的炼油能力从1998年开始有了很大的发展，目前炼油能力大约在1.274亿吨。印度有5家炼油企业（见表8-1）：印度石油公司（IOC Group）、BPC集团（Bhatat Petroleum Corporation）、印度斯坦石油公司（HPC）、印度石油天然气公司（ONGC）和信任工业有限公司（RIL）。

表 8-1　印度主要炼油企业

企 业 名 称	炼厂数目（家）	炼油能力（万吨）	炼油能力份额（%）
印度石油公司（IOC Group）	10	5420	42.5
BPC 集团	3	1740	13.7
印度斯坦石油公司（HPC）	2	1300	10.2
信任工业有限公司（RIL）	1	330	25.9
印度石油天然气公司（ONGC）/芒格洛尔炼油化工有限公司（MRPL）	2	980	7.7
合计	18	12740	100

三、天然气

目前，印度石油与天然气有限公司（Oil and Natural Gas Corporation Ltd.）和印度石油有限公司（Oil India Ltd.）是印度最主要的天然气生产商，这两家公司都是国有企业，天然气产量分别占全国总产量的 77% 和 6% 左右。印度的天然气管道由 4 家企业经营：它们是印度天然气管理局（GAIL）、信任天然气输送基建有限公司（RGTIL）、古吉拉特邦石油网络有限公司（GSPL）、OIL/Gujarat Gas，分别占印度天然气管道总长度的 67%、14%、11% 和 8%。[①] 管道主要集中在印度北部，不过印度正在考虑加大在南部地区的投资。

四、电力

印度的电力产业从 1998 年开始尝试"政监分离"的改革，设立了从中央（CERC）到各邦（SERCs）的电力监管部门，同时还设立了若干邦联合电力监管部门（JERC）。2003 年通过的《电力法案》（Electricity Act）使政府部门彻底与电力监管机构脱钩。电力生产、传输与分配各环节也根据相关法案进行了相应的改革。比如，在发电环节采取了自由竞价的方式。在中央层面，每年由私人部门自由竞争 40 亿千瓦时的发电额度；在邦层面，由市场自由竞争 260 亿千瓦时的发电额度。输电环节也降低了准入门槛，放宽了该行业原有的

---

① 张宏民：《印度石油工业及其产业政策变迁》，《国际石油经济》2005 年第 6 期。

准入制度。电力贸易与市场发育方面，印度对跨邦的电力贸易进行了监管和指导，建立了许可制度。

但是，目前印度电力产业的国有化程度仍然很高。公用事业企业的电力产量约占总产量的 86%（其中约 12% 由私人公司生产，14% 由工业企业自产自用。）公用事业企业主要由中央政府拥有，或者由中央和地方政府共同拥有。

印度有 5 个区域电网。印度电网公司（Power Grid Corporation of India Ltd., PGCIL）负责将区域电网整合成为国家电网。但是区域间的电力输送量仍然较少。配售方面，印度各邦的电力公司（State Electricity Boards）负责向电力生产者购买电力并转卖给用户。目前约 95% 的零售用户从邦电力公司购买电力。

第三节　印度能源管理机构设置与职能分配

在中央一级，印度政府是按能源行业和主要产品来设置管理机构的，属于典型的分散管理。主要能源管理部门有煤炭部、石油与天然气部、新能源与可再生能源部、核能部以及电力部。除了政府行政部门外，印度还设有一系列能源监管机构，包括中央电力监管委员会、邦电力监管委员会、监管者论坛、石油与天然气监管委员会等（见图 8-6）。与能源活动相关的其他政府部门包括科技部、能源效率局、风能技术中心、水电中心等。

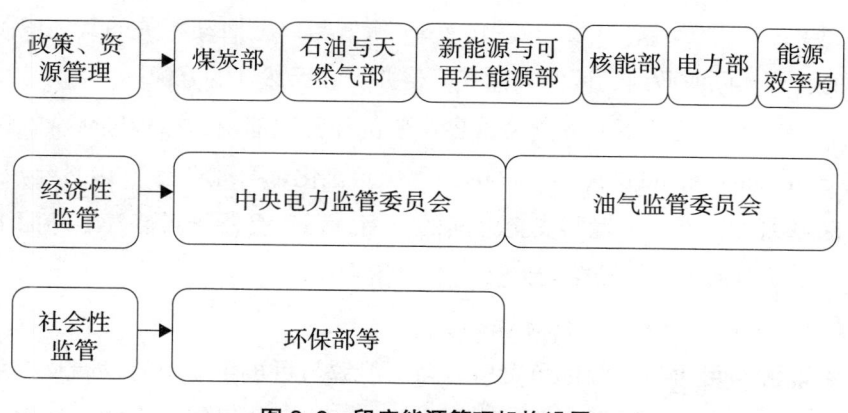

图 8-6　印度能源管理机构设置

一、行政部门

（一）煤炭部

煤炭部主要负责制定煤炭勘探与开采的相关政策、核定有关煤炭的重要项目。煤炭部通过行政命令指导印度煤炭公司及其子公司与 Neyveli 煤炭集团的工作。印度煤炭公司是公营企业，Neyveli 煤炭公司则是由印度中央政府与 Andhra Pradesh 地方政府联合投资成立的，其中印度中央政府拥有 49% 的股权。煤炭部的具体职能主要包括：（1）负责勘探与开采印度境内的焦煤、无焦煤以及褐煤；（2）负责所有与煤炭生产、供应、分配以及价格有关的事务；（3）洗煤产业的开发与运作；（4）煤炭低温干馏与煤炭中的合成油的提取；（5）对印度煤矿进行管理。煤炭部由秘书长领导，配备有 3 位副秘书长（包括财政顾问），1 位项目顾问，1 位经济顾问以及 6 位理事，两位名誉秘书长，8 位分部门主管与 1 位助理理事等等。

（二）石油与天然气部

石油与天然气部是根据印度宪法 246 章第 7 条成立的，主要负责石油与天然气的相关事务。石油与天然气部通过行政命令指导印度国有石油和天然气企业的工作。具体职能包括：（1）石油与天然气资源的勘探与开发；（2）石油产品与天然气的生产、供给分配以及市场交易与价格的管制；（3）石油的提炼；（4）石油与石油产品有关的附加活动，润滑剂的混合与油脂的加工；（5）油田的设计、开发与管制；（6）所有与以上活动相关的其他或附属组织的管理。同时政府还固定天然气价格并干涉天然气的分配。

石油与天然气部下辖大量公营事业单位和管理部门，如碳氢化合物理事会（Directorate General of Hydrocarbons）等。碳氢化合物理事会于 1993 年成立，负责保障油气生产、环境与安全之间的平衡，还负责监管天然气活动的上游市场，主要包括天然气勘探与天然气生产环节。

（三）新能源与可再生能源部

新能源与可再生能源部负责所有与新能源与可再生能源的发展及应用相关的事务，推动实施国家要求的可再生能源项目，如风能、水能、生物能以及太阳能等可再生能源的研发、知识产权保护及国际合作事务。该部门的前身是1981年成立的附加能源委员会以及1982年成立的非传统能源部，并先后于1992年和2006年两次改组，最终形成了现在的新能源与可再生能源部。主要任务是保障印度的能源安全，增加清洁能源在印度能源结构中的比重，提高能源效率与能源分配平等。

该部门下辖一系列技术机构与金融机构，包括太阳能中心（The Solar Energy Centre, SEC）、风能技术中心（A Centre for Wind Energy Technology, CWET）以及印度可再生能源发展署（The Indian Renewable Energy Development Agency, IREDA）等。

（四）核能部

核能部是印度政府总理直接下辖的一个重要部门，主要负责核能技术的发展与研究。下辖监管、公益事业及研发等机构，主要包括：原子能管制委员会（Atomic Energy Regulatory Board）、原子能委员会（Atomic Energy Commission）、放射性与同位素委员会（Board of Radiation and Isotope Technology）、印度核能公司（Nuclear Power Corporation of India）、原子矿物勘探研究理事会（Atomic Minerals Directorate for Exploration and Research）等。

（五）电力部

电力部是印度政府的一个重要部门，是各部联席会议的一个重要组成部分。该部门成立于1992年，主要依据一系列的能源法案履行职能，如2003年通过的《电力行政法案》（Administration of the Electricity Act）和2001年通过的《能源节约法案》（Energy Conservation Act）。电力部的职能包括负责监管电力生产以及与之相关的基础设施建设，如发电、电力传输以及电力生产设备的维护等。同时，电力部还负责相关投资的规划、政策制定以及对电力项目实施的监管和培训等。具体包括：电力领域一般政策的制定以及能源政策的协调；所有与水力发电、热能发电以及电力传输与调配系统的相关事务；与水力发电以及热力发电相关的研发活动；所有与中央电力局（Central Electricity Authority）、中央电力委员会（Central Electricity Board）以及中央电力监管委员会（Central Electricity Regulatory Commission）的相关事务；农村电力的发展；所有从属于电力领域的节能与效率的相关事务。电力部的行政构架为 1 位电力联合部长，1 位电力部长，1 位秘书长，1 位附加秘书长，5 位副秘书长（包括金融顾问）。

（六）能源效率局

能源效率局成立于 2002 年，是电力部的下属部门，在 2001 年《能源节约法案》通过之后产生。该机构的主要职能是促进能源节约和提高利用效率，降低经济发展中的能源密集度，通过能源效率服务的制度化，在农村地区保障能源的有效输送和供应，并领导各个能源领域的效率提高。

二、监管机构

（一）中央电力监管委员会

中央电力监管委员会是印度电力领域最重要的监管者。委员会建立的最初目的是管制国有电力生产企业及跨邦电力传输。根据 2003 年通过的《电力法案》（Electricity Act 2003），中央电力监管委员会扮演的是独立、公正的监管者角色。委员会的主要职能包括：（1）规范电力部门的税收体制，促进竞争、经济发展以及能源生产与传输的有效定价，同时推动投资成本的下降；（2）监管中央发电站的税收过程；（3）监管发电与跨邦电力贸易，对从事电力传输与跨邦电力贸易的个人与企业颁发许可；（4）提高地区输电系统的运转与管理；建立并细化电力服务的相关质量标准。

与政府行政部门相比，中央电力监管委员会接近于一个具有半立法性质的机构，但是也要受政府政策方向的制约。委员会的独立性主要体现在委员会主席及成员是根据独立任命委员会的建议任命的。任期 5 年，不可连任。委员会在政府许可的条件下可以自主决定其职员的数量与薪资水平。委员会的资金来源是印度团结基金（Consolidated Fund of India）。

（二）邦电力监管委员会

能源立法委员会于 2001 年立法成立邦电力监管委员会。邦电力监管委员会并非中央电力监管委员会在各邦的分支机构（除非该邦委员会愿意接受中央委员的领导），中央监管委员会通过的监管法案仅作为地方电力监管当局的指导性参考。监管委员会是邦级层面最重要的监管机构,主要职能是确定消费者所应承受的电力价格与零售的税收水平,管制各邦内部的电力传输。同时各邦建立电力监管委员会还负责规范电力产业产品质量标准,保证服务的连续性与可行性。

(三)油气监管委员会

石油与天然气监管委员会成立于 2007 年,是独立于政府行政的监管机构。主要职能是保证石油与天然气的供给,监督价格并防止限制性贸易行为,强化石油天然气的零售服务与市场开发。此外,监管委员会还负责制定石油与天然气行业的相关技术标准与安全生产标准等。委员会对于天然气生产的下游市场也进行相关监管,其中包括提炼、运输与贸易环节等。石油与天然气监管委员会将天然气活动分类进行管制,分为注册进入与授权进入。注册进入的天然气活动包括石油与天然气的市场交易、稀缺设备的生产等。授权进入行业包括石油与天然气输送管道的铺设、修建以及运营、城市或农村天然气资源的配送等。在天然气管网修建方面,石油与天然气监管委员会成立之前,中央政府授权了 9 条天然气管网的铺设。监管委员会成立之后,另有 4 条天然气管网通过市场公开招标的方式转包进行铺设。

(四)监管者论坛

监管者论坛由各邦的电力监管者组成并受中央电力监管委员会主席领导。监管者论坛旨在协调各邦的电力监管政策,力求各邦电力监管口径保持一致。在管理上,监管者论坛与中央监管委员会不存在行政管辖关系。

第四节 印度能源管理政策体系

印度联邦政府主要负责相关的政策立法,各邦主要负责全国性法律的实施。2000 年以来,印度最重要的能源政策转变是 2001 年的《能源节约法》和 2003 年的电力产业重组。此外,印度政府正在加紧制定未来几十年的能源政策路线图。

一、反垄断与监管

- 2003年《电力法》(Electricity Act)：重组电力产业，将印度各邦垂直整合的电力供应单位进行拆分，形成了一个统一的传输单位与若干个发电与配电单位。电力监管委员会在各邦对电力销售设定税收标准。该法案还开放了电力传输系统的进入门槛，允许任何电力销售者（销量在100万千万以上）向任何发电企业购买电力。同时，监管委员会还规定了每个电力单位分配到的电力中来自新能源的最低限额。
- 2006年《石油与天然气监管局法》(Oil and Natural Gas Regulatory Board Act)：成立石油与天然气监管局，以监管石油与天然气产品的处理、存储、提炼、输送、配售等过程。石油与天然气监管局负责保障消费者的权益。法案还进一步提出了加强市场的竞争性。

二、保证能源独立与安全

- 2006年《印度核能合作促进法案》(India Nuclear Cooperation Promotion Act)：在2020年前，确保印度的核能发电量达到20兆瓦。
- 2005年《国家电力法案》(National Electricity Act)：确保2010年前，能源需求得到满足，而且所有家庭都能得到电力供应。建立电力储备机制，在供应电力的同时，保证稳定性、有效性、低廉性。
- 2006年《石油与天然气监管局法》(Oil and Natural Gas Regulatory Board Act)：法案提出采取措施，进一步保障石油与天然气产品在各邦的稳定供应。

三、能源研发与技术创新

- 1980年《整合农村能源计划》(Integrated Rural Energy Programme)：在农村重点地区鼓励农民有效地混合使用传统与非传统能源。
- 2008年《太阳能发电激励计划》(Solar Power Generation Based Incentive)：印度政府将提供补助以扶持太阳能发电厂，推动可再生能源的发展。激励计划将维持10年左右。

四、能源效率与节能

- 2001 年《能源节约法》(Energy Conservation Act)：能源节约已经成为印度政府最重要的能源政策目标。法案要求大规模的能源消费机构坚持能源消费标准，并扩大新建的能源设施以应对最新的能源标准。该法案还设立能源效率局以促进法案的实施。
- 2006 年《建筑物能源保障条例》(Energy Conservation Building Code)：确立了节约能源的标准，并规定了建筑物各方面材料的使用必须满足这些标准。条例适用于比较大型的建筑物，标准根据印度各地的气候有所不同。
- 2006 年《国家能源标签计划》(National Energy Labelling Programme)：要求电冰箱和灯管等产品提供能源标签。

五、能源与环境

- 1981 年《空气（控制污染）法》〔The Air (Control of Pollution) Act〕：法案采取措施监控工业污染，控制空气污染的水平。
- 1986 年《环境保护法》(Environmental Protection Act)：采取适当的措施保护和改善环境，包括水、空气、人类居住地等。
- 2006 年《国家环境保护政策》(National Environment Policy)：保护重点环境资源并减少资源的浪费，同时保障贫困人口的生计，综合考量经济社会发展对环境带来的负担和影响。

第五节　印度能源管理体制特征与启示

印度和中国都是发展中大国，在能源禀赋、能源结构、生产消费结构、产业组织结构等方面存在着很多相似之处。随着经济的快速发展，印度已经成为世界上发展最快的能源市场之一。虽然印度能源消费的增长速度不如中国，但能源消费总量一直在稳定增长。到 2035 年，印度将成为世界上第二大能源需求国。印度政府在能源方面面临的问题和挑战也是中国在目前和未来需要着力解决的问题。印度对能源活动的管理——无论是目标、体制或者政策——对中国都具有一定的参考价值。

一、印度的能源管理体制具有分散的特点

按照能源行业设置相应的政府管理部门和监管机构，不存在一个对整个能源领域拥有统一管理权的行政机构。与此相对应，印度的能源监管机构也比较分散，而且由于没有完全实现"政监分离"，其独立性有限。比如，中央电力监管委员会受政府政策方向的制约，负责监管天然气上游市场的碳氢化合物理事会就直接隶属于石油与天然气部。这种分散的能源管理体制对于应对迅速提高的能源需求、日益严重的能源安全以及环境保护问题来说是不适应的。

二、印度的能源管理体制是印度政治经济结构的产物

印度能源管理机构的设置方式可以说也是印度的政治体制和行政体制的产物[①]。从经济上来讲，这种分散的能源管理方式又是印度自独立以来推行的工业化发展战略的产物。当时印度面临着独立自主实现工业化的任务。虽然印度在政治上采取了西方的议会民主制，但在经济上却受苏联模式影响，选择了在混合所有制基础上实行计划经济的"甘地-尼赫鲁社会主义"体制，采取了促进公营经济发展、限制私营经济的倾斜性政策。在这一工业化战略指导下，印度形成了以国有经济为主导的能源工业体系，并相应地按照工业产业体系的方式来设置政府的管理机构。这种情形与中国改革开放以前以及1998年机构改革以前的能源管理体制如出一辙。从20世纪90年代以来，印度政府下决心对传统的经济体制及运行机制进行以自由化、市场化、全球化为导向的经济改革，改革的实质是弱化政府干预，改革国有经济部门，强化

---

① 印度是实行议会民主、三权分立的联邦制国家。印度内阁（部长联席会议）是印度政府的集体决策机构，由总理和35个内阁部长组成，绝大多数都是政府的高级部长。除内阁部长外，印度政府还设有独立负责的国务部长和在内阁部长领导下的次级国务部长。

市场竞争。这与中国的经济改革也具有高度的一致性。从这个意义上讲，随着市场化改革的深入，印度按照传统发展战略建立起来的分散的能源管理体制也必然面临改革的需要。

三、印度的能源体制仍然保留了以国有经济为主导的特点

虽然印度正在初步向市场化的方向转变，但是印度的煤炭、石油、天然气、电力市场都具有寡头竞争的市场结构，国有化程度都非常高，市场集中度并没有下降。以煤炭市场为例，印度的煤炭市场仍然保持着高度垄断、缺乏竞争的状态，导致投资不足，价格居高不下，生产无法满足需求。由于印度的能源消费仍然高度依赖煤炭，因此改革煤炭市场对于印度是十分迫切的问题。作为工业化战略、发展阶段、能源活动等具有诸多相似特点的国家，加快推进能源市场化改革应当成为中、印两国未来共同的发展道路。

第九章 巴西能源管理体制

巴西是拉丁美洲地区最大的能源消费国，拥有丰富的石油和可再生能源资源。控制石油资源、大力发展可再生能源是巴西能源管理的主要目标。在管理机构设置上，与日本一样，巴西采取"政、监、资"合一的管理模式。矿产能源部自1960年成立以来始终是巴西能源领域的统一管理部门，这种稳定性是巴西能源管理体制的一大特点。

第一节 巴西能源发展概况与管理目标侧重点

一、巴西能源发展概况

（一）能源消费

巴西是全球第十大能源消费国，也是拉丁美洲地区最大的能源消费国。1965年巴西的能源消费量仅为0.22亿吨标准油，占当年世界能源消费量（37.67亿吨标准油）的0.59%。但是巴西的能源消费增长较快，1984年的能源消费量就突破了1亿吨标准油，2005年突破了2亿吨标准油。2008年巴西能源消费量占世界能源消费量的比重突破了2%。2010年巴西能源消费量为2.54亿吨标准油，占世界能源消费总量的2.12%（见图9-1）。

分品种看，2010年巴西的煤炭消费量为0.12亿吨标准油，占世界煤炭消费量的0.3%，位居世界第24位；石油消费量为1.17亿吨，占世界石油消费量的2.9%，位居世界第7位；水电消费量为3960亿千瓦时，相当于0.90亿吨标准油，占世界水电消费量的11.6%，位居世界第2位；天然气消费量为

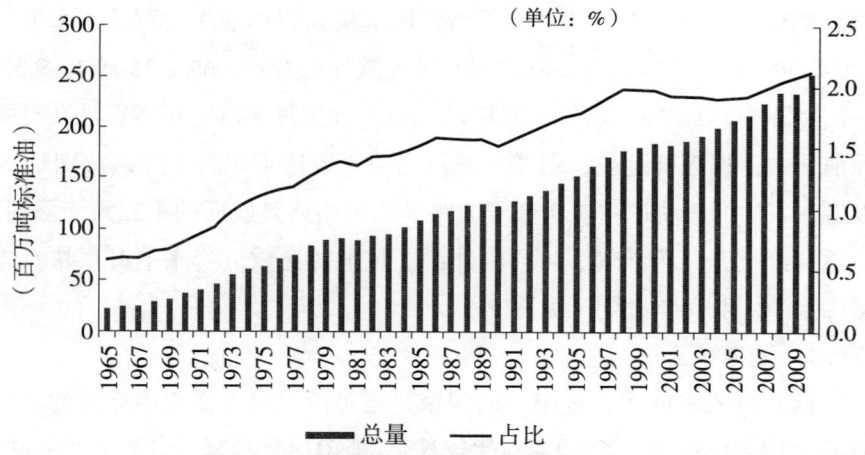

图 9-1 巴西能源消费总量与占比（1965—2010）

265亿立方米，相当于0.24亿吨标准油，位居世界第30位，占世界天然气消费量的0.8%；可再生能源的消费量为0.08亿吨标准油，占世界可再生能源消费量的5.0%，位居世界第5位；核电消费量为0.15万亿千瓦时，相当于0.03亿吨标准油，占世界核电消费量的0.5%，位居世界第22位。

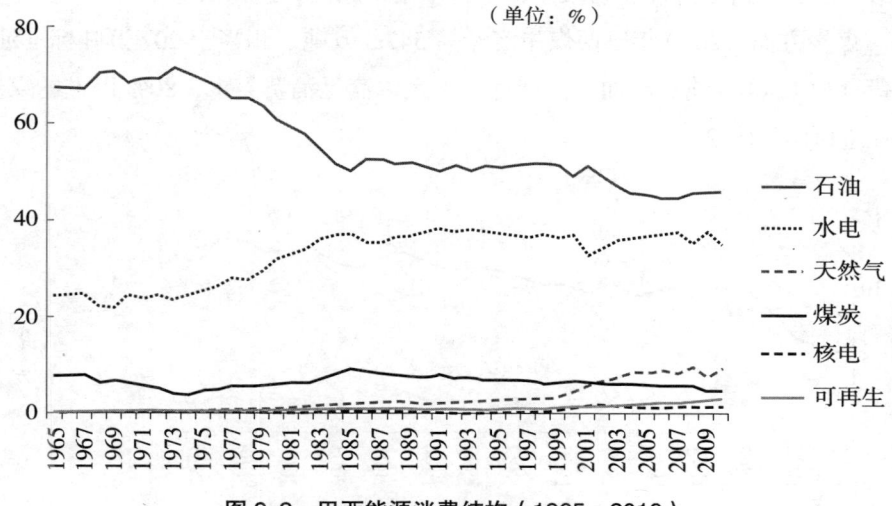

图 9-2 巴西能源消费结构（1965—2010）

从消费结构看,巴西各种能源消费比重从大到小依次为石油、水电、天然气、煤炭、可再生能源与核电,2010年比重分别为46.06%、35.29%、9.38%、4.89%、3.09%、1.29%,石油和水电的比重合计超过80%。虽然石油在巴西的能源消费中占据首要地位,但是从发展趋势来看比重一直下降,特别是2000年以后,石油的消费比重首次低于50%。水电始终是巴西的第二大能源消费,且比重持续上升。天然气、可再生能源、核电的比重近年来上升很快。煤炭则保持在5%和10%之间(见图9-2)。

(二)能源供应

巴西是世界水能蕴含量第一的国家,还是拉美仅次于委内瑞拉的第二大石油国,但煤炭和天然气资源相对比较贫乏,能源禀赋具有"多油、少煤、缺气"的特点。2010年巴西的原油储量为19.6亿吨,占世界原油总储量的1.0%,位居世界第15位,与中国大体相当;天然气储量为4000亿立方米,占世界天然气总储量的0.2%,位居世界第34位;煤炭储量为45.6亿吨,占世界煤炭总储量的0.5%,位居世界第14位。

在能源供给方面,巴西是一个能源净进口国,进口产品包括煤炭、成品油、天然气、电力,出口原油和可再生能源。虽然巴西在2006年已经实现石油的自给自足,但由于炼油能力限制,不得不出口原油,进口成品油。

煤炭方面,2010年巴西煤炭产量为547.5万吨,相当于207万吨标准油,消费量为1240万吨标准油,生产远远不足以满足消费需求,80%以上的煤炭依赖进口(见图9-3)。

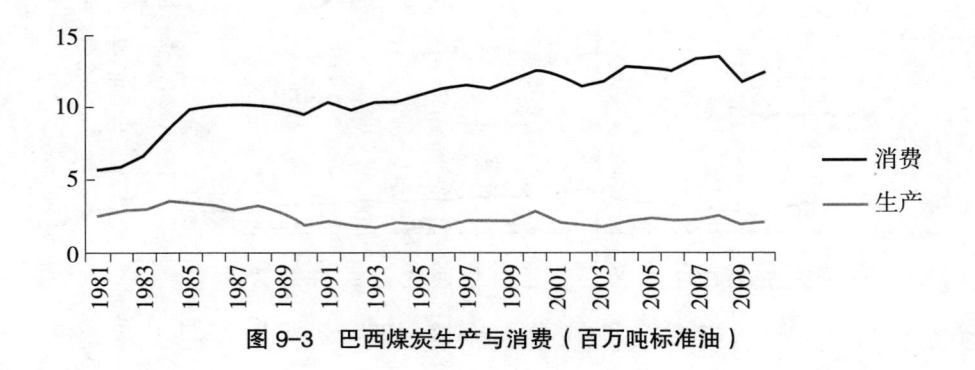

图9-3 巴西煤炭生产与消费(百万吨标准油)

石油方面，2010年巴西原油产量1.06亿吨，净进口石油1000多万吨，主要是成品油进口（见图9-4）。

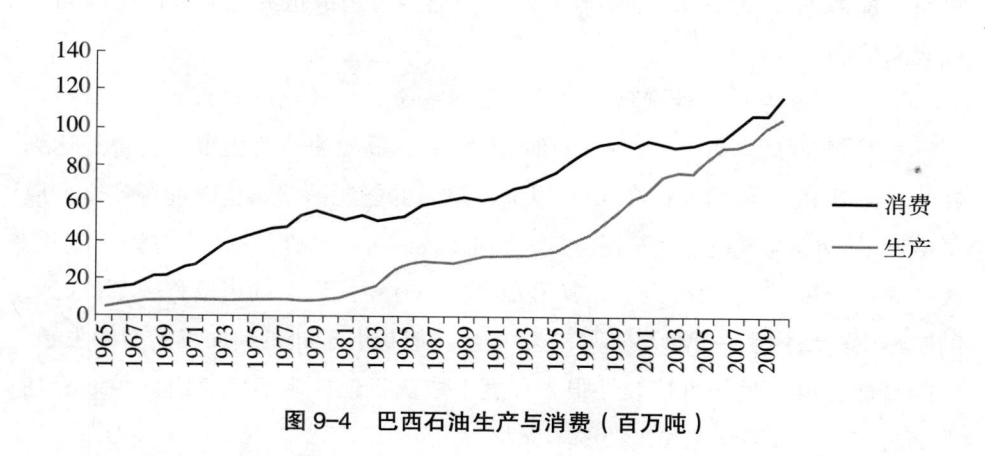

图9-4　巴西石油生产与消费（百万吨）

天然气方面，天然气产量144亿立方米（1300万吨标准油），净进口120亿立方米（1000万吨标准油），对外依存度在45%左右（见图9-5）。

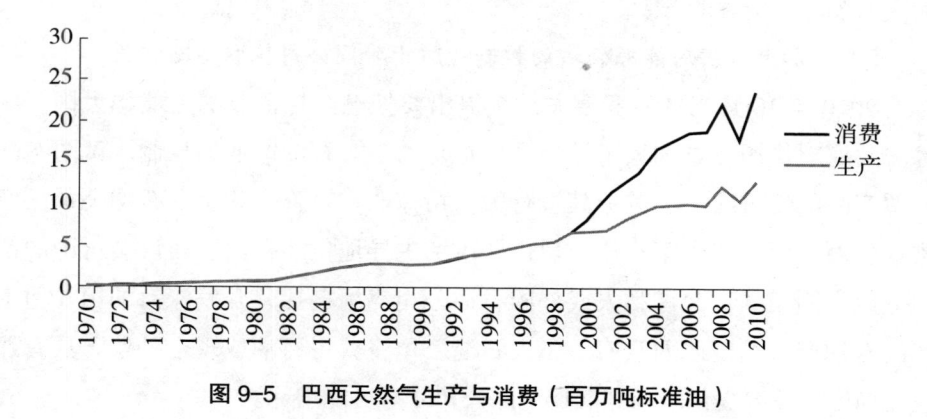

图9-5　巴西天然气生产与消费（百万吨标准油）

电力方面，2010年发电量4848亿千瓦时，其中水电3960亿千瓦时，占比80%以上。

二、巴西能源管理目标侧重点

巴西能源禀赋优良，拥有石油、水电、乙醇燃料三大能源王牌，已成为可再生能源的净出口国。巴西政府对于把巴西打造成世界能源大国的战略目标充满信心。

（一）改变单一的能源结构，确保能源安全，实现能源独立

巴西的能源消费一直以石油和水电为主。石油的消费比重一度曾经达到70%，到2010年依然维持在40%以上。单一的能源消费结构对能源安全构成了威胁。1953年建立巴西国家石油公司（Petrobras）的目标之一就是实现能源独立。经过53年的努力，尤其是20世纪90年代后期的市场化改革，巴西的原油供给增加了一倍，实现了自给自足。但是由于储量和加工能力的限制，巴西石油自给自足的可持续性很大程度上取决于巴西政府能否有效控制石油需求的增长以及实现能源来源的多元化。

此外，巴西的天然气进口严重依赖于玻利维亚。2006年，玻利维亚武装控制油气田和基础设施并实行国有化，严重威胁了巴西的能源安全，迫使巴西石油（Petrobras）不得不调整天然气战略，谋求天然气来源的多元化，并加大国内天然气资源的开发。

（二）加大政府对能源领域的控制，防止跨国公司掠取垄断收益

2010年10月当选的罗塞夫总统提出要把巴西打造成国际能源大国。罗塞夫政府对能源领域加大了控制，特别是加强对石油产业的控制，试图垄断资源产品的溢价收益，避免其被跨国公司掠取。尽管一些跨国石油公司已经进入巴西，但巴西国家石油公司仍居市场主导地位。根据巴西议会讨论的产品分成合同模式，允许私人或外国石油公司竞标勘探、开发深海油田，但生产的石油产权属于巴西政府，私人石油公司将获得石油或现金补偿。只有那些能向巴西政府提供最高利润比例的公司才有可能中标。

（三）积极发展乙醇等可再生能源，实现能源多元化、能源安全和能源清洁

巴西能源禀赋独特，同时是甘蔗生产大国，是世界上少数几个具备发展能源农业条件的国家之一，这为其发展可再生能源提供了优越的条件。2004

年巴西通过了替代能源资源促进方案（The Brazilian Alternative Energy Sources Incentive Program），鼓励使用替代能源。其长期目标是到 2020 年风能、生物能和中小型水电站发电量达到总发电量的 10%。在能源多元化战略的引导下，巴西积极发展水电、可再生能源尤其是乙醇燃料。罗塞夫政府提出的能源大国战略就是要让巴西在乙醇和原油生产上保持大国地位，成为能源出口大国，并拥有制定乙醇、生物柴油等国际技术标准和贸易准则的发言权。

第二节　巴西能源产业组织结构

巴西能源以石油、水电和生物乙醇燃料为主，能源市场改革的总体方向是趋于自由化，但是政府与国有企业仍然保留了重要能源的垄断权力，占据了市场主导地位，并控制着部分能源产品的价格。

一、油气

1995 年之前，巴西国家石油公司（Petrobras）作为国有企业垄断了油气的勘探和开采。1995 年，巴西宪法第 9 号修正案（the Ninth Amendment to the Brazilian Constitution）允许其他公司进入油气的勘探与开采行业。1997 年，随着《石油法》（the Oil Law）的颁布，允许私人企业进入油气产业链的各个部分参与竞争，并建立了国家能源政策委员会（the National Council for Energy Policy, CNPE）和国家油气管理局（the National Petroleum Agency, ANP），在石油行业建立了法律管理机构，试图加强能源市场的竞争性。1999 年，ANP 公开拍卖油气的勘探权。包括 Petrobras 在内的 50 多家公司获得了巴西境内的油气勘探权。油气部门的上游行业已经完全自由化并向私人投资者开放。2001 年之后，油气的终端消费价格被完全放开，主要的补贴政策都被取消。2002 年，巴西实现了石油及其副产品的自由进出口。2003 年，壳牌公司（Shell）成为巴西远海石油生产领域最大的私人公司。但是，巴西石油（Petrobras）目前仍然占据绝对的主导地位并生产巴西绝大部分的油气。经过股份制改革，巴西联邦政府控股仍占 50% 左右。

二、电力

20世纪90年代,巴西的电力部门开始改革。国有企业与私人公司共同参与发电、输电和配电过程。截至2004年,巴西共有59家发电公司和64家配电公司。国家控股公司巴西电力(Eletrobrás)和三个地方政府的控股公司占发电量的一半。但是超过三分之二的配电公司都属于私人公司。电网由发电、输电、配电公司和矿产能源部(Ministry of Mines and Energy)共同运营。核电则完全由巴西电力(Eletrobrás)下属的核电公司(Eletronuclear)垄断,核电只占发电总量的4%。

2004年,巴西采取了新的电力运营模式,即建立电力库(Pool),通过长期合约实现电力供求间的匹配。配电公司向能源规划局(Energy Planning Agency, EPE)提交项目申请。EPE对项目进行评估并通过电力库向配电公司发售电力。

第三节 巴西能源管理机构设置与职能分配

巴西采取政、监、资合一的能源管理模式。成立于1960年7月的矿产能源部是巴西在能源领域的行政管理部门,负责巴西全国的矿产资源、油气资源、水资源、电力工业及核能工业的开发管理工作;制定和执行国家的矿业政策,

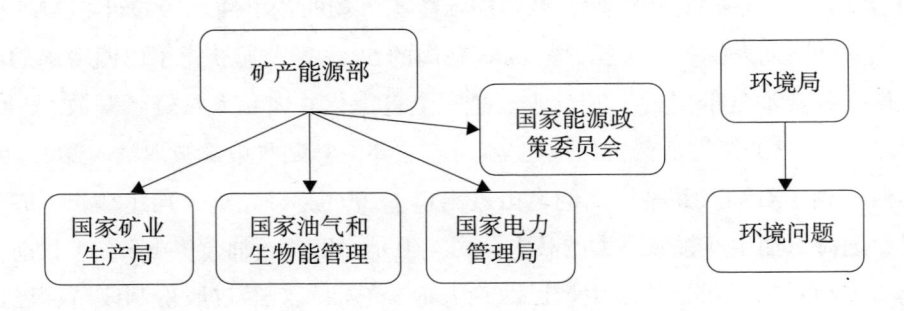

图 9-6 巴西能源管理机构设置

执行国家的矿业法律和法规；对矿山开采活动进行监督管理。国家能源政策委员会、国家矿业生产局、国家油气与生物能管理局、国家电力管理局和国家核能委员会隶属于矿产能源部。国家能源政策委员会负责制定能源政策。国家油气与生物能管理局和国家电力管理局分别是石油部门和电力部门的监管机构（见图9-6）。此外，能源管理还涉及农业、环境等相关部门。

一、国家能源政策委员会（CNPE）

国家能源政策委员会根据1997年的《石油法》（the Oil Law，the law no.9478）建立。国家能源政策委员会是一个专业咨询机构，职能是向总统提供政策咨询并负责制定国家能源政策和方针。该机构在节能方面的职能包括：促进可再生能源的使用；确保国家不同地区供电的最佳方式；引进能源产品的投资；定期评估全国不同区域所消耗的能源，以便发展可替代能源及其技术；制订能源发展的具体计划；制定进出口指南，以便满足国内天然气、石油和石油产品的消耗。国家能源政策委员会隶属于巴西矿产能源部，由政府代表、能源专家、非政府组织和7位部长组成。

二、国家油气与生物能管理局（ANP）

国家油气与生物能管理局也是根据1997年的《石油法》建立的，是联邦政府负责石油监管的机构。ANP的主要职能是监管石油部门。2003年8月19日至20日，巴西国家油气与生物能管理局举行了巴西第五轮石油和天然气开发项目特许经营权投标。该轮投标设置了当地最低开发要求，目的是激励并保护当地石油产业，并且希望吸引巴西本国和外国的小型石油企业的参与。

三、巴西国家电力管理局（ANEEL）

成立背景：巴西国家电力管理局根据1996年12月26日第9427号法成立。
主要职能：该机构的主要职能是为电力市场维护良好的外部条件，平衡各机构间用电的分配，调解电力部门与消费者的用电冲突；对电力设施办法许可，确保公平用电率，以增进社会福利等。在 2011 年 10 月 18 日的一次公开会议上，ANEEL 委员会决定授权批准电力服务监督体制，审查监督由 12 个配电公司定为重点的能源项目，以满足 2014 年世界杯主办城市的电力需求。12 家配电公司将 154 项工作认定为重点项目。ANEEL 将在自己的网站上定期发布这些工作的发展状况。为了评定将举办世界杯的城市所需的电力，ANEEL 成立了工作组安排具体工作，包括实行监督审查等。该工作组由 MME 和 ANEEL 协调管理。

四、其他相关机构

- 国家计量、标准化和工业质量协会。巴西在产品安全认证和能效标签方面的管理机构为国家计量、标准化和工业质量协会（Instituto Nacional De Metrologia, Normalizizacao Equalidade Industrial, INMETRO）。其主要职能包括负责巴西的计量和质量标准化，产品、过程和服务的强制性和自愿性认证，实验室和认证机构的认可，以及出口技术支持等方面的工作等等。
- 环境局。环境局（Environmental Agency）是批准新的能源项目的政府部门，其中巴西环境与可再生自然资源协会（Brazilian Institute of Environment and Renewable Natural Resources, Instituto Brasileiro do Meio Ambiente e dos Recursos Naturais Renováveis, IBAMA）是巴西环境局的执行部门。2011 年 IBAMA 批准在欣古（Xingu）河上靠近阿尔塔米拉（Altamira）的地区建设贝罗蒙特（Belo Monte）水电站。该水电站项目的通过是结合了社会和环境收益的严格的技术分析的结果。

第四节 巴西能源管理政策体系

一、促进市场竞争

- 《宪法第 9 号修正案》：1953 年巴西掀起了声势浩大的"石油是我们的"

的运动，迫使政府于当年立法规定石油由政府垄断经营，并于1954年成立了巴西国家石油公司（Petrobras）作为其执行机构。根据1953年颁布的《石油法》，Petrobras代表国家负责巴西全方位的石油勘探开发，原油、天然气及其制成品的运输——包括海运和管道运输等。炼油业务以及整个天然气产业基本上也由Petrobras垄断经营。1995年，巴西颁布了《宪法第9号修正案》（the Ninth Amendment to the Brazilian Constitution），结束了巴西国家石油公司在油气勘探和开采方面的垄断权力，允许其他公司进入油气的勘探和开采行业。

- 《石油法》：1997年巴西颁布的《石油法》（the Oil Law）规定，在石油生产方面实行自由化政策并建立法律监管体系。《石油法》的核心目标一是建立国家能源政策委员会（National Council for Energy Policy，CNPE）和国家油气与生物能管理局（National Agency of Petroleum, Natural Gas and Biofuels, ANP），构建石油和天然气行业的法律监管框架；二是鼓励使用天然气，增加能源市场的竞争性，促进电力行业的投资等。

- 电力拍卖（风能与生物能）：巴西在2004年采用了新的标准管制结构，在此结构之下，大部分新能源项目通过拍卖的方式获得与巴西国家电力管理局（Agência Nacional de Energia Elétrica，ANEEL）统一组织管理的能源配置机构长期能源购买协议（long-term power purchase agreements, PPAs）。根据要求，能源配置者必须进入经过反向拍卖程序的电力需求长期协议。在该拍卖程序下，现有的常规能源资源、新能源资源（包括可再生资源）都有其对应的拍卖。巴西国家电力管理局同时实施储备能源拍卖。该拍卖程序针对为国家综合系统（the National Integrated System, SIN）所购买的额外能源供给，目的是减少该系统的运营成本。

　　在新的以及储备能源拍卖政策中，有些拍卖程序是针对某些特定的能源资源的。2008年，巴西进行了本国第一次仅针对生物能发电企业的储备能源拍卖。政府在31家使用甘蔗等作为发电原材料的热电厂中拍卖了总计2379MW的额度。该项能源购买协议于2009或2010年生效，有效期为15年。在2009年12月，巴西进行了本国第一次仅针对风能发电企业的储备能源拍卖。这次拍卖批准风能发电企业将多余的能源卖给能源配置者以及工业买家。同时，这项拍卖意欲向能源生产者提供扩大能源生产的激励。巴西政府在339个项目（总计能源需求10055MW）中遴选出71个项目，并在这71个项目中拍卖1805MW的额度。该项能源购买协议自2012年7月1日生效，有效期为20年。巴西政府宣称针对风能发电企业和项目的拍卖仍会继续。

二、能源研发与技术创新

- "2010—2019十年能源扩展计划"：2010年10月，巴西矿产能源部通过了新的"2010—2019十年能源扩展计划"。该计划包括如何贯彻实施在2014年之前逐步淘汰化石能源发电厂的计划，并且预见巴西将在未来的10年中大规模延伸发展水能和风能电网连接式发电。同时，该计划规定了可再生能源装置容量的未来目标，具体如下：水电在2019年之前从2010年的83.1GW增加到116.7GW；小水电在2019年之前从2010年的4GW增加到7GW；生物能在2019年之前从2010年的5.4GW增加到8.5GW；风能在2019年之前从2010年的1.4GW增加到6GW。此外，该计划预计未来投资组合将达到4202亿欧元，同时还计划制定了利用可再生资源进一步发展由电网连接的电力生产的目标：在2010年底达到4GW，在2011年达到777MW，并在2012年达到2GW。

三、能源与环境

- 《矿业法典规章》：鼓励和保护勘查和开采活动，鼓励私人对勘查业和采矿业进行投资，并对环境保护作了详细的规定。如：政府和各个社会团体按法律规定有义务保证当代和后代的生态环境平衡、公民的健康安全；按照法律规定在矿业活动中对环境有影响的因素，在前期的环境影响评价报告中将被公开；法律要求保护动植物，禁止破坏生态平衡和使一些物种处于危险状态的活动；开采矿产资源必须对破坏的环境进行恢复，依据法律要求这些恢复工作可以寻找在社会上有实力的公共中介来完成；一些被认为是对环境进行破坏的活动或过程，造成这些破坏行为的个人或法律实体应当对此负一定的刑事责任。

第五节 巴西能源管理体制特征与启示

一、高度重视对能源的统一管理，矿产能源部自 1960 年成立以来始终是巴西能源领域的统一管理部门，即使在能源领域实行了市场化改革后也没有变更能源主管部门，这种稳定性是巴西能源管理体制的一大特点

矿产能源部负责巴西全国的矿产资源、油气资源、水资源、电力工业及核能工业的开发管理工作；制定和执行国家的矿业政策，执行国家的矿业法律和法规；对矿山开采活动进行监督管理。20 世纪 90 年代能源领域市场化改革后，矿产能源部作为能源的统一管理部门一直被保留，并增设下属管理机构以适应新的能源体制。

针对电力市场化改革，1996 年在矿产能源部内设巴西国家电力管理局（Agência Nacional de Energia Elétrica，ANEEL），主要职能是为电力市场维护良好的外部条件，平衡各机构间用电的分配，调解电力部门与消费者的用电冲突；对电力设施办法许可，确保公平用电率，以增进社会福利等。

针对石油市场化改革，根据 1997 年的《石油法》在 MME 内下设国家油气与生物能管理局（ANP），全面负责巴西油气资源勘探开发利用管理。同年，成立国家能源政策委员会（CNPE）。CNPE 由能源和矿业部主持工作，并对巴西总统负责，专门负责制定国家能源发展战略、规划及宏观政策等。具体职责包括：研究制定巴西能源战略和中长期规划，明确能源发展目标和方向；制定能源政策，确保能源资源的合理开发利用，保障国内能源供应；制定特别能源计划和措施，如核能、乙醇、天然气等计划；制定能源进出口政策和国家燃料油储备政策等。

二、巴西作为一个资源丰富的发展中国家，民族主义和保护主义对其能源体制和能源政策走向具有重要影响，导致巴西能源市场化改革不彻底，也没有成立独立的监管机构

在20世纪90年代的市场化改革过程中，石油体制的改革也充满争议，一派极力要求彻底打破垄断，建立产权明晰、规则明确的新体制，将巴西国家石油公司彻底私有化；另一派除了对失去既得利益的担心外，同时也有对国家利益、石油安全的担心。在这种情况下，巴西的能源管理奉行罗塞夫政府提出的"混合经济"理念，在引入市场化机制提高效率的同时，在矿业、能源、金融等领域坚持国有主导地位，加强对资源的控制，石油产业对外国投资者的开放相对有限，私有或外国石油公司仅仅是市场的参与者，合作条件苛刻，并试图用"分成合同模式"防止跨国公司掠取资源的溢价收益。在电力领域，虽然放开了发电与配售电领域，但是电力市场交易采用单一买家的电力库形式，政府从发电企业买电再卖给配电公司与用户。

在这样的情况下，巴西并没有成立独立的监管机构。国家油气与生物能管理局主要职责包括：制定和实施石油、天然气政策，保证石油供应维护消费者权益；承担油气资源矿权管理，审批勘探开发许可证，组织招标和审查合同等，并监督合同生效情况；全面监管油气勘探开发活动，保护环境；监理国有资产的私有化，对石油运输、加工、销售等监管、调控；开展重大科技研发。总体上，巴西国家二级管理局既具有石油工业的行政管理职能，又具有行业监管职能，是一个较为典型的政监合一的管理机构。

第三篇 中国能源管理体制：历史、现状与改革方向

本篇结合第一篇的理论分析和第二篇的比较研究，试图对中国能源管理体制的历史沿革做出一个条理清晰的梳理，并对未来进一步改革的方向提出政策建议。

中国能源行业正处于从传统的计划经济向市场经济转型的阶段，具有"半计划、半市场"的特征，与计划经济相适应的管理方式仍未得到根本性的转变。中国能源管理体制仍有待进一步改革，其核心一是确保能源市场化改革逐步推进，能源管理方式逐步转变；二是确保政府公共服务到位、政策引导到位和监管到位。2013年国务院机构改革时重组国家能源局，对于加强能源公共服务和政策引导、转变能源管理职能具有重要意义。但基于能源管理体制的理论分析和国际经验，我们认为本轮能源管理机构调整仍没有完全到位，政出多门、职能重叠、力量分散、相互掣肘等诸多矛盾仍会存在，管理方式转变的推进仍然存在体制障碍，能源监管体系难以健全。因此，我们建议把2013年重组国家能源局作为过渡，逐步推进体制改革，加快推进能源管理方式转变，加大力度逐步取消不必要的价格、投资行政审批，加强公共服务、政策引导和监管，并适时组建国家能源部。

第十章　中国能源管理体制的历史沿革

纵观新中国 60 多年能源管理体制的演变过程，从管理机制的层面可以大致将其分为前后两个大的阶段：第一个阶段是改革开放前，尽管经历了管理机构设置上多次的分分合合，但是在机制层面上始终是以国营体制为基础，政企合一，高度集中。第二个阶段是进入 20 世纪 80 年代以来的市场化改革时期，随着市场化改革的逐步推进和深入，能源管理的方式和机构设置也经历了多轮的改革与调整。

第一节　计划经济时期的能源管理体制

在计划经济体制下，国民经济的各个行业作为整个计划经济体系的不同组成部门，均纳入政府的统筹安排，并实行国有国营、政企合一。其中，能源部门既承担了能源的生产供应等经营性职能，又承担了政府的各种政策性职能。这一时期能源管理体制的调整主要是围绕各专业能源部门的分与合、中央与地方的放权与集权等方面展开的。但是，不管如何调整，国有国营、政企合一的管理体制都没有发生根本的改变，政府管理能源的手段主要还是内部协调与控制，主要的管理部门包括三大职能机构，一是负责综合计划、协调与政策的国家计委，计委基于国民经济和社会发展综合平衡的角度制订计划，包括生产什么、生产多少、产品卖给谁、以什么样的价格调拨等；二是负责具体执行的能源工业部门，该部门既是生产者，又是政府计划和政策的执行者；三是负责油气普查和勘探的地质部门。

一、燃料工业部时期（1949—1955 年）

新中国成立后，国家设立了燃料工业部，下设煤炭管理总局、电业管理总局和水力发电工程局（见图 10-1）。1950 年，针对石油勘探开发基础薄弱的状况，燃料工业部内设石油管理总局，集中管理石油、天然气的勘探开发工作。自此形成了全国煤炭、石油和电力工业的统一管理模式。

全国煤炭工业实行在中央统一领导下，以各大行政区为主的管理体制。第一个五年计划初期，国家撤销了各大行政区的建制。燃料工业部在华北、东北、华东、中南、西南和西北 6 个地区设置煤矿管理局，直接受煤炭管理总局领导，负责管理所在地区的国营煤矿企业。

1952 年 8 月，中央人民政府设置地质部。1954 年 12 月国务院决定，从 1955 年起由地质部承担石油天然气的普查和部分详查，燃料工业部承担详查、细测和钻探、开发工作，中国科学院承担科学研究工作。在之后的相当长一段时期内，形成了两部一院协同配合开展油气工作的局面。

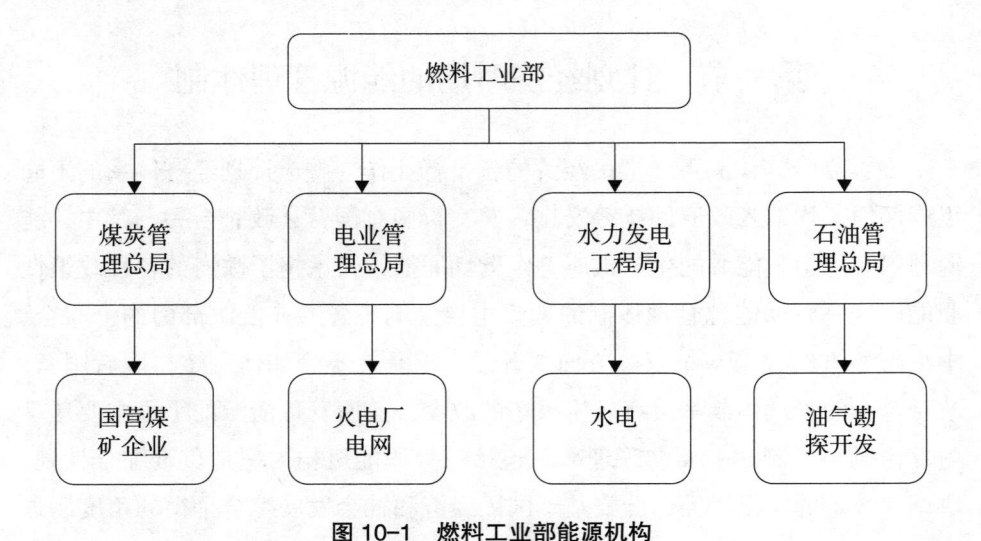

图 10-1　燃料工业部能源机构

燃料工业部成立后，先后收管了各大区电业管理局，成立了电业管理总局，负责火电厂、输变站工程的建设及发电、输电、配电、售电的全部生产运营，并成立水力发电工程局专司水电事业。电力工业的规划和计划工作由燃料工业部计划司直接管理，各发电厂按照计划司的指令进行建设和生产。相应的财务、劳资、人事和科技、基建、设备制造等都由燃料工业部相关司局管理。

新中国从 1950 年成立中国科学院近代物理研究所开始，就展开了核科学技术的研究工作，并分别于 1954 年和 1955 年在原有的地质工作和科学研究的基础上，先后开始建立铀矿地质普查勘探机构和筹建综合性原子能科学研究基地。

这一时期，政府通过燃料工业部直接经营能源工业，通过地质部承担石油天然气的普查和部分详查工作。除了这两个直接经营部门外，还有一个部门负责综合协调和控制。此外，在成立燃料工业部的同时还成立了政务院财政经济委员会[①]，燃料工业部受其指导。1952 年成立了国家计划委员会，接替财政经济委员会负责制定经济社会发展的综合计划与政策，进行综合协调与平衡。

二、分部门管理（1955—1958 年）

1955 年 3 月，一届全国人大二次会议决定撤销燃料工业部，分别成立煤炭工业部、石油工业部和电力工业部。

煤炭部成立以后，东北、华东、中南、西南、西北 5 个大区煤矿管理局分别改名为沈阳、济南、武汉、重庆、西安煤矿管理局，其管辖的煤矿企业不变，太原煤矿管理局仍保持原来建制。

电力工业部则延续了燃料工业部原来的全国电力工业计划和管理的职能。为加强专业管理，又相继成立了电力设计局、基建工程管理局，并将水力发电工程局改为水力发电建设总局，分别管理火电和输变电设计、火电基本建设和水电勘测设计和施工。与此同时，撤销了原来的电业管理总局和各大区电业管理局，直接领导各省的电力工业。从 1956 年又开始逐步调整和充实省级电业管理工作，形成了中央和地方领导相结合，以中央领导为主的电力工业管理体制。

1955 年，一届全国人大常委会议通过成立第三机械工业部，主管核工业

---

① 其前身是中央财政经济委员会。

发展。1958年，三机部改名为二机部，成为全国原子能事业的统管部门。

石油方面，随着国家商业体制的改革，1958年，国内贸易部（商业部）所属的中国石油公司先后更名为商业部燃料局、石油局，负责对成品油进行管理，同时承担了对地方石油经营单位的业务协调职能。

具体分部门能源管理机构见图10-2。

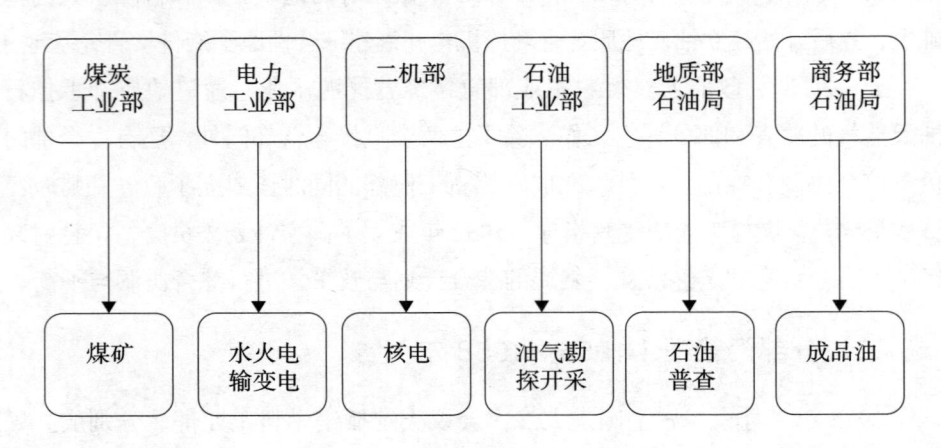

```
煤炭工业部 → 煤矿
电力工业部 → 水火电输变电
二机部 → 核电
石油工业部 → 油气勘探开采
地质部石油局 → 石油普查
商务部石油局 → 成品油
```

图 10-2　分部门能源管理机构

三、第一次管理权下放的尝试（1958—1966年）

从1958年开始，国家在能源管理体制上进行了一次较大的改革尝试。改革的指导思想是1956年毛泽东在《论十大关系》中提出的"在巩固中央统一领导的前提下，扩大一点地方的权力，给地方更多的独立性，让地方办更多的事情"。根据这一精神，1957年11月国务院出台了《关于改进工业管理体制的规定》。按照中央的指示，各大区煤矿管理局被撤销，产煤较多的15个省区建立了煤炭工业管理局，其余省区则由工业厅或重工业厅管理所在地区的煤矿企业。地质部石油地质局也被撤销，其直属的石油普查大队被下放给所在的省、市、区地质局领导和管理。电力方面，1958年，全国人大一届五次会议决定将水利部与电力工业部合并，成立水利电力部，并将电力工业企业全部下放给省级人民政府领导，实行中央与地方领导相结合，以地方为主的领导体制。

在当时的形势下，能源管理权限的下放产生了一系列问题，"一分就乱"的弊端已现端倪，由此又不得不进行调整和整顿，回收下放的管理权限。1959年12月，重新在地质部成立石油地质局，改各省、市、区地质局管理为部直属的管理体制。1960年开始把原来下放的30多个矿务局重新收回，实行以部为主的双重领导体制。1961年，又重新将电力工业的管理权力上收，实行以中央管理为主的体制。到1965年，电力管理体制已经形成京津唐、华北、东北、华东、中原和西北5个大区管理局的体制。

四、第二次管理权限下放（1966—1975年）

十年"文化大革命"期间，中国能源工业管理体制受到严重破坏，地方自成体系、地方权力盲目扩大等问题突出。

1967年7月，水利电力部实行军管，电力工业管理权又一次被下放给地方政府。四大区域电网除东北电网由沈阳军区领导外，其余电网均由所在省（市）革委会领导。1970年4月，水利水电部结束军管，由水利水电革委会领导。革委会进一步下放了电力工业的管理权限，撤销西北电业管理局，将西北各省的电力工业下放各省领导，同时将原本由水电部管理的广东和四川电业管理局下放给广东省和四川省革委会管理。

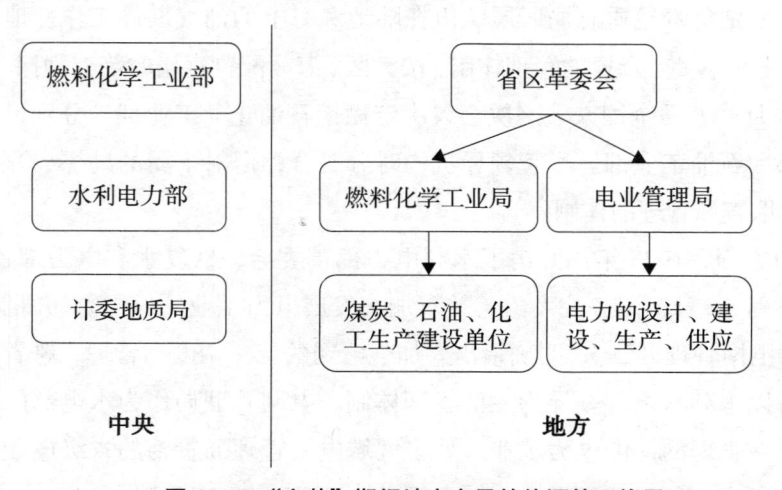

图 10-3 "文革"期间地方主导的能源管理格局

1970年，中共中央决定撤销煤炭工业部、石油工业部和化学工业部，将煤炭、石油、化工三家合并为燃料化学工业部。同年6月，原来受煤炭工业部与地方双重领导的中央企业被下放给地方。在这次机构改革中，地质部被撤销，改为国家计委地质局。原直属的石油普查队伍，除海洋石油调查队伍外，下放给所在省、区的地质局。到1971年几乎所有的生产、建设单位全部下放，大大扩大了地方权力，并盲目追求地方自成体系（见图10-3）。

五、重塑中央部门垂直管理体制（1975—1978年）

受到严重破坏的能源管理体制阻碍了生产力的发展，使得当时的能源供应无法满足经济社会发展的需要。从1975年开始，中央又逐步上收能源管理权限，重塑中央部门垂直管理的体制。

1975年1月，国家决定撤销燃料化学工业部，重新成立煤炭工业部，并组建石油化学工业部。以前下放给地方管理的煤炭企事业单位陆续收归煤炭工业部领导。从1977年开始，对煤炭工业管理体制进行了局部调整，一些关系国民经济全局的大型骨干煤炭企业陆续收回中央管理，实行以煤炭工业部为主的双重领导体制。

1975年9月，国家批准成立国家地质总局，内设石油普查勘探局和海洋地质司，分别负责地质总局所属队伍在陆地和海上的油气勘探工作。地质总局调整了石油普查、勘探的管理体制，按大区、海区配置直属的普查勘探队伍。1978年3月，五届全国人大一次会议决定撤销石油化学工业部，分别设立化学工业部和石油工业部。尽管领导机构时分时合，但对下属的勘探、开发队伍始终采取直属管理的体制。

电力方面，1975年，撤销了水利电力部革委会，恢复水利电力部建制。1975年7月25日，国务院发出《关于加快发展电力工业的通知》，并批准同意《跨省电网管理办法》，明确指出要加强电网的统一调度和管理，跨省电网必须实行以水利水电部领导为主的管理体制。电网管理局作为水电部的派出机构，统一管理网内的电力工业。处于区域电业管理局管辖的省级电业局受区域局及所在省的双重领导，有关电网的各项业务以区域局领导为主。不跨省的电网和不属区域局领导的省，由省电业管理局统一管理电力工业，不能层层下放。从此以后，中国的电力工业管理体制又走上了中央管理为主，大区电业管理局分片管理的体制（见图10-4）。

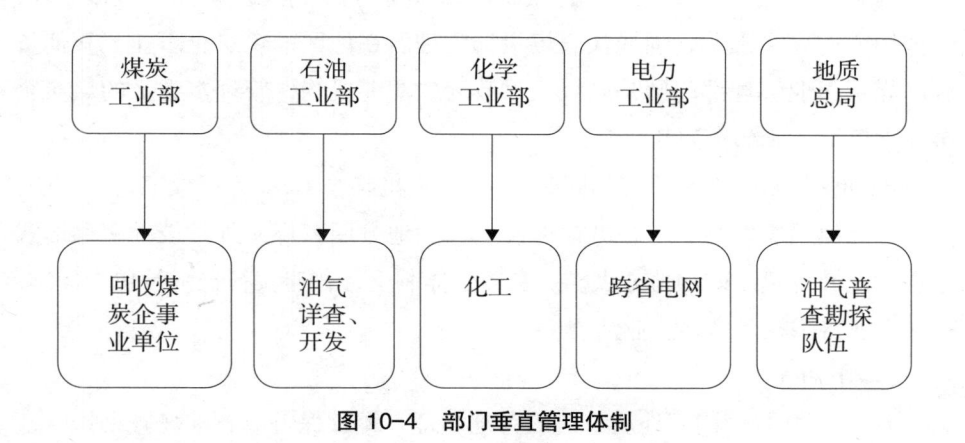

```
煤炭工业部    石油工业部    化学工业部    电力工业部    地质总局
    ↓            ↓            ↓            ↓            ↓
回收煤炭企事   油气详查、     化工        跨省电网     油气普查勘探
 业单位        开发                                    队伍
```

图 10-4　部门垂直管理体制

第二节　伴随市场化改革进程的能源管理体制演变

在计划经济时期，尽管经历了多次的反复调整，但是中国能源工业实行的国营体制并没有发生根本的改变，政府通过采取内部协调与控制的手段管理能源工业的机制和格局也没有发生根本的改变。

十一届三中全会以来，国家逐步对"政企合一、垄断经营、高度集中"的计划（部门）经济体制进行了改革，确定了建立社会主义市场经济体制的目标。伴随着市场化改革的进程，能源管理的机制也在逐步发生变化，政府职能也开始逐步转变，与此同时，根据职能调整的需要，政府从事能源管理的机构设置也在不断调整。

一、加强中央部门垂直管理的同时探索体制改革 （1978—1988 年）

十一届三中全会以后，国家进一步集中能源工业的管理权力，加强中央部门的垂直管理。1980年成立国家能源委员会，负责管理石油、煤炭、电力三个部。1982年能源委员会撤销，三个部由国务院直接领导。

（一）煤炭

煤炭方面把10个重点产煤省区的统配煤矿上划由煤炭工业部直接管理，这些地方的煤炭工业管理局代表煤炭部管理所在地区的煤炭企事业，其他省区的煤炭工业管理部门则是同级人民政府的职能机构，管理本省区的煤炭企事业，煤炭工业部作为其业务领导。

在加强煤炭工业部管理的同时，开始探索机制改革，一方面放宽地方煤矿，另一方面搞活统配煤矿。在办矿体制上，除地方国营煤矿外，鼓励多种形式办矿，发展乡镇煤矿和地方煤矿。在经营体制上，普遍实行经济承包责任制，扩大企业自主权，增强企业活力。

（二）油气

1979年9月，国家地质总局改为地质部，继续保持对石油普查勘探队伍的直属管理体制。1982年3月，内设石油地质海洋地质局进行统一管理。当年5月，地质部更名为地质矿产部，增加矿产资源开发管理职能，继续直接管理石油勘查队伍。同时，为适应扩大对外开放的形势，贯彻吸引外资和技术开发海上、陆上油气资源的决策，1982年2月，石油工业部所属海洋石油业务独立出来，成立中国海洋石油总公司，成为中国第一家国家石油公司，为直属国务院领导的副部级单位，从事海上石油、天然气开采和对外合作，但业务与行政仍归石油工业部管理。1983年7月，石油工业部下属炼油厂分离出来，与化学工业部和纺织工业部的部分石化、化纤企业合并，共39个石油化工企业组建中国石油化工总公司，为直属国务院领导的正部级单位，对石油产品的产、供、销实行统一管理和经营。1985年2月，国务院批准对外合作开采陆上石油资源，组建了中国石油开发公司，负责陆上石油勘探、开发的对外合作业务。海上、陆上对外合作开采石油资源，由石油工业部归口管理。

（三）电力

1979年2月，国务院决定撤销水利水电部，成立电力工业部和水利部。

跨省的和一省范围内的电网，由电力工业部统一管理，电力供应由国家统一分配。1979年12月，电力工业部成立了华北电业管理局和西北电业管理局，并于1980年成立华中电业管理局，1981年成立西南电业管理局，并把山东电力工业上调由电力工业部领导，成立电力部山东电力工业局。1982年3月，五届全国人大四次会议又一次将水利部、电力部合并为水利电力部。这次合并之后，电力工业继续沿着集中统一的方向发展。到1985年为止，全国只有广东、内蒙古和西藏3个省区的电力工业仍实行以地方管理为主。

1982年5月，五届全国人大常委会第23次会议决定，将第二机械工业部改名为核工业部。1982年7月，中国人民解放军国防科学技术委员会、国务院国防工业办公室和中央军委科技装备委员会办公室被宣布合编，成立了中国人民解放军国防科学技术工业委员会，简称国防科工委。1984年，国家核安全局成立，负责对全国民用核设施安全实施统一监管。

这一期间，党中央、国务院十分重视电力工业的改革和发展，1986年5月国务院召开会议研究电力工业体制改革问题，6月电力体制改革小组提出了《加快电力工业发展的改革方案（草案）》的报告，提出了5项改革措施和5项政策。1987年9月14日，李鹏副总理提出了电力工业体制改革的原则是："政企分开，省为实体，联合电网，统一调度，集资办电"和因地制宜的方针。在此之前，水利电力部曾提出全面包干的经济责任制，简政放权以及自负盈亏、以电养电的建议。

电力工业体制改革和电力工业的发展，需要有相应的电力投资体制改革相配套，在这段时间里，电力建设投资体制最大的变化是由拨款改为贷款；由于电价严重偏低，为了解决电力投资不足，主要采取了建立电力建设基金、卖用电权和集资办电等办法。为节约投资，在电力建设中普通开展了降低造价，缩短建设周期；基本建设项目投资包干责任制和招投标制度。为弥补投资不足，电力工业还率先利用外资，成立华能国际电力开发公司；发行电力建设债券和适当提高电力折旧。这些措施打破了独家办电的局面，出现了多渠道、多元化投资办电的局面，加快了电力工业的发展。

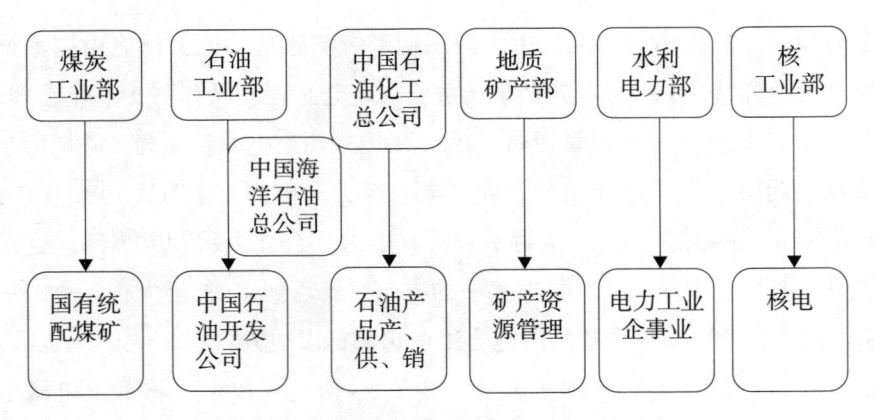

图 10-5　部门垂直管理机构（1978—1988）

二、能源部时期（1988—1993 年）

1988 年 4 月，七届全国人大一次会议通过了国务院机构改革方案，撤销了煤炭、石油、水利电力、核工业部，组建了管理电力、煤炭、石油、核工业的能源部。能源部是国务院统管全国能源工业的职能部门，负责统筹规划和开发能源，优化能源结构，加快能源建设。

煤炭工业部撤销后，组建了全国统配煤矿的中国统配煤矿总公司和管理内蒙古与东北三省统配煤矿的东北内蒙古煤炭工业联合公司。原煤炭工业部下设的中国地方煤矿联合经营开发公司转归能源部归口管理，并协助能源部对全国地方煤矿实行行业管理。

石油工业部撤销后，成立了中国石油天然气总公司。石油工业部的大部分行政职能划归能源部行使。中国石油天然气总公司统一管理陆上石油工业的生产经营及其他部分行政职能。同时，还成立了中国海洋石油总公司。两个总公司均由能源部归口管理。

1988 年 10 月，国务院印发《电力工业管理体制改革方案》。文件明确将网局改建为联合电力公司，省电力局改建为省电力公司，省电力局与省电力公司双轨制运行。联合电力公司由能源部归口管理。同时明确非跨省电网的电力局，要逐步改建为省电力公司，独立经营，由能源部和省人民政府双重领导，并接受能源部委托，行使所在地区电力工业的行业管理职能。通过这次改革，电力工业在省级层面实现了形式上的政企分开。1991 年底，根据国务院开展组建大型企业集团试点的通知，经国务院同意，能源部于 1993 年 1 月将电力联合公司改组为电力集团公司，组建了东北、华东、华北、华中、西北 5 大电力集团。这些集团在国家计划中单列，由能源部管理。

核工业部撤销后，其政府职能划入新建的能源部。同时组建了中国核工业总公司，负责对核工业企事业单位的经营管理。该公司是在原中国核工业部基础上组建的科技、工业、贸易相结合的全国性工业公司。

这一时期的水电管理职能由能源部和水利部共同担当。水电开发由能源部归口管理。以防洪、灌溉、供水为主的水电站由水利部负责建设和管理。农村水电站及其供电区由水利部实行归口管理。武警水电部队由能源部代管。能源部专门设置了水电开发司。

1988 年 7 月 1 日起进行华东电网体制改革试点，分别成立华东电力联合公司和上海市、江苏省、浙江省、安徽省电力公司，同时保留华东电业管理局和省（市）电力工业局名称，实行双轨制运行，以创造条件实现政企分开。

此时期的能源管理机构见图 10-6。

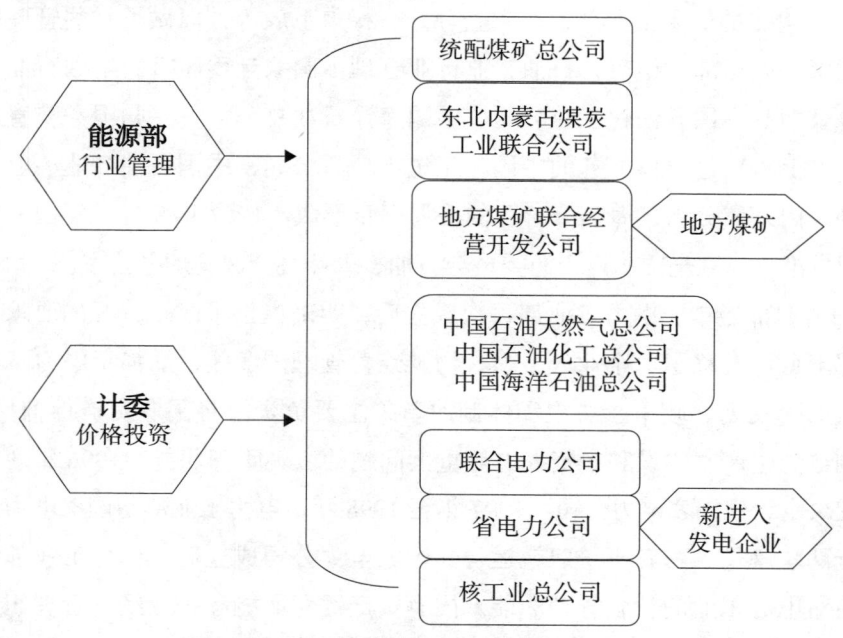

图 10-6　能源部时期能源管理机构（1988—1993）

三、逐步推进政企分开，实现主体多元（1993—2003 年）

1988 年中国能源市场化改革尚属探索阶段，政企分开还没有切实推进，煤炭领域成立的统配煤矿总公司、东北内蒙古煤炭工业联合公司、地方煤矿联合经营开发公司，油气领域成立的中国石油天然气总公司、中国石油化工总公司、中国海洋石油总公司，电力领域成立的联合电力公司、省电力公司与核工业总公司等仍然没有脱离行政序列，仍然是政企合一的主体，其中的总公司甚至仍然是正部级的政府部门，既承担生产经营职能，又承担政策职能。针对政企合一的经营主体，政府采取的主要管理手段是内部协调与控制，价格与投资的管理权限仍然由国家计委行使。在这样的体制下，能源部作为行业主管部门既不拥有政策职能，又不拥有价格、投资管理职能，陷入"无事可管"的困局，难以有效发挥作用。因此，1993 年 3 月，根据八届全国人大一次会议批准的国务院机构改革方案，能源部撤销，重新组建煤炭工业部和电力工业部（见图 10–7）。

新组建的煤炭工业部，在政企分开、权力下放等方面做了一些管理职能的调整。能源部撤销后，石油工业行业管理由国家计委履行。中国石油天然气总公司与中国石油化工总公司、中国海洋石油总公司一并归国务院直接管理，加上负责进出口业务的中国化工进出口总公司，中国石油产业"上下游分割、内外贸分治、海陆分家"的格局逐步形成。1997 年 5 月，经国家有关部门批准，成立全国矿产资源委员会石油、天然气资源管理办公室。

能源部撤销、电力工业部再次成立后，明确提出了政企分开的要求。电力部下放和转移了对企业人、财、物及经营管理的职能，加强了电力行业发展战略、规划、政策、法规和体制改革，主要负责监督国有资产保值增值，协调电力生产、建设和集资办电等重大问题的宏观管理职能。1996 年底，国务院决定组建国家电力公司。1997 年至 1998 年，电力工业部与国家电力公司实行两块牌子、两套班子双轨运行。国家电力公司成立后，电力工业部继续行使对电力工业的行政管理职能，国有资产经营职能和企业经营管理职能移交给国家电力公司。

能源部撤销后，核能管理机构主要有国家计委、电力工业部和中国核工业总公司等。原属国家计委的军转民技术改造和民用工业为军工配套技术改造的年度计划、实施和协调工作，转交国家经贸委。1994年9月，中国广东核电集团成立。

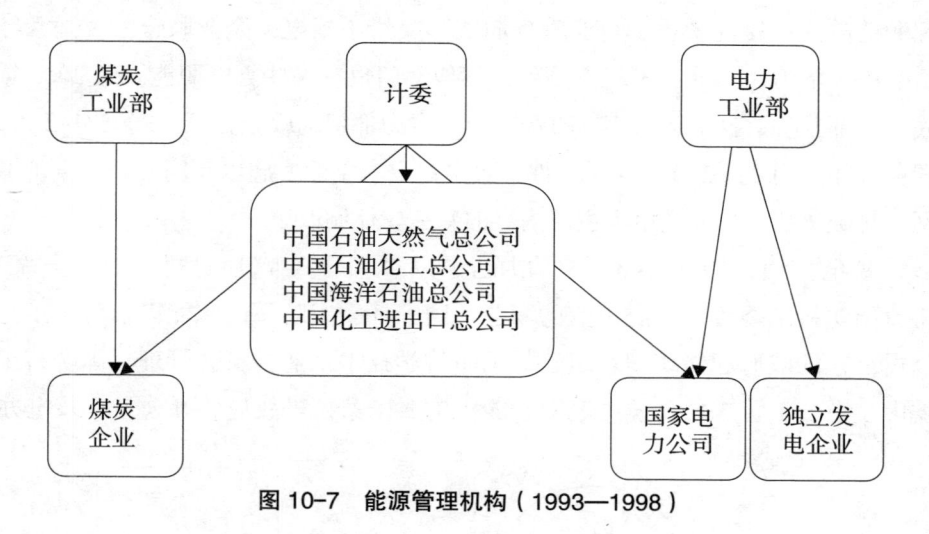

图 10-7　能源管理机构（1993—1998）

1998年新一届政府对能源管理体制做出了较大的调整，撤销专业能源部门，进一步推进政企分开（见图10-8）。

煤炭方面，1998年6月，煤炭工业部改组为国家煤炭工业局，为国家经贸委管理的主管煤炭行业的行政机构。包括原煤炭部直属企业在内的国有重点煤炭企业下放给地方政府管理。2000年初，国务院决定建立全国垂直管理的煤矿安全监察体系，为加强煤矿安全监察提供了体制保障。2001年，国家煤炭工业局被撤销，煤炭工业的管理职能由国家经贸委和国家计委分别负责。

油气方面，1998年3月，九届全国人大一次会议通过国务院机构改革方案，在国家经贸委下面组建国家石油化学工业局，对国有石油天然气企业进行重组，组建了中国石油天然气集团公司、中国石油化工集团公司和中国海洋石油集团公司3大集团。同时，由地质矿产部、国家土地管理局、国家海洋局和国家测绘局共同组建国土资源部,并负责资源的勘探与管理。2001年2月,国家石油和化学工业局撤销,其职能并入国家经贸委相关部门。

电力方面,1998年3月,九届全国人大一次会议批准国务院机构改革方案,决定撤销电力工业部,实行政企分开,将电力工业部和水利部的电力行政管理职能移交国家经贸委,行业管理职能移交给中国电力企业联合会。国家经贸委内设电力司。除国家经贸委外,其他部门也有一些管电职能。到2000年底,大部分省、自治区、直辖市都完成了电力部门的政企分开。2002年2月,国务院印发国发〔2002〕5号文件,决定对电力工业实施以厂网分开、竞价上网、打破垄断、引入竞争为主要内容的新一轮体制改革。

核电方面,1998年3月,九届全国人大一次会议通过机构改革方案,将原国防科工委管理国防工业的职能、国家计委国防司的职能以及各军工总公司承担的政府职能统归新组建的国防科学技术工业委员会管理。国防科工委内设系统工程二司,挂国家原子能机构、国家核事故应急办公室、核电办

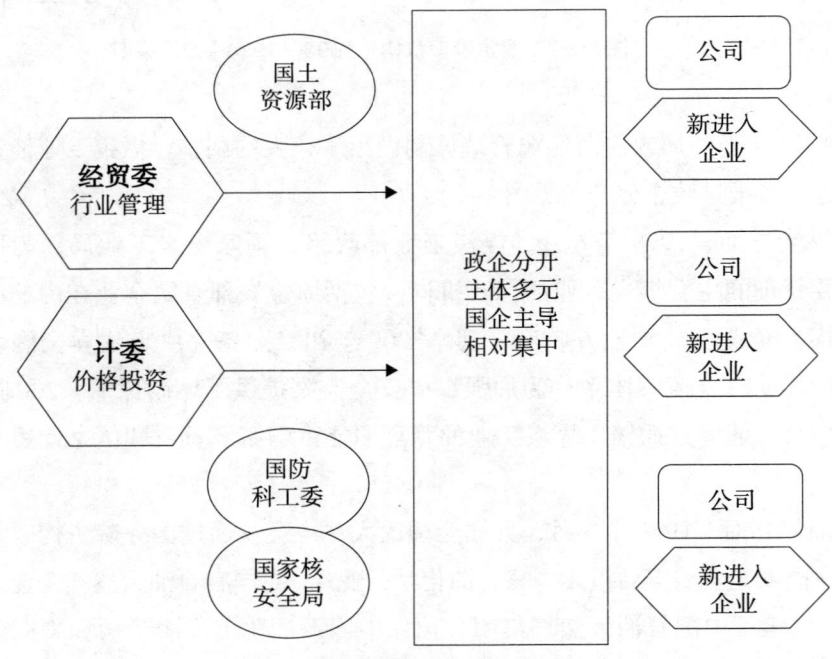

图 10-8 能源管理体制(1998—2003)

公室三块牌子。国家核安全局并入国家环保总局。1999年7月，根据国务院批准的方案，将中核总改组为中国核工业集团公司和中国核工业建设集团公司。按照政企分开的原则，集团公司不再承担政府的行政职能和行业管理职能。

四、进行相应机构调整，逐步加强能源管理（2003—2013年）

2003年3月，国务院决定撤销国家经贸委，能源行业管理职能转到国家发改委能源局（见图10-9）。与此同时，成立相应的监管机构进行能源监管。2006年8月，国务院办公厅下发《关于加强煤炭行业管理有关问题的意见》，将原属国家发改委履行的5项行业管理职能，划至国家安监总局及其辖属的煤矿安监局行使，以期解决煤炭行业管理弱化问题，增强安监部门管理效能。2003年3月组建了国家电力监管委员会。电监会为国务院直属事业单位，根

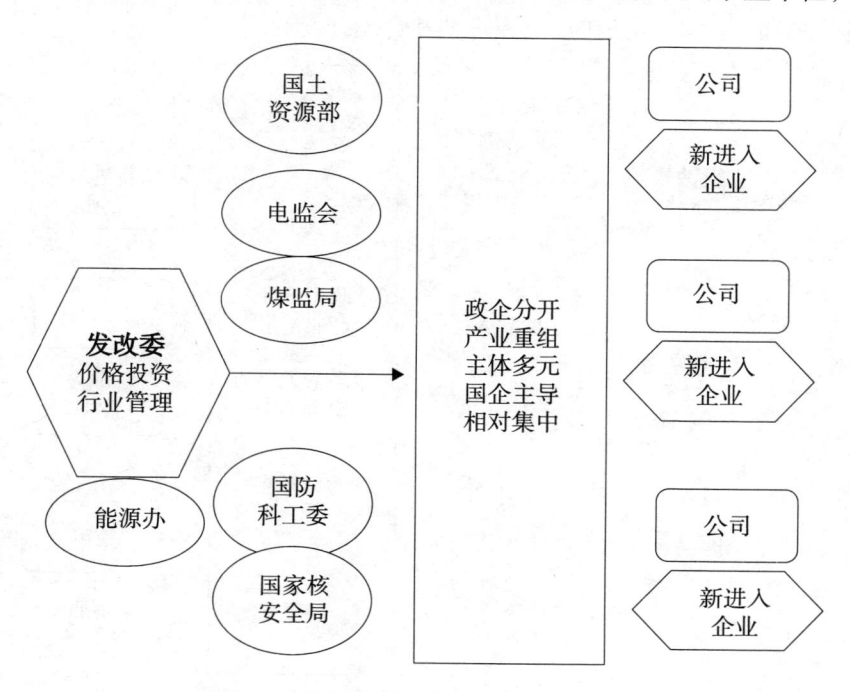

图10-9　能源管理体制（2003—2008）

据国务院授权，行使行政执法职能，并依照法律法规统一履行全国电力监管职责。

2005年5月，为了进一步加强能源战略规划和重大政策、能源开发与节约、能源安全与应急、能源对外合作等前瞻性、综合性、战略性工作的领导，国务院成立国家能源领导小组，作为国家能源工作的高层次议事协调机构。领导小组办公室设在国家发改委，具体承担日常工作。

2008年，国务院机构再次做出调整（见图10-10）。一是在原国家发改委能源局和国家能源领导小组办公室的基础上成立国家能源局，并纳入了原国防科工委的核电管理职能，成为能源行业发展的主要管理部门。二是原国防科工委撤销，其核电管理以外的职责连同发改委的工业行业管理职能，以及原信息产业部和国务院信息化工作办公室的职责，整合划入新成立的工业和信息化部。由工信部管理的新成立的国家国防科技工业局承担起组织核电建设和国家原子能机构的相应职责。三是调整了部分部委的职责，比如调整国土资源部职责，以加强矿产资源规划和合理开发利用管理。

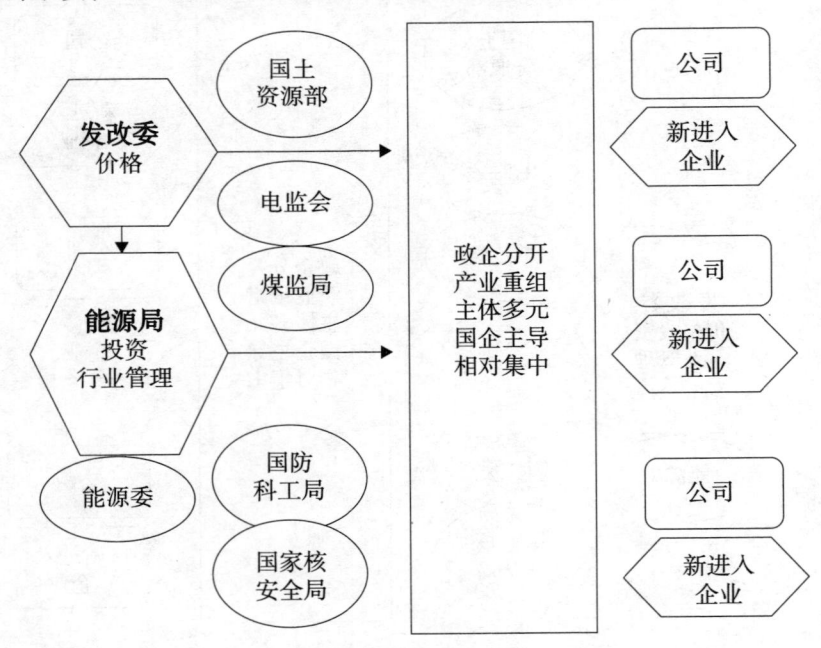

图10-10　能源管理体制（2008—2013）

2010年，中国在国家层面成立国家能源委员会，负责研究拟订国家能源发展战略，审议能源安全和能源发展中的重大问题，统筹协调国内能源开发和能源国际合作的重大事项，进一步加强了国家能源战略决策和统筹协调能力。国家能源局承担了国家能源委员会办公室的具体工作。

五、重组国家能源局，走向政监合一

2013年3月，十二届全国人大一次会议审议通过了《国务院机构改革和职能转变方案》（见图10-11）。为统筹推进能源发展和改革，加强能源监督管理，将原国家能源局、国家电力监管委员会的职责整合，重新组建国家能源局，由国家发展和改革委员会管理。新组建的国家能源局的主要职责是：拟订并组织实施能源发展战略、规划和政策，研究提出能源体制改革建议，负责能源监督管理等。

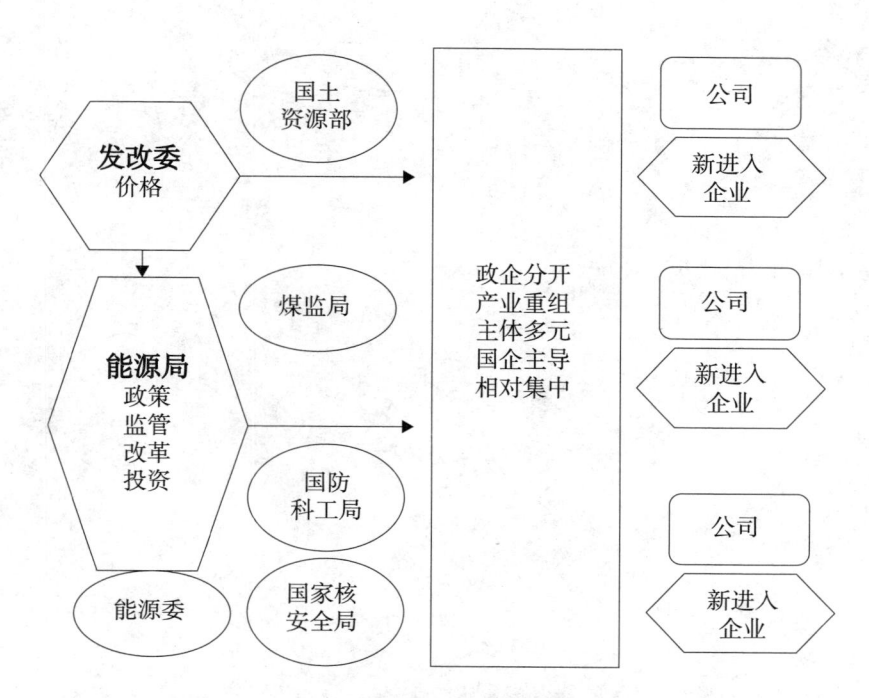

图 10-11　2013 年以来的能源管理体制

尽管此次能源管理机构改革的涉及面并不广，但是其中有两点重要变革具有深刻意义和深远影响。一是不再保留国家电力监管委员会，由国家能源局负责监管职能，并把监管范围从电力扩展到整个能源领域，从而强化了"政监合一"的能源管理体制。二是把能源体制改革作为国家能源局的重要职能之一，对推进中国能源体制市场化改革将产生深远的影响。

第十一章 中国能源管理体制现状与问题

通过对中国能源管理体制历史沿革的考察可以看到，改革开放以来，中国能源管理体制经历了多次改革与调整，力图找到政府与市场的平衡点，即一方面不断加强政府对能源管理的职能，另一方面又要按照市场化改革的目标和政企分开的原则，把从事能源生产经营活动的企业变成真正的市场经济主体。但是，目前的改革还没有完全到位，现行的体制还没有完全理顺，相应的管理职能与机构设置也就暴露出一些矛盾和问题。

第一节 现行能源管理机构与职能

下面分别考察在中国现行能源管理体制下，能源管理的政策职能、监管职能、资源管理职能、国资管理职能的具体内容和主要管理机构的基本情况。

一、政策职能

政策职能包括公共服务和政策引导两大类，在中国目前的能源管理体制下，承担政策职能的主要机构包括国家能源委、发改委、国家能源局、工信部、科技部、财政部、水利部、建设部、农业部等（如表11-1所示）。

表 11-1　能源管理的政策职能和管理机构

职　能	内　　容	现行机构
公共服务政策引导	国家能源发展战略、重大问题、重大事项	国家能源委员会
	统筹规划、应对气候变化、信息；节能、清洁发展机制、可再生能源和新能源开发利用、节能减排示范与推广	发改委
	信息、战略、规划、战略储备、核事故应急管理、体制改革、国际合作；能源设备与科技、能源行业节能	能源局
	农村水电战略、规划、体制改革、技术培训、对外合作、信息；小水电项目、电网、技术	水利部
	核事故应急管理、核工业规划、国际合作；核工业科研、重大技术装备、节能减排	工信部
	技术研究、基础理论研究；组织实施科技计划、推进油气管道技术进步	科技部
	燃油税、可再生能源发展、瓦斯利用、节能产品等财税政策	财政部
	节能建筑、城市污水沼气	建设部
	沼气、生物质能、太阳能推广	农业部

（一）国家能源委员会

国家能源委员会成立于 2010 年，其宗旨为加强能源战略决策和统筹协调，主要职能为：

（1）负责研究拟订国家能源发展战略。

（2）审议能源安全和能源发展中的重大问题。

（3）统筹协调国内能源开发和能源国际合作的重大事项。

（二）国家发展改革委

国家发展改革委作为综合经济主管部门，其核心宗旨是统筹协调国民经济与社会发展，所涉及的能源政策职能包括：

（1）统筹能源、交通运输发展规划与国民经济和社会发展规划、计划的衔接平衡。衔接平衡农业、林业、水利、气象等发展规划、计划和政策，提出重大项目布局建议并协调实施。参与编制水资源平衡与节约规划、生态建设与环境整治规划。

（2）组织拟订能源资源节约和综合利用、发展循环经济的规划和政策措施并协调实施，参与编制环境保护规划。

（3）组织实施清洁发展机制工作。协调生态建设、能源资源节约和综合利用的重大问题，综合协调环保产业和清洁生产，促进有关工作。

（4）推进能源可持续发展战略的实施，组织可再生能源和新能源的开发利用。

（5）负责节能减排的综合协调工作，组织拟订发展循环经济、全社会能源资源节约和综合利用规划及政策措施并协调实施。

（6）负责在公用设施、饭店商厦、居民住宅中推广采用高效照明节能产品。

（7）组织协调重大节能减排示范工程和新产品、新技术、新设备的推广应用。承担国家应对气候变化及节能减排工作领导小组的具体工作。

（8）安排中央财政性建设资金，按国务院规定权限审批、核准、审核重大建设项目、重大外资项目、境外资源开发类重大投资项目和大额用汇投资项目。

（三）国家能源局

2013年重新组建的国家能源局的核心职能是负责拟订并组织实施能源发展战略、规划和政策，研究提出能源体制改革建议，负责能源监督管理。其中，政策职能主要包括：

（1）负责起草能源发展和有关监督管理的法律法规送审稿和规章，拟订并组织实施能源发展战略、规划和政策，推进能源体制改革，拟订有关改革方案，协调能源发展和改革中的重大问题。

（2）组织推进能源重大设备研发及其相关重大科研项目，指导能源科技进步、成套设备的引进及消化创新，组织协调相关重大示范工程和推广应用新产品、新技术、新设备。

（3）组织协调和指导核电科研工作，组织核电厂的核事故应急管理工作。

（4）负责能源行业节能和资源综合利用，参与研究能源消费总量控制目标建议，指导、监督能源消费总量控制的有关工作，衔接能源生产建设和供需平衡。

（5）负责能源预测预警，发布能源信息，参与能源运行调节和应急保障，拟订国家石油、天然气储备规划、政策并实施管理，监测国内外市场供求变化。

（6）组织推进能源国际合作，按分工同外国能源主管部门和国际能源组织谈判并签订协议，协调境外能源开发利用工作。

（7）参与制定与能源相关的资源、财税、环保及应对气候变化等政策。

（8）承担国家能源委员会具体工作。负责国家能源发展战略决策的综合协调和服务保障，推动建立健全协调联动机制。

（四）财政部

财政部涉及的能源政策职能包括：

（1）研究制定燃油税。研究提出鼓励煤矿瓦斯抽采利用的财税政策。

（2）完善促进可再生能源发展的财税政策。

（3）制定鼓励生产、使用节能产品和发展节能型住宅、公共建筑的经济激励政策。

（4）负责设立可再生能源发展专项资金。

（五）工信部

工信部在能源领域的主要管理职能一是技术装备，二是节能减排。具体包括：

（1）组织拟订重大技术装备发展和自主创新规划、政策。

（2）参与拟订能源节约和资源综合利用、清洁生产促进规划（和污染控制政策）。

（3）组织实施有关国家科技重大专业项目，推进相关科研成果产业化。依托国家重点工程建设协调有关重大专项的实施，推进重大技术装备国产化，指导引进重大技术装备的消化创新。

（4）组织协调能源节约和资源综合利用、清洁生产促进相关重大示范工程和新产品、新技术、新设备、新材料的推广应用。

此外，隶属工信部的国防科技工业局（国家原子能机构）负责核能的基础研究、发展规划、国际交流以及国家核事故应急管理工作。

（六）科技部

科技部涉及的能源领域管理职能主要体现在科技创新上：

（1）研究工业领域高新技术发展及产业化的规划和政策。

（2）组织实施能源领域高技术研究发展计划、科技支撑计划和政策引导类科技计划。

（3）组织实施工业领域国家重大科技攻关计划和科技创新工程。

（4）推动高新技术产业化相关技术服务体系建设。

（5）开展新资源的开发和利用技术研究。

（6）负责地质理论和油气勘探基础理论研究，推广采用新技术、新工艺，提高油气资源探明率和采收率，推进"难动用"储量的开发利用。

（7）推进深海、复杂地区和非常规油气资源勘探、开发技术及炼油化工技术的攻关和产业化。

（8）推进油气管道技术进步。

（七）水利部

水利部的能源管理职能主要是水电特别是农村小水电的政策职能，具体包括：

（1）负责拟订全国农村水电发展战略并组织实施。指导农村水能资源开发工作，拟订农村水能资源开发的政策、法规、发展战略、技术标准和规程规范并组织实施。

（2）拟订水利科技政策与水利科技发展规划。组织编制水资源保护规划。负责拟订全国农村水电中长期发展规划并组织实施。组织编制水电农村电气化规划并监督实施。

（3）组织开展水资源调查评价工作，按规定开展水能资源调查工作。

（4）负责审核中央补助投资的小水电项目。参与大中型水资源开发利用项目的核准和审批；指导地方小水电项目审查、审批和验收工作。参与指导水电项目合规性和工程建设方案审查。

（5）指导农村水电电网建设与改造有关工作。指导全国小水电电网建设管理。指导水电农村电气化工作，组织拟定农村水电建设管理办法。指导水电农村电气化县建设及后评价工作。指导小水电代燃料工程建设和管理工作。

（6）指导农村水电行业技术进步和技术培训。

（7）指导水利系统对外经济、技术合作交流。组织开展水能资源和农村水电及电气化的对外合作与交流，指导国际小水电中心的相关工作。

（8）负责水能资源信息系统建设和水能资源调查成果的管理。承担水能资源调查评价、信息系统建设。承担全国农村水能资源开发及水利系统综合利用枢纽电站统计工作。

（9）有水无电地区光明工程的建设和管理。

（八）农业部

农业部涉及的能源管理职能主要包括农村沼气、生物质能和太阳能等。

（1）负责制定国家沼气行动计划，推进农村户用沼气建设。

（2）推进畜禽养殖场大中型沼气工程及农村生活污水沼气净化工程建设。

（3）发展以农作物秸秆为主的生物质固化成型、气化等技术。

（4）在农村地区积极推广太阳灶、太阳房等太阳能利用技术。

（九）建设部

建设部的能源管理职能主要在于建筑节能，开展建筑节能关键技术示范，启动低能耗、超低能耗及绿色建筑示范工程。

二、监管职能

监管的实质是政府对企业行为进行规范，体现为由政府制定标准、规则并监督企业执行，明确要求企业应该做什么、不应该做什么。在中国现行能源管理体制下，主要的监管机构包括国家发展改革委、国家能源局、财政部、水利部、安监总局（煤监局）、工信部国防科工局、环保部（核安全局）、质检总局和商务部等。

表 11-2 能源管理的监管职能和管理机构

职能	内 容	现行机构
监管	价格、投资	发改委
	技术标准、投资、市场监管、电力安全监管、普遍服务监管	能源局
	农村水电技术标准	水利部
	财务准则、会计规章	财政部
	安全监管	安监总局
	核出口审查和管理、核材料管制	工信部国防科工局
	环境监管、核安全监管	环保部（核安全局）
	质量标准、产品标准	质监总局
	成品油市场准入标准、成品油市场监管	商务部

（一）国家发展改革委

国家发展改革委作为宏观经济管理部门，实际上行使了重要的监管职能，这样就意味着大量运用监管手段来协调经济社会发展。主要包括：

（1）安排中央财政性建设资金，按国务院规定权限审批、核准、审核重大建设项目、重大外资项目、境外资源开发类重大投资项目和大额用汇投资项目。

（2）组织对石油、天然气销售价格，输配电价，销售电价，可再生能源价格的成本调查和监审；负责相关价格的信息发布和监督检查工作；落实煤电价格联动机制。负责组织制定和调整少数由国家管理的重要商品价格和重要收费标准，依法查处价格违法行为和价格垄断行为等。

（3）负责成品油资源调配，合理安排进出口。

（4）负责组织重要物资的紧急调度和交通运输协调。综合分析能源和交通运输运行状况，协调解决经济运行中的重大问题，组织煤、电、油、气及其他重要物资的紧急调度和交通运输协调。

（二）国家能源局

2013年新组建的国家能源局的一个重要职能就是加强能源监管。根据"三定"方案,"完善能源监督管理体系,加强能源监督管理,推动能源消费总量控制,推进能源市场建设,维护能源市场秩序"是此轮机构调整和职能转变的重点之一。国家能源局的主要监管职能包括:

(1)组织制定煤炭、石油、天然气、电力、新能源和可再生能源等能源以及炼油、煤制燃料和燃料乙醇的产业政策及相关标准。按国务院规定权限,审批、核准、审核能源固定资产投资项目。指导协调农村能源发展工作。

(2)负责核电管理,拟订核电发展规划、准入条件、技术标准并组织实施,提出核电布局和重大项目审核意见。

(3)按规定权限审批或审核石油、天然气储备设施项目,监督管理商业石油、天然气储备。

(4)监管电力市场运行,规范电力市场秩序,监督检查有关电价,拟订各项电力辅助服务价格,研究提出电力普遍服务政策的建议并监督实施,负责电力行政执法。监管油气管网设施的公平开放。

(5)负责电力安全生产监督管理、可靠性管理和电力应急工作,制定除核安全外的电力运行安全、电力建设工程施工安全、工程质量安全监督管理办法并组织监督实施,组织实施依法设定的行政许可。依法组织或参与电力生产安全事故调查处理。

(6)按规定权限核准或审核能源(煤炭、石油、天然气、电力等)境外重大投资项目。

(7)提出能源价格调整和进出口总量建议。

(三)国家安监总局(煤炭安全监管局)

(1)参与起草煤矿安全生产、安全监察有关法律法规草案。

(2)指导和组织拟订煤炭行业规范和标准。拟定煤矿安全生产规划、规章、规程、标准。

(3)负责能源安全综合监督管理。行使国家煤矿安全监察职能。检查指导地方煤矿安全监督管理工作。

(4)承担煤矿企业安全生产准入管理工作。指导和监督地方煤炭行业管理部门开展煤矿生产能力核定工作。组织监察煤矿设备、材料、仪器仪表安全。

监督煤矿安全生产执法行为。

（5）承担对重大煤炭建设项目的安全核准工作。审核国有重点煤矿安全技术改造和瓦斯综合治理与利用项目。

（6）依法组织指导煤矿安全事故和职业危害事故的调查处理。指导协调或参与煤矿事故应急救援工作。

（7）指导和监督煤矿整顿关闭工作。

（8）组织煤矿建设工程安全设施的设计审查和竣工验收。

（9）组织煤矿安全生产科研及科技成果推广。

（10）负责职业卫生安全许可证的颁发管理。负责煤矿安全生产许可证的颁发管理。

（11）指导和管理煤矿有关资格证的考核颁发工作并监督检查。

（12）指导和监督相关安全培训工作。

（13）发布煤矿安全生产信息。

（14）指导监督煤矿事故与职业危害统计分析及职业危害申报工作。

（15）对煤矿违法违规行为依法做出现场处理或实施行政处罚。依法查处不具备安全生产条件的煤矿。

（四）水利部

（1）负责保障水资源的合理开发利用。负责全国水能资源开发利用管理工作和农村水电及其供电营业区行业管理，研究拟定相关政策、法规、技术标准、规程规范并监督实施。

（2）拟订水利行业的技术标准、规程规范并监督实施。

（3）组织、指导水库、水电站大坝的安全监管。组织开展水利行业质量监督工作。指导农村水能资源开发工程质量和安全工作，参与重大安全事故的督查。

（4）组织拟定小水电及供电营业区安全文明生产监督管理办法。

（5）指导小水电站科学合理运用。组织拟定并实施小水电设备市场准入制度。承担小水电设计市场、设备市场、建设市场和电力产品市场监督管理。组织实施小水电自发自供区"两改一同价"工作。

（6）按规定指导农村水能资源开发工作，指导水电农村电气化和小水电代燃料工作。组织实施小水电代燃料生态保护工程。指导水利建设项目环境保护、水利规划环境影响评价工作，负责水利建设项目环境影响报告书（表）预审工作。

（五）财政部

（1）拟订并组织实施《企业财务通则》，负责能源企业财务准则、财务成本规则的制定。

（2）负责监管中央直管能源企业财务，管理国有资本收益；汇总分析能源企业年度财务决算。

（3）拟订和监督执行会计规章制度《企业会计准则》。

（六）环保总局（核安全局）

（1）负责能源项目环保审批和能源企业环保监管。负责输变电设施等电磁辐射装置和电磁辐射环境的监督管理。

（2）负责核安全和辐射安全的监督管理，拟订有关政策、规划、标准。

（3）参与核事故应急处理，负责辐射环境事故应急处理工作。

（4）核承压设备实施安全监督。

（5）对核材料进行管制。

（七）国家质量技术监督总局

（1）负责能源行业质量标准的制定。

（2）拟订锅炉、压力容器、压力管道等特种设备安全监察目录、有关规章和安全技术规范并组织实施和监督检查。

（3）对特种设备的设计、制造、安装、改造、维修、使用、检验检测等环节和进出口进行监督检查。

（4）调查处理特种设备事故并进行统计分析。

（5）负责特种设备检验检测机构的核准和相应检验检测人员、作业人员的资格考核工作。

（6）负责协调和管理全国标准化技术委员会的有关工作。协调和指导行业、地方标准化工作，负责行业标准和地方标准的备案工作。

（7）制定和完善可再生能源技术和产品标准。建立可再生能源产品检测和认证体系。

（八）商务部

（1）拟订资源性产品和重点管理商品的进出口及供货企业资质标准并组织实施。

（2）完善石油进出口贸易政策和机制。

（3）制定和完善成品油批发市场准入标准。

（4）规范成品油流通秩序，按有关规定对原油、成品油流通进行监督管理，协调管理企业商业石油库存的运营。

（九）工信部国防科工局（国家原子能机构）

（1）实施核出口审查和管理。

（2）实施核材料管制。

三、资源管理职能

资源管理的核心是行使资源所有者职责，保障资源合理开发利用。在中国目前的能源管理体制下，资源管理职能由国土资源部专门负责，主要包括：

（1）组织拟订能源矿产资源战略、政策和规划。拟订对外合作勘查、开采矿产资源政策并组织实施。组织编制矿产资源、地质勘查规划，并监督检查执行情况。拟订矿产资源储量管理办法、标准、规程。

（2）组织实施全国地质调查评价、矿产资源勘查。组织矿产资源调查评价。组织实施国家重大地质勘查专项，管理地质资料、地质勘查成果，统一管理中央公益性地质调查和战略性矿产勘查工作。

（3）负责矿产资源开发的管理，监管矿产资源勘查、开采活动。规范和监管矿业权市场，组织对矿业权人勘查、开采活动进行监督管理。参与管理矿产等资源性资产，参与管理国家出资形成的矿业权权益，负责有关资金、基金的预算和财务、资产管理与监督。负责国家规划矿区、对国民经济具有重要价值的矿区的管理。

（4）管理矿业权的审批、登记、发证和转让审批登记。承担石油、天然气、煤层气和放射性矿产资源探矿权、采矿权管理。编制实施矿业权设置方案。

（5）管理矿产资源储量。管理矿产资源储量评审、登记、统计。实施矿山储量动态监督管理。承担矿产资源保护和保护性开采特定矿种的管理事项，下达开采总量控制指标。加强矿产资源合理开发利用。

（6）组织协调境外矿产资源勘查，参与开发工作，依法审批矿产资源对外合作区块，监督对外合作勘查开采行为。

（7）管理地质勘查行业。管理地质勘查资质。

四、国资管理职能

我国大部分能源企业特别是大型能源企业为国有企业。不同于实行私有制经济的国家，国资管理是中国政府能源管理职能的一项特殊的重要的内容。国资委作为国有能源企业的所有者，行使国有资产所有者职能，主要负责：

（1）审核所监管企业的发展战略和规划。

（2）按照出资人职责，负责督促检查所监管企业贯彻落实国家安全生产方针政策及有关法律法规、标准等工作。

（3）监督所监管企业国有资产保值增值。对所监管企业重大投资决策履行出资人职责。组织所监管企业上交国有资本收益。

（4）建立健全国有企业绩效评价指标体系，综合考核所监管企业的经营业绩。负责所监管企业工资分配管理工作。

（5）研究提出所监管企业重大资产损失责任追究的意见和措施。

（6）代表国务院向所监管企业派出监事会。

（7）研究提出国有企业改革的政策建议。指导推进国有企业改革和重组，推进国有企业的现代企业制度建设，完善公司治理结构，推动国有经济布局和结构的战略性调整。

（8）通过法定程序对所监管企业负责人进行任免、考核并根据其经营业绩进行奖惩。制定所监管企业负责人收入分配政策并组织实施，完善所监管企业负责人经营业绩考核制度，对所监管企业负责人进行年度和任期考核。

（9）参与制定国有资本经营预算有关管理制度和办法，按照有关规定负责国有资本经营预决算编制和执行等工作。承办所监管企业财务预决算的有关工作。承担所监管企业清产核资和资产损失核销工作。

（10）承担国有资产统计分析工作。

第二节 现行能源管理体制存在的主要问题

经过三十多年的改革，中国的能源管理体制已经打破了完全由政府部门直接经营，具有"政企合一、高度集中、行政垄断"等特征的传统模式，初步形成了"政企分开、主体多元"的能源产业组织格局。经过对能源管理机构的多次调整，政策职能逐步加强（如国家能源局与国家能源委的成立），社会性监管日趋制度化（如煤监局与核安全局的成立）。但是，现行的能源管理体制还没有完全理顺，政府能源管理职能错位、缺位或不到位的现象普遍存在，还需通过进一步的改革来促进能源经济高效、有序、健康地运行。

一、政企分开没有真正实现，国有能源企业还没有成为真正的市场主体

政企分开是市场经济体制的基本要求，也是我国能源管理体制改革的主线。20世纪80年代以来，能源领域就在逐步推进政企分开的改革。到1998年，包括煤炭、油气和电力在内的主要能源企业都已脱离行政序列，在形式上实现了政企分开。但是在实践中，政府与企业的职能界限并没有完全厘清，特别是能源领域一些大型国有企业如中国石油天然气公司、中国石油化工公司、国家电网公司等实际上仍然承担了大量的政府职能和政策性目标，以企代政的现象比较突出，成为所谓的"二政府"。同时，这些企业凭借自身的政治资源和行政资源，在市场中享受了相当程度的政策性特权和垄断地位，还没有真正成为竞争性的市场主体。

国有能源企业既承担生产经营职能，又承担部分政府职能；既承担政策性负担，又享受行政性特权，这恰恰是改革不到位的表现。这种格局存在着一系列严重的弊端：一是难以建立真正强大的具有国际竞争力的现代能源企

业。企业如果不完全按市场经济规律办事,就不会专注于转变经营机制、提高效益和可持续发展能力,反而可能更加注重圈占资源、争相做大。这样的企业一旦失去政府的扶持和政策性保护,在国内外能源市场就将难以与国际能源巨头相抗衡。二是难以真实反映企业的经营成本和经营绩效,不利于政府对其进行有效的治理和监管。企业的经营性成本与政策性负担交织在一起,不能反映企业真实的经营绩效,不仅不利于政府对企业进行有效的治理和监管,而且还容易导致严重的内部人控制问题,进而导致社会摩擦和社会矛盾,容易受到舆论的压力和诟病。

二、仍然依靠行政手段配置资源,市场机制的作用没有完全发挥

在市场竞争性领域,价格和投资本是企业经营职能的两大核心内容,但在我国现行的能源管理体制下,能源企业的价格和投资仍然受计划管理方式的制约,由政府部门进行行政审批。仍然依靠行政手段配置资源,市场机制的作用得不到有效发挥,就会导致严重的"政府失灵",造成一系列系统性扭曲:一是难以形成反映资源稀缺性和环境外部成本的能源价格体系,高耗能、高污染的经济发展方式难以从根本上转变;二是市场供求关系的变化难以及时反映到价格上,不能发挥市场价格调节供需的作用,供求矛盾始终较为突出,"煤荒"、"电荒"、"油荒"和"气荒"时有发生;三是长期的能源价格体系扭曲使企业经营条件恶化,不利于合理引导投资,保障能源长期稳定供应;四是"市场煤"与"计划电"的矛盾始终未能从根本上得到解决,影响正常的电力供应;五是缺乏用户参与和需求侧响应机制,行业内外普遍不满,历次价格调整都面临较大的社会舆论压力。

投资方面,普遍存在能源企业盲目扩大规模、抢占资源和厂址等问题。企业不注重转变经营机制和提高投资效益,导致能源投资建设与需求不相协调。比如电力领域,东北、西北的有些地区存在未充分考虑市场消纳能力和电网传输能力的电源项目盲目建设和设备利用效率低下的现象;而在浙江、广东、江苏等地区则存在着电力硬缺口和大量未经审核的违规机组并网发电的现象。由于行政审批制度不能充分发挥市场价格信号合理引导投资的作用,

能源投资领域的诸多乱象可以说与现行的投资审批制度密切相关。另外，在现行的能源管理体制下，投资项目主管部门与价格主管部门相互独立，项目审批时未能充分考虑投资对价格可能产生的影响，从而降低了投资审批决策的有效性和科学性。总体上看，中国的能源市场化改革滞后于整体经济体制改革的进程，不能满足建立比较完善的社会主义市场经济体制的基本要求，不能满足提高能源利用效率、合理控制能源消费总量、转变经济发展方式的要求，不能满足能源行业乃至国民经济科学发展的要求。

三、监管职能割裂，监管不到位，行业发展存在无序的现象

在市场经济条件下，存在自然垄断或信息严重不对称等领域，需要政府加强监管以规范企业行为、保护消费者权益、实现社会福利最大化。在发达市场经济国家，对企业的市场准入、价格、投资、成本和服务质量等进行经济监管的职能通常都是由同一监管机构承担，因为能源监管本身具有系统性，监管职能的统一是有效监管的保障，管价格就需要管成本，管成本就需要管投资和服务质量。但是，在中国现行能源管理体制和机构设置等条件下，监管职能实际上分散于国家发改委、国家能源局、商务部等不同的管理部门，监管职能割裂，协调成本很高，往往是管价格的管不了成本，管成本的管不了投资和服务质量，管市场的又管不了价格。这种状况势必影响监管的有效性，造成监管不到位或存在监管漏洞，进而导致行业发展出现无序：一是具有自然垄断性的电网公司的价格和投资至今未按规则接受监管，输配电价成本始终没有厘清，合理的输配电价至今无法出台；二是三大石油公司内部成本始终无法厘清，历次油价调整饱受社会诟病；三是在煤炭交易中间环节存在大量的市场操纵，破坏市场秩序等诸多乱象。

近年来历次电价和油气价格调整都饱受社会诟病和舆论压力，即使是在火电业务和炼油板块严重亏损的情况下也无法得到老百姓的理解。究其原因，社会各界对国有大型能源企业的行政垄断以及严重的内部人控制和低效率现象普遍不满。这固然与国有企业治理机制不完善有关系，但是更根本的原因在于对垄断企业缺乏有效的监管。价格主管部门不能有效监管企业成本，不

能有效区分经营性成本与政策性负担，特别是对电网公司和三大石油公司的内部成本始终无法厘清，自然也就难以制定合理的价格，输配电价至今无法出台，历次电价、油价调整也都饱受社会质疑。另外山东魏桥电厂问题和山西地电与国家电网之间的矛盾等都反映出在市场准入方面缺乏明确的监管。近年来地方炼厂与几大石油公司间相互指责等诸多矛盾也都反映了中国市场交易秩序的监管亟待加强。

四、政策职能分散、重叠与缺位并存，不利于形成统一的能源战略与政策

在现行的能源管理体制下，一方面政府管了不该管的，另一方面该管的却没管或没管好，政府职能缺位与重叠并存。能源主管部门更加注重通过投资项目审批、制定价格、控制生产规模等方式干预微观经济主体的行为，而对本应由政府承担的宏观战略性职能却重视不够，或者落实困难。

一是能源基础信息薄弱，统计不准确、分析不到位。当前大量的能源信息统计和分析工作由中国煤炭工业协会、中国电力企业联合会、中国石化协会等行业协会和国家电网、中石油、中石化等大型国有企业承担，而国家能源局专门负责统计分析的人员有限。相对于拥有数百员工、年度预算经费上亿美元的美国能源信息署，我国能源基础信息薄弱的问题十分突出。政府主管部门对能源基础信息掌握不充分、不准确，就容易出现政策偏差。

二是能源技术创新不足。技术创新是解决日益严峻的能源与环境约束的根本出路，而技术创新由于具有很强的外部性，要求整合各方面的力量，在国家层面上进行统一部署。美国之所以能够在技术上持续领先于其他国家，与其国家创新体系的制度安排有着密切的关系。在国家创新体系中，能源部具有重要的作用，主导能源科技创新政策。美国能源部内设科学副部长和科学办公室，负责能源部的研发项目、国家实验室的管理与监督、提供项目资助，科学办公室提供物理基础研究40%以上的科研经费。反观中国，能源主管部门在科技创新中的地位和作用十分有限，在能源科技创新领域缺乏统一的规划和部署，科研力量和资源较为分散，无法形成产学研有机结合的创新体系，

科学研究与产业技术相互脱节。这种状况造成的一个直接后果就是中国的能源技术长期落后于国外，陷入"落后-引进-消化-再落后-再引进"的怪圈。因此，迫切需要加强对能源技术创新的统一规划与政策制定，集中整合各种研究力量与资源，有效形成产学研有机统一的能源创新体系。

三是难以集中力量深入研究和制定统一的明确的国家能源战略和政策。在现行的管理体制下，涉及国家能源战略职能的包括国家能源委员会和国家能源局的能源整体战略、国土资源部的矿产资源开发战略、水利部的水能资源开发战略、国家发改委的节能减排战略、国防科工局的核电发展战略、科技部的能源科技战略等。另外，国家电网、中石油、中石化等大型国有能源企业的发展战略也在很大程度上影响着我国能源发展的方向。但是时至今日，国家仍缺乏一个统一且明确的国家能源战略和政策框架，在能源布局、特高压建设、新能源与可再生能源发展、油气资源开发、能源与环境等重大问题上尚未形成统一认识。各部门各自为政，具有很深的部门利益烙印，国家能源主管部门心有余而力不足。

四是难以综合协调，有效应对日趋严峻的国际形势，保障国家能源安全。在当前的能源管理体制下，国家能源局、发改委、商务部、外交部和大型能源企业分别对外合作，缺乏一个统一的纲领性的能源全球布局与国际合作战略，难以形成合力。几大石油企业作为国内外上市公司，其经营目标与业绩要求难以与国家战略目标完全一致。面临日益严峻的国际能源形势、日趋激烈的国际能源争端、跌宕起伏的国际能源市场以及碳排放与全球气候变化问题，现有能源管理体制难以有效应对，难以很好地保障能源供应安全和国家整体利益。

能源问题涉及经济社会的方方面面，决定了有效的能源管理必然涉及各政府部门，包括能源与环保、能源与外交、能源与贸易、能源与科技、能源与气候变化等。这就要求建立一个以政府能源管理目标与职能为核心的部门协调机制，保证各部门的政策目标、政策手段之间的协调与一致性，以共同服务于国家能源战略。比如，巴西为了加强能源战略与政策的统一性，成立了由矿产能源部部长主持的、由政府代表、能源专家、非政府组织和 7 位部长组成国家能源政策委员会，并直接向总统负责，制定国家能源政策与方针。通过国家能源政策委员会可以有效协调能源与其他相关部门之间的矛盾，特别是在发展可再生能源过程中与环保的矛盾。反观中国，虽然成立了国家能源委员会，但没有发挥国家能源局的主导作用，使得该委员会的议事协调功能未能得到有效发挥。能源与环保、气候变化、贸易、科技和外交等部门的政策目标时有冲突，影响行政效率。改革现有能源管理体制，建立以综合能源管理部门为主导的能源政策协调机制，是应对日益突出的环保问题、气候变化问题的必然要求，是加强能源外交、能源贸易与能源技术创新的必然要求。

第十二章　健全与完善能源管理体制的基本思路和政策建议

针对现行能源管理体制在市场主体、政府管理方式和机构设置等方面存在的主要问题，本章提出健全与完善中国能源管理体制的基本思路和政策建议。第一节明确了能源管理体制改革要满足能源市场化的要求，满足低碳、清洁发展的要求，满足体制渐进转型的要求；第二节从理顺市场与政府管理、理顺政策职能、理顺监管职能、理顺能源管理与国资管理职能等方面提出健全中国能源管理体制的基本思路；第三节提出相应的能源管理机构职能调整的政策建议。

第一节　健全与完善能源管理体制的基本原则

考虑到中国经济体制改革方向和当前发展阶段特征，我们需要建立满足能源市场化要求的、与市场经济条件下能源管理方式相契合的能源管理体制；要建立满足经济社会低碳、清洁发展要求的，而不是满足过去一味追求"敞开供应、保障供应"的能源管理体制；同时，应充分考虑我国的具体国情和体制现状，满足体制渐进转型的需要，实现向能源市场化的平稳过渡。

一、满足市场化的要求

能源市场化是优化资源配置的必然要求，是实现科学发展的制度保障，是建立和完善社会主义市场经济体制的重要内容。推进能源市场化改革是我国经济体制改革的既定方向，因此也是健全与完善能源管理体制最基本的原则和出发点。概言之，我们所探讨的能源管理体制改革必须首先满足能源市场化的要求，要与市场经济条件下能源管理方式相契合。

在市场经济体制下，政府的能源管理职能一是提供公共服务，即政府通过采取直接行为，承担企业不愿意做或者难以做到的事务，弥补市场失灵，具体包括基础信息的收集与研究、基础科技研发、战略性储备、核事故应急处理等。二是提供政策引导，即制定并组织实施税收和补贴政策，引导企业行为，矫正市场失灵，比如通过税收促进节能环保、通过补贴促进新能源可再生能源发展等。三是实行监管约束，主要通过制定规则并监督企业执行的方式约束企业行为、规范市场秩序，矫正市场失灵。

二、满足低碳、清洁发展的要求

面临日趋严峻的能源资源环境约束，特别是为了应对全球气候变暖问题，转变经济社会发展方式，实现低碳、清洁、绿色发展，已经成为当今世界的发展潮流，也是我国经济社会实现科学发展的必由之路。

建设资源节约型和环境友好型社会成为我国转变经济发展方式的重要着力点。实现经济社会低碳、清洁发展给能源管理提出了更高的要求。一方面，在供应侧要构建安全、高效、清洁的现代能源产业体系；另一方面，在需求侧要加强节能减排、要合理控制能源消费总量，而不能满足过去一味追求"敞开供应、保障供应"的能源管理体制。

三、满足体制渐进转型的要求

经过三十多年的改革，我国的能源管理体制已经突破了"政企合一、高度集中、行政垄断"的国有国营模式，初步形成了"政企分开、主体多元、国企主导"的能源产业组织格局。但是我国能源市场化进程尚处于初级阶段，在市场主体上，政企分开没有完全实现，主要能源企业还不是完全商业化的自主经营的市场主体，难以完全按照市场经济规律办事。在政府采取的管理手段方面，既采取了符合市场经济要求的管理办法，又保留了某些行政的干预、协调与控制手段，计划与市场的边界不够清晰。总体上来看，我国现行能源体制呈现出一种"半市场、半计划"的转型特征。

从长远看,进一步推进政企分开、转变政府管理方式,是深化能源市场化改革的必然要求。但是,能源市场化改革是一个渐进的过程。在短期内,政企分开还难以完全实现,有些行政手段(如价格、投资审批等)仍将发挥一定的作用。因此,我国能源管理体制不能直接照搬成熟市场经济国家的经验,而应充分考虑我国的具体国情和体制现状,满足体制渐进转型的需要,实现向能源市场化的平稳过渡。

第二节 健全与完善能源管理体制的基本思路

针对当前我国能源管理体制存在的主要问题,充分考虑国际经验和我国具体国情,我们提出以下健全与完善中国能源管理体制的基本思路:

一、理顺政府与市场的关系,使市场和政府有机结合、协同发挥作用

鉴于能源自身的特殊性和复杂性及其在经济社会发展中的基础性和重要性,单纯依靠市场或者单纯依靠政府都难以管理好能源行业,会导致严重的市场失灵或者政府失灵。有效的能源管理要求市场机制与政府干预有机结合,使"看不见的手"和"看得见的手"协同发挥作用。国际上的能源管理经验也表明,市场与政府有机结合、协同作用的主要方式是建立"以市场为基础的机制"(Market-based Mechanism),即以市场为基础,尽可能充分地发挥市场机制配置资源的基础性作用,同时加强政府管理和服务,积极发挥作用以弥补、矫正市场失灵,保证能源的生产和消费满足实现经济社会发展目标的要求。

我们一方面看到,英国、法国、俄罗斯、印度、巴西等传统上实行能源国有化的国家都先后推进了不同程度的能源市场化改革,美国、德国、日本等国家也相继在能源领域加大了产业重组、引入竞争的力度,以尽可能地发挥市场价格机制的作用。另一方面,面临日趋严峻的能源供应形势,各国政府又都纷纷加强了政府对能源领域进行管理的力度,以保障本国能源供应与

能源安全。而在我国能源管理中，此前和目前阶段仍然是更多地依靠行政手段配置资源，依靠政府"看得见的手"的作用，而没有充分发挥市场"看不见的手"的作用。能源市场化改革是解决当前能源经济运行中一系列矛盾的根本要求，是提高能源利用高效率、合理控制能源消费总量、转变经济发展方式的必然要求，同时也是建立完善的社会主义市场经济体制的基本要求。

推进能源市场化改革、建立以市场为基础的机制就要求改变当前的行业管理方式，尤其是要突破几十年来的行政审批制度，这是计划经济最顽固的堡垒，不下定决心破除行政审批制，能源市场化就无从谈起。

推进能源市场化改革要求进一步推进政企分开，培育合格的市场主体。国有企业主导我国能源生产，这一局面在短期内不会发生根本性的逆转。要使国有企业成为合格的市场竞争主体，培育具有国际竞争力的现代能源企业，必然要求进一步推进政企分开，剥离其仍在承担的大量政府职能及其享受的行政特权，明确其生产经营的基本职能。对于国有企业的治理，国资委作为国有能源企业的所有者，行使国有资产所有者职能，负责监督国有资产保值增值。在竞争性领域，国有企业公平参与市场竞争；对于非竞争性领域，国有企业依法平等接受监管机构的监管，平等享受政策主管部门的各种能源政策优惠。

推进能源市场化改革要求培育公平竞争的市场环境。能源领域的市场准入涉及不可再生的国有矿产资源的开发，要求建立一套完善的市场准入制度和资源财税制度。公平地开放市场准入，既有利于形成有效竞争的市场格局，又有利于加强国有矿产资源管理，保证稀缺不可再生资源合理有序的开发利用。国土资源部作为矿产资源开发管理职能的承担者，应注重制度建设，加强对矿业权的管理。

在推进能源市场化改革的同时，还要加强政府管理，主要包括公共服务、政策引导、监管约束、资源管理和国资管理五大类职能。

二、加强能源公共服务，集中能源政策职能，统一制定能源战略与政策

当今世界的能源资源约束和环境约束日益突出，能源的基础性和战略性

地位更加突出。能源资源配置日趋全球化，能源国际争端日趋激烈，能源市场对地缘政治、大国政策等国际形势变化的反映日趋敏感。与能源利用密切相关的全球气候变化使能源问题日趋全球化和政治化。在这样的背景下，新能源与可再生能源的加快发展，能源系统的低碳、清洁、智能化成为主流趋势。正如美国著名未来学家杰里米·里夫金在《第三次工业革命》一书中敏锐地提出："历史上数次重大的经济革命都是在新的通讯技术和新的能源系统结合之际发生的。"人类正孕育着一场新的工业革命，一种新的发展模式和能源体系，当前正是国际政治经济旧秩序深度调整、新秩序逐步形成的关键战略时期。为此，各国纷纷加强能源基础信息的收集与分析，加强能源战略研究，积极实施各种能源项目，加快推进能源技术进步，积极主动地参与国际政治经济秩序新标准的制定，占领制高点，维护国家经济安全，服务国家发展战略，提升国际竞争力。以美国为代表的技术先进国家应对能源资源约束与碳减排压力的核心战略是主打技术牌，以能源部为主导的各级政府部门在全球范围内积极推动新能源与清洁能源技术，以充分发挥其技术上的竞争优势。以欧盟为代表的能源资源稀缺国家正在全球范围内推行低碳经济，把应对全球气候变化放在能源政策的首要位置。英国于2008年专门成立了能源与气候变化部。以俄罗斯为代表的能源资源大国则提出"能源立国"的战略，加强对能源资源的控制和管理，并于2008年成立了能源部，统一负责能源领域的政策，以谋求最大的地缘政治经济利益，以能源优势重振俄罗斯。

反观中国，长期以来一直"保障供应"作为能源管理的重点，缺乏明确统一的国家能源战略和政策框架。我国能源基础信息薄弱，统计和分析功能不足。能源政策分散到各部门，同时大型能源企业的发展也在很大程度上影响国家能源发展方向，各部门各自为政，具有很深的部门利益烙印，在能源布局、电网建设、新能源与可再生能源发展、油气资源开发、能源与环境、能源体制等重大问题上未能形成统一认识，难以形成并实施基于国家整体利益、服务国家大局的能源发展战略。在当前国际政治经济旧秩序深度调整、新秩序逐步形成的重要战略时期，只有在国家能源战略的统领下，才能积极主动地参与国际政治经济新秩序的制定，占领未来发展的制高点，提升国际竞争力。否则，在国际能源事务处理中只能处于被动局面、疲于应对。因此，从全球视野看，我国现行能源管理体制虽然在保障供应方面做出了积极贡献，但实际上已经落后于美国、欧盟和俄罗斯等大国的能源战略和能源管理，蕴藏着较大的问题与风险。加强能源规划、战略制定以及政策引导，服务国家战略大局，是我国未来发展的迫切要求。

在市场经济条件下，提供公共服务（基础信息的收集与研究、基础科技研发、战略性储备、核事故应急处理等）并利用税收、补贴等方式（包括规划并实施各种项目）进行政策引导属于政府能源管理职能的重要范畴。从国际经验来看，由于能源问题涉及国家战略、安全、环境、科技、外交、交通、建筑、农业等多个领域，能源政策的具体实施也会涉及多个部门。换言之，能源管理事实上必然会形成"多头治理"、"多龙治水"的格局。防止能源管理职能分割、重叠等问题的关键不在于将所有职能归入一个部门，而是需要由一个部门统一制定能源政策并协调实施，以保证能源政策的统一性，避免政出多门，相互矛盾。从国际经验看，有些国家专设能源部统一制定并协调实施能源政策，如美国的能源部、英国的能源与气候变化部、俄罗斯的能源部、巴西的矿产能源部；也有些国家由综合经济管理部门负责能源政策职能，如德国联邦经济技术部下设能源政策部、日本经济产业省下设资源能源厅统一制定能源政策。但是不管采取什么样的机构设置模式，能源政策都是由一个部门统一制定的，使得政府从事能源管理的政策职能得以最集中的体现。

在中国当前的能源管理体制下，能源管理的政策职能分散在国家能源委、发改委、能源局、国土资源部、水利部、工信部、财政部、商务部、科技部、建设部、农业部和交通部等十多个部门。另外，国家电网、中石油、中石化、中海油、神华集团等大型国有能源企业也承担了部分政策性职能。能源政策职能的分散导致政出多门、职能重叠、相互掣肘，难以形成统一认识和政策框架。为保证能源政策的统一性，需要由一个部门统一负责制定能源政策并协调实施，以加强对能源企业的公共服务与政策引导。

三、构建现代能源监管体系，规范企业行为，确保行业有序发展

健全的能源监管体系是规范企业行为、矫正市场失灵、提升能源经济运

行效率的必要保障。从能源监管的国际经验来看，经济性监管和社会性监管职能通常是分开的，涉及环境、安全和健康等方面的社会性监管职能由各专业化的社会监管机构负责，而涉及市场准入、定价、成本、投资和服务质量等方面的经济性监管职能则由一个监管机构统一负责，以保证经济监管的系统性和有效性。另外，为适应经济社会低碳、清洁发展的需要，能源监管职能的作用范围已有所扩大，除了解决传统的自然垄断和市场交易秩序问题，监管日益被视为实现特定能源政策目标的重要手段之一。欧美国家对能源领域解除监管的自由化改革也展开了广泛的探讨和反思，发现在自由化的能源管理体制下，单纯依靠公共服务和政策引导难以满足新形势下实现理想能源管理目标的需要。因而监管手段日益被视为实现低碳、清洁发展的不可或缺的方式和手段，能源领域出现了"重新监管"（re-regulation）的趋势。在实践中，监管机构也确实在促进新能源与可再生能源发展、需求管理、技术进步、资源节约和普遍服务、服务国家战略大局等方面发挥了越来越重要的作用。

近年来，随着煤监局、核安全局和环保部的建立及其职能的加强，我国在环境、健康、安全等方面的社会性监管逐步得到重视并日趋制度化，这符合国际上社会性监管的发展方向。目前能源监管职能方面的主要问题在于经济性监管领域，表现为规则不统一，监管不到位。健全与完善我国的能源管理体制要求改变当前监管职能割裂的局面，把负责能源价格、能源投资、能源市场等方面监管职能的机构进行合并，设立统一的能源监管机构，专门负责能源领域的经济性监管职能，制定市场运行的规章规范，并监督企业切实按规则经营，以保证市场竞争有序、运行有效。

当前解决中国能源监管困局的难点主要在于如何处理监管机构与传统的价格和投资主管部门之间的关系。在体制转型阶段，由于与市场经济体制相适应的管理体制尚未健全和完善，发改委依靠行政手段对大型国有能源企业进行管理和协调的作用仍然存在一定的必要性和积极的作用。但是，应当尽量避免能源管理手段的错位，即用行政和计划的办法管理市场经济（比如对竞争性领域的价格、项目审批），或者用市场的办法管理计划经济（比如对垄断性企业的成本监管不到位）。我们建议，能源监管机构一方面应当承担其积极推进能源体制改革的角色，另一方面逐步加强对市场准入、市场秩序和垄断企业成本的统一监管，从而逐步推进能源市场化改革，转变能源管理方式。把那些需要转变管理方式的职能逐步转到能源监管部门，是平稳实现能源管理体制渐进转型的比较可行的、摩擦较小的有效途径。

四、按照公共管理职能与出资人职能分离的原则，理顺公共管理与国资管理的关系

应当明确政府公共管理部门不再履行出资人职责，国资管理机构不履行政府公共管理职责。国资委作为国有企业的所有者，行使国有资产所有者的职责，依法监督国有资产保值增值，按照出资人职责治理国有企业，负责国有资本的经营战略和预算等。而能源部及能源监管局则作为行业政策制定者、实施者和监管者，公平地对待各类能源市场主体。国有企业与其他企业一样享受政府服务与政策扶持，一样依照规则接受监管机构的监管。

第三节　健全与完善能源管理体制的政策建议

根据上述关于健全和完善中国能源管理体制的基本思路，从未来能源管理机构设置和职能配置方面，提出如下三点政策建议：

一、逐步整合能源政策职能，适时成立能源部

把目前分散在发改委、能源局、水利部、工信部、科技部、商务部和财政部等部门的政策职能整合起来，统一加强能源公共服务与政策引导。财政部、科技部、建设部、农业部和交通部等部门作为相关政策的执行者（而不是政策制定者）发挥作用（如表11-3所示）。整合之后的能源主管部门承担的政策职能主要包括：

- 提供公共服务，制定和组织实施税收、补贴政策
- 制定能源战略、规划与政策
- 能源信息统计与分析

- 能源技术进步
- 发展新能源与可再生能源
- 能源利用效率与节能
- 能源贸易与能源国际合作
- 储备与应急管理
- 普遍服务

表 12-1 政策职能及其调整

职能	内容	现行机构	职能调整
公共服务政策引导	统筹规划、应对气候变化、信息；节能、清洁发展机制、可再生能源和新能源开发利用、节能减排示范与推广	发改委	能源部
	信息、战略、规划、战略储备、核事故应急管理、体制改革、国际合作；能源设备与科技、能源行业节能	能源局	
	农村水电战略、规划、体制改革、技术培训、对外合作、信息；小水电项目、电网、技术	水利部	
	核事故应急管理、核工业规划、国际合作；核工业科研、重大技术装备、节能减排	工信部	
	技术研究、基础理论研究；组织实施科技计划、推进油气管道技术进步	科技部	
	成品油流通规划、政策	商务部	
	燃油税、可再生能源发展、瓦斯利用、节能产品等财税政策	财政部	
	节能建筑、城市污水沼气	建设部	政策实施
	沼气、生物质能、太阳能推广	农业部	
	燃油补贴、交通节能	交通部	

二、维持环境、安全、质量等方面的社会性监管格局不变，整合经济性监管职能，在能源部框架下适时组建能源监管局

进一步整合监管职能，把目前分散在能源局、商务部和水利部的经济监管职能集中到一个部门。在机构设置方面，虽然政监分离是当前的主流模式，

并且监管机构与政策职能机构在管理手段上有所区别,但是二者在政策目标上的差异已经不再"泾渭分明"。为了保证能源政策的统一性,建议在能源部框架下,适时组建能源监管局,采取政监合一、内部分离的模式。监管职能主要通过制定规则并监督企业执行以规范企业行为和市场秩序。其具体内容包括对市场准入、价格、成本、投资、产品质量、安全等方面的监管。考虑到中国能源体制现状,建议短期内加强如下几个方面的监管:

- 能源市场准入监管,颁发相关能源业务许可证
- 监管能源交易及买卖合同
- 监管电网、气网等能源基础设施的公平开放
- 监管电力、煤炭、油气管网设施的安全运营
- 监管能源市场交易秩序
- 监管能源行业节能减排
- 监管能源普遍服务
- 监管可再生能源收购

随着能源市场化改革的推进,逐步健全和完善如下几个方面的监管职能(见表12-2):

- 监管垄断性能源企业的成本与价格
- 监管电网、油气管网等能源基础设施投资

表 12-2 监管职能调整

职能	内容	现行机构	职能调整
监管	安全监管	安监总局	不变
	核出口审查和管理、核材料管制	工信部国防科工局	不变
	环境监管、核安全监管	环保部(核安全局)	不变
	质量标准、产品标准	质监总局	不变
	成品油市场准入标准、成品油市场监管	商务部	能源部·能源监管局
	技术标准、市场监管、电力安全监管、普遍服务监管	能源局	
	农村水电技术标准	水利部	

三、厘清行政手段和市场手段的边界，推进能源市场化改革

综合经济管理部门——发改委作为原来国家计委的传承，其核心职能是综合统筹协调，主要手段仍然是行政力量，特别是对价格与投资的行政审批。在转型阶段，与市场经济相适应的能源管理体制尚未完全建立，发改委对大型国有能源企业的协调、管理作用仍然是必要的。但是从长远来看，把计划经济条件下的行政管理手段与市场经济条件下的管理手段（公共服务、政策引导、监管约束）放在一个部门，容易导致管理方式的错位运用，容易导致综合经济管理部门偏向于过度依赖行政审批手段，忽视公共服务与政策引导。

建议逐步使能源管理机构从综合经济管理部门中独立出来，能源管理部门采取适应市场经济要求的管理方式，承担能源管理的政策职能和监管职能。而仍然需要依靠行政干预的管理职能仍由发改委负责。随着能源市场化改革的推进，那些需要转变管理方式的职能再逐步由发改委转到能源主管部门。比如，逐步取消竞争性领域价格与投资审批。对于自然垄断性企业，建议将其改组成真正意义上的商业性企业，通过现代能源监管体系管理其价格与投资行为。

从推进体制改革的角度来讲，能源管理部门从综合经济主管部门中独立出来可以避免价格、投资主管部门为掌握审批权而不积极推进能源体制改革。能源管理部门负责统一设计能源市场化改革的总体方向与基本框架，并逐步推进能源市场化改革。

参 考 文 献

1. 丹尼尔·F.斯普博:《管制与市场》,格致出版社、上海三联书店、上海人民出版社2008年版。
2. 黄文杰:《法国的能源问题与政府的能源政策》,《世界经济》1988年第8期。
3. 林卫斌、苏剑:《如何理解监管——基于比较制度分析的新视角》,《经济学家》2012年第12期。
4. 〔俄〕马斯捷潘诺夫:《马斯捷潘诺夫文集》,俄罗斯能源战略和国家油气综合体发展前景,第1卷,世界知识出版社2009年版。
5. 朴光姬:《日本的能源》,经济科学出版社2008年版。
6. 岳福斌:《中国煤炭工业发展报告2009》,社会科学文献出版社2009年版。
7. 尹晓亮:《战后日本能源政策》,社会科学文献出版社2011年版。
8. 张宏民:《印度石油工业及其产业政策变迁》,《国际石油经济》2005年第6期。
9. S. Breyer, *Regulation and Its Reform*, Cambridge, MA: Harvard University Press, 1982.
10. S. Djankove, E. Glaeser, R. La Porta, F. Lopez-de-Silanes and A. Shlerfer, "The New Comparative Economics," *Journal of Comparative Economics*, Vol.31, 2003, pp.595—619.
11. Harold Hotelling, "The Economics of Exhaustible Resources," *The Journal of Political Economy*, Vol.39, No.2, 1931, pp.137—175.
12. P.L. Joskow and R.G. Noll, "Regulation in Theory and Practice: An Overview," in Gary Fromm, ed., *Studies in Public Regulation*, Cambridge, MA: MIT Press, 1981, pp.1—65.
13. A.E. Kahn, *The Economics of Regulation: Principles and Institutions*, New York: Wiley, 1970.
14. A. Shleifer, "Understanding Regulation," *Europe Financial Management*, Vol.11, No.4, 2005, pp.439—451.
15. G.J. Stigler, "The Theory of Economics Regulation," *Bell Journal of Economics*, No.2, Spring, 1971, pp.3—21.
16. J. E. Stiglitz, "Government Failure vs. Market Failure: Principles of Regulation," in Edward J. Balleisen, David A. Moss ed., *Government and Markets: Toward a New Theory of Regulation*, Cambridge University Press, 2009, pp.13—51.